감자, 아버지의 유산

문학그래피

국립중앙도서관 출판시도서목록(CIP)

(모노그래프)김치, 위대한 유산 / 한홍의 지음. -- 파주 : 한울, 2006

p. ;   cm

ISBN 89-460-3492-0 03590

574.8055-KDC4
664.80534-DDC21   CIP2006000151

김지, 아대명 유산

환동의 지음

이 책을 평생 한결같이 김치의 세계를 이해하도록
사랑과 용기를 준 아내와 가족, 그리고 제자들에게 바친다.

머리말

개요(introduction)

김치는 우리 선조들이 물려준 유산이며, 점차 세계인의 유산으로 발전하고 있다. 김치는 수천 년에 걸쳐 오직 한반도에서만 발달해 왔으며 다른 어디에서도 발견할 수 없는 우리 고유의 발효식품이다.

김치의 우수성은 저장에 의한 발효법에 있다. 이에 과학의 발달과 더불어 김치에 잠재되어 있는 발효과학과 민족의 얼이 담겨 있는 생활철학을 찾아내려는 노력이 끊임없이 이어지고 있다. 김치의 영양과 유산균의 약리 및 생리효과와 같은 기능성은 물론, 김치 내면에 깊이 뿌리를 박고 있는 자연의 조화는 선조들의 자연철학관을 나타낸다. 자연 그대로의 강인한 공동체를 이루어온 선조들의 자연철학관은 세계인의 감탄을 자아낸다. 오늘의 우리는 이러한 선조들의 얼을 변함없이 보존하고 계승해야 할 것이다.

이와 더불어 앞으로 해결해야 할 과제들이 산재(散在)해 있다. 우선 김치의 냄새와 이산화탄소, 소위 가스의 발생을 제거하고, 김치의 품질을 최적화 또는 표준화할 수 있는 조건을 만들어야 한다. 그 다음 김치 제조의 작업을 기계화 내지는 자동화하는 일이 급선무이다. 이들의 성공 여부는 근본적으로 김치 유산균으로부터 얻을 수 있는 정보에 의해 좌우되므로, 특히 유산균의 생리와 생태를 이해하고자 하는 노력이 더욱 필요하다. 이러한 노력은 이미 시작되었다. 그 예로 두 단계로 분리된 김치 냉장고의 발효와 저장 원리를 들 수 있으며, 이는 김치 제조의 현대화를 위한 모델이 될 것이다.

구성(organization)

이 책은 필자가 2년 전에 개설한 학술 전문 홈페이지(http://www.kim-chitech.com)에 게재한 <김치 산책>이란 이름의 에세이를 정년퇴임을 기념하여 편집한 것이다. 주로 대학생들의 배추김치에 대한 질의, 일반인의 전화 및 이메일을 통한 답변, 김치업체의 연구용역으로부터 얻은 연구 성과, 매스컴에 실린 기사에 대한 촌평, 방송사 PD의 문의, 농진청 프로젝트 등 모두가 김치에 관련된 내용이며, 이를 토대로 필자가 아는 범위 내에서 김치를 홍보하기 위하여 가능한 한 이해하기 쉽게 집필한 글들이다. 그러다 보니 내용이 충분하지 못하고, 체계적으로 정리되지 못한 것들이 한두 가지가 아님을 양해하여 주기를 바란다. 졸필임은 더 말할 것도 없다. 내용을 정리하다 보니 좀 난해한 부분도 있다는 것을 인정하지 않을 수 없다. 어떻게 보면 김치라는 단일 분야를 에세이 식으로 서술한 모노그래프(monograph)에 가까운 내용들이다.

내용(contents)

이 책의 내용은 필자가 김치와 관련하여 연구한 유산균의 생리학과 생태학에 제한되어 있으며, 그나마 주변의 관심사에 주로 초점이 맞추어져 있으므로 김치의 모든 내용을 포괄적으로 취급하지 못했음을 알려둔다. 집필한 내용을 쉽게 찾아 볼 수 있도록 12장으로 구분하였다. 즉, 김치의 1) 도전, 2) 입문, 3) 어원, 4) 재료 및 담그기, 5) 맛있는 김치 제법, 6) 특성, 7) 발효, 8) 유산균, 9) 생리효과, 10) 생태계, 11) 생리학, 12) 최적화 방향이 그것이다.

각 장의 내용을 소개하면 다음과 같다. 1장에는 우리의 김치가 수입 김치로부터 도전을 받거나 세계인을 상대로 도전해야 할 과제, 2장에는 김치 연구를 시작하게 된 동기, 3장에는 김치의 어원을 종합·정리하였다. 4장에는 문의가 많은 재료의 특성과 앞으로 기계적 작업을 위한 채김치의 절임 과정, 5장에는 맛있는 김치를 담그는 어머니들의 솜씨의 과학성을 간략하게 정리하여 보았고, 6장에는 김치의 문제점과 관련한 특성에 대해 필자의 견해를 서술하였다. 7장에는 김치 발효의 특징을 약술하고, 8장에는 우유 유산균과의 차이점, 현재까지 알려진 김치 유산균, 그리고 김치의 주된 유산균의 변화 과정을 살펴보았고, 9장에는 김치의 기능성(probiotics)을 학술적으로 설명하였다. 10장에는 김치가 하나의 식품이 아니라 작은 생태계임을 제시하였고, 11장에는 김치와 직접적으로 관련된 유산균의 생리학을 소개하고, 마지막 12장에는 김치의 품질을 관리하기 위한 최적 방향을 제시하여 보았다. 다시 강조하지만 주변에서 문의한 내용만을 취급하다 보니 책의 주제가 편협하게 된 점을 이해해 주기를 바랄 뿐이다.

감사의 말(acknowledgements)

이 책에 서술된 내용 중에 농수산물유통공사(http://www.kimchi.or.kr)의 김치 수출입 통계, 한국식품개발연구원(http://www.kfri.re.kr)의 김치 분석 자료, 그리고 농촌자원개발연구소(http://www.rrdi.go.kr)의 김치 성분표를 일부 인용하였음을 밝혀 두며, 이에 대하여 깊은 감사의 뜻을 전한다.

또한 그동안 물심양면으로 도와준 친지, 동료, 제자들에게 감사의 말을 전한다.

2006년 1월 5일

한 홍 의

김치, 위대한 유산 | 차례

머리말 6

프롤로그 14

제1장 도전

멀고도 외로운 길을 떠나는 김치 18 | 중국산 김치, 우리보다 앞서가는가 20 | 적신호가 켜진 김치 경제학 23 | 김치 홍보, 바꿀 수 없나 28 | 김치의 나노 세계 30 | 게놈 시대의 김치 유산균 33 | 사라져가는 어머니 솜씨 35 | 딜레마에 빠진 우리 김치 38 | 김치 발효, 이대로 좋은가? 42 | 옛날 김치와 기생충 47

제2장 김치 입문

김치의 오솔길을 따라 56 | 시험관 김치 58 | 애송이의 첫 김치 담그기 59 | 퇴짜를 맞은 첫 김치 62 | 5년 만의 첫 논문 발표 64

제3장 김치의 어원

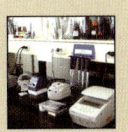

김치의 어원 68

제4장 김치의 재료/담그기

마늘 72 | 젓갈 소고 77 | 배추 재배 80 | 중국 하얼빈의 김치 제법 84 | 채배추 절임 연습 85 | 채김치와 고갱이김치 88

제5장 맛있는 김치 제법

설탕 첨가 92 | 설탕 발효 94 | 설탕의 기능성 97 | 묵은김치, 웰빙 요리로 진화하다 98

제6장 김치의 특성

모듬 식품 문화 102 | 겉절이식 김치 맛 104 | 군내 나는 김치 107 | 발효의 특징 109 | 맛과 냄새 111 | 김치냉장고 113 | 김치 국물 115 | 무름병 118

제7장 김치 발효

김칫독의 구조와 원리 122 | 김칫독에서의 발효과정 125 | 김치와 요구르트의 젖산 발효 129 | 양념 발효와 포도당 효과 131 | 김장온도 133 | 김치 발효의 최적온도 135

제8장 김치 유산균

유산균의 작명에 대한 유감 140 | 바이쎌라 유산균 141 | 지표 유산균 144 | 유산균의 일생 147 | 김치의 유산균 수 149 | 적도산 김치 151 | 새로운 유산균, 류코노스톡 김치아이 153

제9장 김치의 생리효과

김치와 슈퍼박테리아 158 | 김치를 알면 먹는다 159 | 김치가 암을 유발하다니 웬 말인가 162 | 김치가 잔류농약을 제거한다 165 | 박테리오신의 무용설 167 | 김치의 항암 효과 170 | 가바(GABA)의 효능 172 | 가바의 물질대사 174 | 술과 김치의 궁합 177 | 달걀 껍데기의 중화효과 179

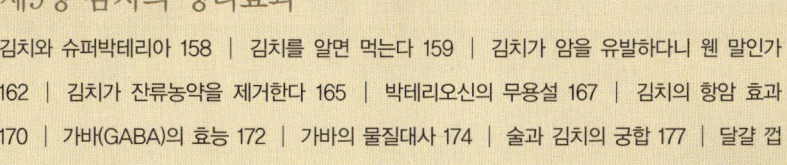

제10장 김치 생태학

김치 생태계 184 | 김치 생태학에 위배되는 연구 187 | 대상분류학 190 | 유산균 퍼레이드 195 | 옛날 김치 유산균 199 | 옛날 김치 유산균이 안 보이는 이유 202 | 김치 유산균이 달라진다 204

제11장 김치 유산균의 생리학

잠재성장 208 | 성장인자 210 | 저온성 세균 213 | 온도감수성 유산균 216 | 대사적 손상균 219 | pH 스트레스와 산내성 221 | 호박산 대사 223 | 만니톨 합성과 이용 227 | 펙틴 분해 230 | 능금산–젖산 발효 233 | 구연산–젖산발효 236

제12장 김치의 최적화 방향

개요 240 | 배양 특성 241 | 배양배지 243 | 김치배지 245 | 골마지 검출 배지 247 | 일반세균 검출 배지 248 | 김치의 호칭 249 | 성분표 표시 252 | 김치 성분표 샘플 254 | 김치 분석 256 | 필수영양소 258 | 비타민 261

에필로그 265

부록: 미생물 목록표 274

프롤로그

20여 년 전, 그때만 해도 김치에서 미생물을 취급한 학술 논문은 손가락으로 꼽을 수 있을 정도로 몇 편 되지 않았다. 그래서 김치의 미생물 분야는 황무지라고 생각했고 이 때문에 해볼 만한 분야라고 판단했다. 어느 분야든 마찬가지지만 연구를 시작할 때는 남이 하지 않았는지, 전혀 새로운 개념이 없는지를 알아보는 것이 상례이다. 남이 한 연구는 아예 할 필요도 없거니와 해도 쓸모없는 것이 불문율(不文律)이기 때문이다. 내심 '새로운 것'이라고 자부하고 연구를 했지만 시간이 지나서 그 결과를 보니 김치에 '이미 있는 것'이지 내가 발견한 것이라곤 하나도 없다는 것을 알게 되었다. 그러다 보니 김치에서 '새로운 것'을 찾는 것은 고사하고 오히려 김치가 연구하기 어려운 대상이라는 사실만 실감했을 뿐이다. 결국 남은 것이라곤 실험을 통하여 체험하는 수밖에 없게 되었다.

주위를 둘러보면 요즘 김치를 연구한다고 덤벼든 사람치고 김치의 장기보존법을 연구하지 않는 사람이 없다. 그만큼 김치에 있어서 이 문제는 최대의 관심사이며 김치를 연구해 본 사람들은 이를 '김치의 숙원사업(宿願事業)'이라고 표현할 정도다. 그동안 과학적 장기보존법이라고 내놓은 대표적인 연구 결과는 유산균이 만드는 항균제인 박테리오신(bacteriocin)을 김치에서 생성시켜 보는 것이었으나 이 '새로운 발견'이 20여 년이 지난 지금까지도 실용화되지 못하고 있는 것을 보면 '효력이 없다'

고 해야 할 것이다. 그런데 여기서 반문하고 싶은 것은, 왜 지금에 와서 새삼스럽게 이런 연구로 시간을 낭비하느냐는 것이다. 유산균의 존재를 알 수 없었던 그 옛날 우리 선조들이 이미 그 저장의 비결을 터득하고 지켜 온 지혜가 있었는데도 말이다. 그것도 한두 해가 아니고 수천 년이나 되지 않았는가. 그 진리란 바로 초겨울에 담그는 '김장김치'를 말한다. 진리는 먼 곳이 아니고 가까운 곳에 있다는 사실을 새삼스럽게 깨우쳐 주는 교훈이라 할 수 있다. 장기보존의 비결은 박테리오신도 아니고 그 어떤 보존제의 첨가도 아니고, 오로지 공기와의 접촉을 막는 것이다. 여기에 귀착(歸着)하게 된 이유는 이런저런 연구의 실패 끝에 비로소 터득(攄得)한 지혜라고나 할까. 그러나 이것도 이미 '김치에 있는 것'이지 내가 발견한 '새로운 것'은 아니다. 집에서 담근 김치, 공장 김치, 연구용 김치 그 어떤 김치도 공기와의 접촉을 피하지 않는 한 우리 김치가 아니며 그런 연구는 무용지물이 될 것이다. 어제, 오늘, 내일, 그리고 먼 훗날까지 지켜야 할 김치의 과학(科學)이다. 이에 비하면 요즘 파는 봄·여름 김치는 '번지 없는 김치'인 셈이다. 과거 30여 년 동안 우리는 이런 김치

프롤로그 15

에 순화(馴化)되어 버렸다. 누가 우리를 이 지경으로 몰아 왔을까? 변해버린 김치를 갖고 연구한들 무슨 소용이 있겠는가? 이젠 김장김치를 잊었거나 아예 잃어버린 듯하다. 비결이 따로 있을 것이라고 철석같이 믿겠지만, 이미 수천 년의 역사를 지닌 김치에 불변의 과학적 개념과 방법이 엄연히 존재하고 있지 않는가. 후손이 할 일이 있다면 옛 것을 알고 새로운 것을 알아야 하는 지혜, 즉 온고지신(溫故知新)의 생활 태도뿐이다.

아직도 우리는 김치에 숨어 있는 많은 비밀을 찾는 심부름꾼에 지나지 않는다. 김치는 매일 먹고 보는 음식이라 여기에 뭐 특별한 일거리가 있겠느냐고 생각하겠지만 알고 보면 절대 그렇지 않다. 김치 속에서 오묘한 자연의 이치를 엿볼 수가 있다. 김치는 식물과 미생물의 상호관계와 그들의 조절작용에 의하여 만들어지는 작은 생태계이고, 그 속에서 일어나는 사건들은 커다란 인간사회를 방불케 하는 걸작품이며, 때로는 자연 생태계에서 일어나는 난해한 원리의 해법까지도 알려주곤 한다. 게다가 김치는 선조들의 자연철학에 대한 얼까지 느낄 수 있는 교묘(巧妙)한 예술품이다. 김치를 사랑하든 안 하든, 그리고 알든 모르든 간에 김치를 먹고 있는 우리는 매일 자연철학을 먹고 사는 행복한 사람들이다. 개인과 사회, 그리고 나라는 선조들이 물려준 이 철학을 과학적으로 입증하기 위한 노력을 게을리 해서는 안 될 것이다. 우리가 살아있는 한 지속적으로 계승해 가야 할 부존자원으로서 실로 김치는 우리만이 아닌 세계인을 위한 '위대한 유산(遺産)'이다.

2005. 08. 22

1. 도전

challenges

1. 도전 challenges

멀고도 외로운 길을 떠나는 김치

'김치 종주국'이라 하면 당연히 우리나라 대한민국이라고 자부한다. 그러나 그렇게 자랑삼아 말해 온 종주국의 자리가 언제부턴가 인접 나라의 도전을 받으며 시련을 겪고 있다. 왜 그렇게 되었을까. 서구화된 식생활은 김치를 경시하게 만들었고, 가정에서 부담 없이 만들어 먹어야 할 김치가 여러 가지 유통과정의 문제로 '금치'로 둔갑하였기 때문이다. 이 틈을 타 국내 김치 공장에서도 값싼 임금과 재료를 좇아 너나 할 것 없이 앞 다투어 중국에 공장을 만들어 진출하고, 이러다 보니 국내 배추나 기타 재료들의 생산량도 24%나 감소되고 농가수입도 줄고 또한 일자리를 잃는 노동자들도 생겨났다. 이렇듯 김치는 필연적으로 시련을 받을 운명에 처해 있다. 이러한 악순환과 더불어 일본에서 나름대로 김치를 개량하여 세계인의 김치가 아닌 '기무치'를 만들어 팔고 있으니 우리 김치의 해외시장 점유율이 점차 줄어들고 있는 현실이다. 여기에 중국도 가세하여 저가의 김치로 세계시장뿐 아니라 종주국인 우리나라의 시장까지도 넘보고 있다.

중국과 일본이 김치시장에 뛰어드는 이유는 무엇일까. 바로 돈이다. 늘 되풀이하는 말이지만 4,600만 우리 국민이 연간 소비하는 김치의 양을 돈으로 환산하면 얼마나 될까? 시중 가격으로 kg당 싸게 4,000원만 치더라도, 연간 소비하는 김치가 150만 톤이 된다니 무려 6조 원이라는 산술적 계산이 나온다. 6조 원, 이게 적은 돈인가. 이렇다 보니 이웃 일본과 중국의 구미가 당길 것은 뻔한 이치다. 그런데 벌써부터 중국산 김치가 수입되고 있다. 중국산 김치의 판매가는 kg당 1,800원으로 우리 김치의 반값이다. 싼값에 중국산 김치가 소위 재래시장, 간이음식점, 다량 급식소를 잠식해 버린 것이 현실이다. 김치가 엄청난 부가가치를 갖고 있다는 사실을 생각하면 참을 수 없

불우이웃을 돕기 위해 단체로 김치를 담그는 모습

는 노릇이다. 이젠 수수방관할 때가 아닌 것 같다.

김치가 잘 되어야 한다. 어디 우리만 먹는 김치인가. 중국이 13억, 일본이 2억 인구가 아닌가. 아무리 짧게 생각해 보아도 이들 나라가 우리의 김치시장이 되어야 할 것인데, 거꾸로 종주국인 우리의 시장이 잠식당하고 있으니 한숨이 절로 나온다. 중국과 일본을 우리의 김치시장으로 안이하게 생각하고 만약의 사태를 대비하지 못한 결과이다. 회고하면 1960년에 한 아주머니가 군납한 것을 시작으로 형성된 김치시장이 40년이란 세월을 지나면서 대기업들까지 경쟁적으로 진출하고 있다. 2002년 김치 매출액이 1조 원이라고 한다. 큰 것 같지만 우리 국민 소비량의 6분의 1에 지나지 않는다. 공장 김치에 대한 우리 국민의 호응이 느려도 너무 느리다. 왜 그럴까. 김치를 파

는 데만 급급하고 연구를 소홀히 했기 때문이다. 좀 안된 얘기지만 김치와 관련된 논문이 40년 동안 350편으로 1년에 9편에 불과하다. 중요시하는 과제에 대해 매년 수백 편의 학술논문이 쏟아져 나오는 것이 상례인 외국에 비하면 한국에선 김치가 그만큼 도외시되고 있다는 반증이다.

오늘의 시판 김치가 나올 수 있었던 것은 40여 년 동안 말없이 김치를 지켜온 중소기업인들의 노력이 있었기 때문이다. 가정에서 먹던 김치를 산업의 형태로 탈바꿈시켜 놓은 것이며, 부존자원이 없다고 불평만 하는 나라에서 김치를 발굴해 낸 것이 이들이다. 이젠 김치를 학술적으로 연구해야 할 단계에 도달했다고 본다. 김치 산업은 21세기에 일어나고 있는 생명과학의 혁명과 어깨를 나란히 하고 발전시켜 나가야 할 것이다. 김치는 우리의 전통이고 정체성(identity)의 상징이며 농수산업·기계공업·반도체, 그리고 이에 필수적으로 뒤따르는 고등인력의 양성 등 기존 산업을 보조하거나 이끌어갈 21세기의 산업이다. 김치산업은 세계적으로 고유하면서도 새로운 지식이 필요한 산업이기 때문이다. 종주국답게 김치의 특수성을 지키고 발전시켜야 살아남을 것이다. 온통 세계가 시장경제라 하여 자유경쟁에 내몰리고 있지 않는가. 우리에겐 얼마든지 김치를 전 인류의 사랑을 받는 세계적인 식품, 더 나아가 세계적인 상품으로 만들 수 있는 잠재력이 있다. 그 방법은 김치를 기능성 식품(functional foods)화하는 것이고, 그러기 위해서 미비한 기초 분야 연구를 보충해야 할 것이다. 그러지 않고서는 더 이상 김치를 자랑할 수 없을 것이다.

2004. 01. 02

중국산 김치, 우리보다 앞서 가는가

김치 종주국인 한국이 2004년 1/4분기 들어 김치의 수출 물량보다 수입 물량이 많은 '순수입국' 내지는 '수입 종주국'으로 바뀌게 되었다. 중국산 김치 때문이다. 안타깝지만 피할 수 없는 현실이 되고 말았다.

최대휴(崔大休) 농림부 식품산업과장은 "김치 수입 물량은 대부분 국내 제조업체들이 중국 현지에서 생산해 다시 국내에 들여오는 것"이라며 "생산 단가가 싸기 때문에 집단 급식소나 음식점에서 많이 찾고 있다"고 설명했다. 중국산 김치의 수입 단가는 kg당 430원 선으로 국산 김치(집단 급식소용 1,500~2,000원, 가정 판매용 브랜드 김치 5,000원 선)에 비해 훨씬 싸다는 보도가 있었다.

중국산 김치는 우리 김치와 무엇이 다를까? 이를 알아보기 위해 2003년 9월 베이징에서 구입한 김치와 2004년 2월에 구입한 중국산 수입김치를 우리 김치와 비교하였다. 총산도가 0.97~1.12%, pH가 3.8 정도로 우리 김치와 비슷한 수치였으나 상대적으로 신맛이 아주 약하게 느껴졌고, 냄새도 거의 없었다. 총유산균 수는 1cc당 $1.1 \sim 2.3 \times 10^9$마리로 우리 김치보다 3배 정도 높게 나타났다. 유산균의 종류는 <표 1>에서 보는 바와 같이, 9월에 구입한 김치에서 6종, 2월에 구입한 김치는 3종이 확인되었다. 우리 김치는 10여 종으로 특히 류코노스톡(Leuconostoc)이 다양하게 나타난 반면에 중국산 김치에서는 계절마다 한 종씩만 나타났다. 그리고 우리 김치는 계절에 따라 주된 균이 바뀌고 있으나 중국산 김치는 락토바실루스 사케이 균(<표 1>의 6, 7번)이 70%로 계절에 관계없이 주된 균으로 나타났다. 요즘 우리 김치의 유산균도 이와 같은 경향을 보이고 있다. 중국산 김치의 유통온도는 유산균의 성질로 보아 9월 김치는 15℃ 이상, 2월 김치는 5℃ 이하인 것으로 추정된다. 그리고 중국산 김치는 락토바실루스 사케이 균이 주된 균이기 때문에 젖산의 양도 우리 김치보다 약간 많이 생성되었고, 겨울 김치는 골마지가 있었다.

| 표1 | 중국산 김치의 유산균 분포

유산균 종명	중국산 김치	
	9월 김치	2월 김치
1. 류코노스톡 시트룸 (*Leuconostoc citreum*)	1(3)	–
2. 류코노스톡 겔리둠 (*Leuconostoc gelidum*)	–	19(27)
3. 바이쎌라 파라메젠테로이데스 (*Weissella paramesenteroides*)	1(3)	–
4. 락토바실루스 파라플란타룸 (*Lactobacillus paraplatarum*)	2(5)	–
5. 락토바실루스 플란타룸 (*Lactobacillus plantarum*)	1(3)	–
6. 락토바실루스 사케이 아종 사케이 (*Lactobacillus sakei* subsp. *sakei*)	15(38)	36(51)
7. 락토바실루스 커바투스 (*Lactobacillus curvatus*)	12(32)	13(19)
미동정	6(16)	–
yeasts(효모)	–	2(3)
합계	38(100)	70(100)

주: 2003년 9월과 2004년 2월 김치임, ( )내 숫자는 %임

종합하면 중국산 김치의 유산균은 락토바실루스 사케이 군으로 매우 단순화되어 있는데, 이는 마치 스타터(starter, 단일균 배양법)를 사용한 것처럼 김치가 만들어진 것이 특징이다. 이는 앞으로 주의해서 관찰해야 할 중요한 사항으로 판단된다. 왜냐하면 우리 김치를 이런 식으로 만들어보려는 시도가 학자들에 의해 계속 진행되고 있기 때문이다. 지금으로선 알 길이 없지만 흥미 있는 일이 아닐 수 없다. 설령 스타터를 사용한다 할지라도 나머지 유산균을 억제하기 힘든데 어떻게 만들었을까? 어떤 첨가제를 사용했는지, 아니면 양념이나 배추 품종 등이 다른지 궁금할 따름이다.

더욱 중요한 결과는 2월 김치의 경우는 류코노스톡 겔리둠과 락토바실루스 사케이 군의 공배양(共培養, co-culture)에 의한 발효 형태와 같다는 것이다. 이런 발효 형태는 마늘로부터 유래되는 유황화합물을 제거하여 김치 냄새를 약화시킬 수 있는 효과를 갖고 있다. 원리를 알고 수행한 방법이라면 박수를 보내지 않을 수 없다. 여하간 수준급의 빼어난 발효법을 김치 무대에 데뷔(debut)시킨 첫 번째 사례이다.

이런 결과를 놓고 볼 때 차별화할 수 있는 우리식 김치를 시급히 만들어야 한다는 위기의식을 느끼지 않을 수 없다. 중국산 김치가 '대부분 국내 김치 제조업체들이 중국 현지에서 생산해 다시 국내에 들여오는 것'이라고 하니 한편 다행스럽기도 하지

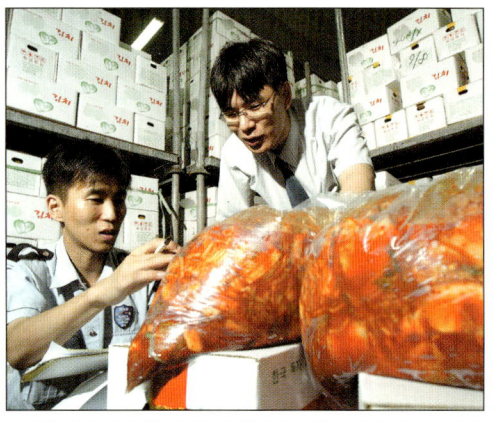

통관을 앞둔 중국산 김치를 인천세관 직원들이 살펴보고 있다.

만 재료나 시설, 기타 문제 등으로 보아 위안을 삼을 수 없는 노릇이다. 늘 걱정했던 일이 오고야 말았다. 이젠 김치 연구를 더는 늦춰서는 안 되며 또한 우리 김치업계는 하루속히 기초연구를 통한 김치생산을 과감하게 수용하는 자세가 필요하다. 더불어 재래식 발효법에 너무 얽매이지 말고, 유산균에 의한 '유산균 김치'를 지향(志向, enhance)해야 할 것이다. 이것이야말로 우리 김치를 세계화시키는 지름길임을 꼭 알아야 한다. '시작(始作)이 반(半)'이란 말이 있듯이 아직도 늦지 않았다.

2004. 08. 27

적신호가 켜진 김치 경제학

농수산물유통공사의 자료에 의하면 중국에서 김치를 수입한 해가 1996년이고, 수출한 해는 1997년이다. 이때부터 수입 물량이 수출 물량을 계속 능가하고 있는 추세다. 2000년도에 접어들면서 수출 물량은 급격히 감소하고, 반대로 수입 물량은 매년 2~3배씩 증가하고 있다. 가격 면에서도 수

도전 23

입김치가 kg당 443원으로 우리 김치의 5분의 1정도이다(〈표 2〉). 일전에 만난 중국 업체 사장으로부터 "중국산 김치의 판매 전략은 백화점과 같은 고급 판매장을 피하고, 주로 재래시장과 간이식당을 공략하는 데 있다"는 얘기를 들은 적이 있다. 이렇게 된 이유는 근본적으로 소비자들이 싼값의 김치를 선호하는 데다가 김치를 담그는 번거로움을 덜고, 시간도 벌 수 있다는 생각 때문일 것이다.

한편 우리가 일본에 수출하는 김치 가격이 kg당 3,579원이고, 중국에서 수입하는 가격이 kg당 443원이니 가격 면에서 엄청난 차이가 있다. 특별한 이유가 없는 한 일본인이 중국산 김치보다 훨씬 비싼 우리 김치를 수입할리가 만무하다. 벌써부터 일본은 자기네 입맛에 맞는 맞춤 김치를 중국 공장에 주문하여 싼값에 수입하고 있다는 소문이 나돌고 있다.

| 표2 | 중국과 일본에 대한 연도별 김치 수출입 통계

연도	수출				수입				비고
	금액(1000$)		수량(ton)		금액(1000$)		수량(ton)		
	중국	일본	중국	일본	중국	일본	중국	일본	
1993	–	28,739	–	6,993	–	–	–	–	
1994	–	37,726	–	8,723	–	–	–	–	
1995	–	43,301	–	9,470	–	–	–	–	
1996	–	36,662	–	9,759	15	27	14	6	
1997	9	37,648	3	11,2371	15	30	16	9	
1998	–	42,236	–	15,2295	5		10		
1999	–	77,038	–	23,816	33	7	90	2	
2000	241	76,463	231	22,261	177	25	467	6	
2001	30	65,028	12	22,200	195	3	393	–	
2002	42	74,126	19	27,097	468	–1,042	–		
2003	188	87,169	69	30,584	10,288	25	28,702	1	
2004	39	55,920	19	18,748	10,259	–	27,751		7월 현재
2004	63	87,124	25	29,234	26,473	–	66,343		11월 현재

주: 위 표는 농수산물유통공사 자료이다. 2004년도를 기준하여 김치 수출 단가는 일본이 3,579원/kg, 중국이 2,463원/kg이었고, 수입 단가는 중국이 443원/kg이었다. 단, 1$를 1,200원으로 환산하였다.

이대로 가면 어떻게 될까? 2003년도 중국산 김치의 수입 물량을 대략 2만 8,000톤으로 보고, 그 물량이 매년 2~3배로 증가한다고 하자. 재래시장과 요식업체에서 판매하는 김치 합계가 연간 21만 톤(2002년도 통계)이고, 공장 김치가 연간 40만 톤이라고 한다. 그러니 지금의 속도가 지속된다면 2~3년 내에 재래시장과 요식업체에서 생산하는 우리 김치는 완전히 자취를 감추게 될 것이고, 공장 김치 역시 3~4년 내에 경쟁력을 상실하게 될 것으로 전망된다. 빠르면 3년, 늦어도 4년 내에 우리 김치는 거덜난다는 얘기가 된다.

이는 김치만의 문제가 아니다. 국내 1,700여 개의 김치공장 대부분이 문을 닫게 될 것이고, 또한 연쇄 반응으로 김치의 원부재료로 사용되는 수십 종의 채소류, 어패류의 수확이 급감하여 농어민들의 생업마저도 위협받게 될 것이다. 정부의 농어업 정책마저 휘청거릴 것이 뻔한 일이다. 그러나 이것을 이론상 가정할 수 있는 가상적 시나리오로만 볼 뿐 심각하게 받아들이려 하지 않는 것이 문제다. 주변에 중국산 김치가 맛도 좋고, 품질도 좋다고 평하는 소비자가 날로 확산되고 있는 사실도 과소평가하다가는 큰코다칠 수가 있다. 그리고 중국산 김치가 중국에 진출한 국내업체가 생산하는 것이므로 우리 김치와 기술상 마찬가지이고, 값싸고 양질의 김치를 공급받을 수 있기 때문에 여러 면에서 유리하다고 보는 견해도 있으나 이것도 위에 열거한 예로 볼 때 어불성설이다. 일본에 김치를 수출한 지 20여 년이 지난 지금 수출 물량이 겨우 9만 톤에 그치고 있으며, 그 증가 추세도 둔화되고 있는 실정이다. 대조적으로 중국에서 수입하는 김치 물량은 급증하여 불과 4~5년 만에 3만여 톤에 육박하고 있다. 조만간 중국산 김치가 국내 시장을 석권할 것은 불을 보듯 뻔하다.

중국 농촌이 우리 김치시장을 공략할 수 있는 몇 가지 여건을 살펴보면 다음과 같다. 이는 우리의 김치 정책의 취약점이기도 하다.

① 임금이 싸다.

대도시에서 생활하는 직장인의 평균 급료는 미화로 1,500~2,000달러 정도라고 하지만 농촌의 한 달 생활비(월급)가 우리 돈으로 6만 원 정도라고 한다. 당분간 가격 경쟁은 거의 불가능하다고 보아야 할 것이다.

② 김치 제조법에 특별한 노하우(know-how)가 없다.

김치 담그는 과정을 어깨 너머로 몇 번만 보아도 누구나 김치를 쉽게 담글 수 있을 정도로 기술이 개발되어 있지 않다. 얼마든지 재현할 수 있고, 또 모방도 가능하다.

③ 수송이 용이하다.

중국의 배추 생산지인 광저우(廣州)와 베이징(北京) 일대로부터 서해안까지 거리가 짧아 김치수송이 편리하여 김치의 유통 일수를 연장시킬 수 있는 이점이 있다.

④ 배추 원산지가 중국이다.

배추 재배에 적당한 낮은 온도를 유지할 수 있는 면적이 넓다. 위도상으로 비슷한 우리 나라의 강원도나 중부 지방의 경우, 도시 과밀화로 생산량이 적고, 재배 지역이 남하하여 이제는 대부분 위도가 낮고 온도가 높은 전라도나 제주 지방에서 배추를 생산하므로 품질이 떨어진다.

⑤ 우리나라는 세계 제일의 김치시장이다.

우리나라의 연간 김치 소비량이 150만 톤으로 추정되고, 금액으로는 6조 원에 이르므로 중국 입장에선 방대한 수출 시장임에 틀림이 없다. 그러니 우리나라 시장을 목표로 삼아 앞으로 더 전력투구할 것이 분명하다.

⑥ 마땅한 검사방법이 없다.

중국산 김치와 우리 것을 구별할 수 있는 규격 검사방법이 없거니와 수입 김치의 안전성조차도 조사할 수 없는 딱한 형편에 있다. 이것 역시 풀어야 할 문제로 남아있다.

⑦ 더 이상 생산원가를 낮출 수 없다.

높은 인건비도 문제지만 여름철이 되면 재료비가 여기에 뒤질세라 급등한다. 이 현상은 매년 반복되어 일 년 내내 김치 생산원가에 큰 영향을 미치고 경영에 차질을 일으킨다.

⑧ 보존기간 및 유통 일수가 짧다.

온도가 높은 여름철에는 이틀을 넘기지 못한다. 우리 김치가 상품으로서의 가치를 상실하는 가장 큰 결점이다. 중국산 김치는 이보다 훨씬 길다.

얼마 전에 한 대기업 김치업체의 사보(社報)에서, 벌써부터 영업에 큰 타격을 받고 있어 부서별로 각별한 판매 전략을 구상하고 있다는 글을 읽은 적이 있다. 남의 일 같지 않았다. 하루에 50~60톤을 생산하는 대기업 김치공장이라 해도 그 제조방법이 가정에서의 재래식 김치 제조법과 크게 다를 바 없다는 것이 문제다. 생산량만 늘리고 이에 따른 기술

일본으로 수출되는 우리 김치

도전 27

이나 노하우의 개발은 늘 뒷전에 밀려 있던 차에 발등에 불이 떨어진 꼴이 되고 말았으니 지금에 와서 허겁지겁한들 뾰족한 수가 나올 리 없다. 남이 흉내를 낼 수 없는 독자적인 기술 개발이 시급하다.

김치 제조에 필수적인 변변한 기계조차 제작한 실례를 찾아볼 수가 없다. 장기적인 안목에서 제대로 기술 개발에 투자한 적이 없기 때문이다. 물론 기술개발을 목적으로 김치공장이 중소기업에서 대기업으로 이관된 것이 1993년이니 겨우 10여 년밖에 안 되어 그렇다손 치더라도 이젠 더 이상 회피할 수 없게 되었다. 그러나 예측하건대 앞으로 중국은 김치를 다량 생산하기 위하여 필요한 기계화가 절실해질 것이다. 우리는 그나마 축적된 제조 경험에 힘입어 김치 제조공정을 기계화하거나 자동화하는 데 훨씬 유리한 입장에 있다고 본다. 하루속히 중국산 김치와 차별화할 수 있는 발효기술과 공정의 자동화를 정립해야 할 것이다. 이것이 김치시장에서 다시 역공(逆攻)할 수 있는 무기가 될 것이다.

2004. 08. 30

김치 홍보, 바꿀 수 없나

인터넷의 김치 관련 홈페이지의 글들을 읽다 보면 유감스러운 대목이 눈에 띈다. 김치에 살고 있는 유산균은 정장효과(整腸效果)가 있고, 암을 예방하고, 면역계를 활성화시킬 수 있다는 등 인체에 미치는 긍정적인 효과를 강조하는 것이다. 그러나 이것은 잘못된 설명이다. 김치 자체가 이러한 효과를 가지고 있다고들 주장하지만 이것도 학자들 간에는 아직 정설로 받아들여지지 못한 채 논쟁의 대상이 되고 있는 실정이다.

이는 아마도 우유에 있는 유산균과 김치 유산균이 다 같은 유산균인 줄 알고 있기 때문인 듯하다. 유산균(乳酸菌, lactic acid bacteria)이란 공통적으

김치 홍보를 위해 국제 식품 기술전에 출품된 김치들. 김치의 유산균을 정확히 알리는 것이 진정한 홍보이다.

로 당(糖)을 먹고 젖산을 만들어내는 유익한 세균을 총칭하여 부르는 이름이다. 그러나 유산균에는 성질이 다른 종(種, species)이 200여 개나 알려져 있고, 각 유산균마다 서로 차이점이 많다.

우유의 유산균이 알려진 것은 러시아의 생물학자인 엘리 매치니코프 박사(Elie Matchnikoff)와 그의 공동 연구자들이 1907년 불가리아의 장수 농부들이 많이 마시는 요구르트(yogurt)에서 락토바실루스 불가리쿠스(*Lactobacillus bulgaricus*)라는 유산균을 분리하면서부터이다. 이 이름은 불가리아의 장수 노인들을 기념하기 위하여 붙인 종명이라고 한다. 어원에서 알 수 있듯이 요구르트란 터키어이며 고대 앗시리아어로 'leveny', 즉 '생명'을 의미한다. 이때부터 우유 유산균이 건강과 밀접한 관계를 맺고 있다는 것이 알려지기 시작하였다.

그 이후 무려 100년에 걸쳐 이 유산균은 유당에 대한 내성 제거, 우유 단백질의 소화, 소화기계의 감염방지, 면역계의 촉진, 혈청 내의 콜레스테롤 저하, 그리고 암에 대한 예방효과가 있다는 사실이 입증되었다. 이러한 생리학적 효능을 갖는 것도 유산균이 위·장관에서 생존하거나 증식할 수 있어야 가능한 일이다. 현재 사용하는 유제품의 유산균들은 사람의 체온인 36.5℃에서 증식할 수 있을 뿐만 아니라 45℃에서도 잘 증식할 수 있는 데 반하여, 김치 유산균은 이 온도에서 성장할 수 없다는 것이 큰 차이점이다.

김치 유산균은 최적온도(最適溫度, optimum temperature)가 20~30℃이고 최대온도(最大溫度, maximum temperature)가 34℃이므로 36.5℃에서는 성장이 거의 멈춘다. 실제로 사람의 분변에서 김치 유산균이 검출되지 않았다는 보고가 이를 증명하고 있다. 가장 중요한 관건인 성장조건을 구비하지 못하고 있기 때문에 현재로선 김치 유산균이 사람에게 어떤 생리학적 기능을 갖는지 단언할 수 없다. 연구가 하루빨리 진척되어 위·장관에서 성장할 수 있는 김치 유산균을 찾아내기를 기대해 본다.

2004. 01. 14

김치의 나노 세계

우리는 매일 김치를 먹고 있다. 그러나 밥상에 오른 김치를 반찬으로만 생각할 뿐 더 이상의 관심을 갖지 않는 것이 보통이다. 그러나 이를 현미경으로 관찰하면 평소 김치에서 볼 수 없었던 '작은 입자'들이 많이 모여 있는 광경을 볼 수 있다. 이는 육안으로는 도저히 볼 수 없었던 김치에 상주하고 있는 유산균의 다양한 모습이다. 겉으로 보는 김치와는 달리 김치 속에는 또 다른 미생물의 세계가 있는 것이다. 김치의 경우 이 작고 눈에 보이지 않는 입자가 유산균임을 과학적으로 입증한 해가 문헌상 1959년도이니 근 반세기가 흐른 셈이다. 그러나 지금도 '김치 유산균' 하면 생소하게 느끼는 사

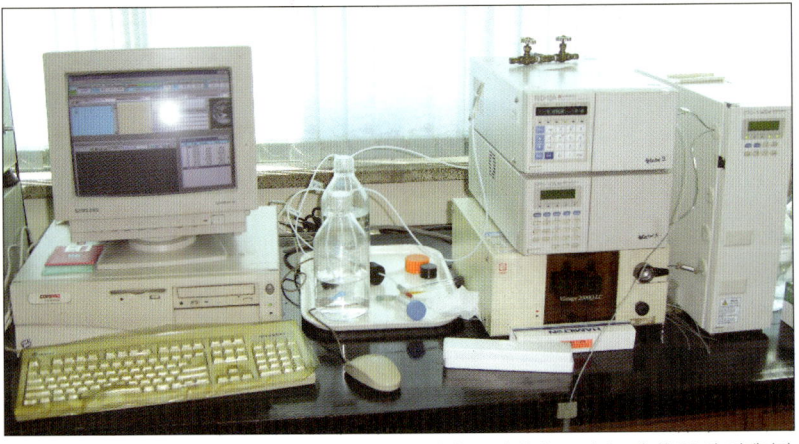
김치의 발효물질, 아미노산, 비타민 등의 성분을 정밀 분석하는 고속액체크로마토그래피(HPLC) 기계이다.

람이 적지 않다. 그러나 이 유산균은 하나의 작은 생명체로서 김치를 만드는 데 중요한 역할을 담당하고 있다.

요즘 반도체 산업에서 초미세 정밀과학이란 뜻으로 나노(nano)란 말을 자주 쓰고 있다. 김치도 이 분야에 못지않게 나노 과학에 속한다고 말할 수 있다. 미생물 또는 유산균은 이미 그 자체가 초미세의 존재이기 때문이다. 사람이 눈으로 식별할 수 있는 대상의 크기가 0.1mm 이상이라고 한다. 그러니 불행하게도 이 이하의 크기는 관찰이 불가능하다. 1mm의 1/1,000을 1마이크로미터(μm, 10^{-6}m)라 하고 사람은 100μm까지 볼 수 있는 해상력밖에 없다. 그런데 유산균을 포함한 세균은 그 크기가 사람의 가장 작은 세포인 20μm보다도 훨씬 작은 0.5~2μm 정도에 불과하므로 그 존재를 맨눈으로는 볼 수가 없다. 그러니 김치 발효는 김치에 살고 있는 유산균의 생활, 즉 마이크로 세계(micro-world)를 취급하는 초미세 작업임을 뜻한다.

김치는 이 마이크로 세계에서 생활하는 유산균들이 만들어내는 불후(不朽)의 작품이며, 또한 우리의 고유(固有)한 상품이다. 따라서 김치를 더욱더

도전 31

깊이 이해하려면 이 보이지 않는 작은 세계로 파고들어가야만 김치의 비밀을 채굴(採掘)할 수 있을 것이다. 먼저 제일 중요한 대상은 유산균이 될 것이다. 여기에 쓸 채굴도구(道具, tools)는 당연히 유산균보다 작은 DNA, RNA, 그리고 단백질 분자 등의 유전정보 물질들이다. 이 분자들은 $1\mu m$ 단위의 1/1,000인 나노 단위(n, nano, 10^{-9}m)이므로 김치 유산균의 특성을 파악하기 위해선 숙명적으로 나노 세계로 접근하게 되어 있다. 이뿐만 아니라 21세기는 이보다 1/1,000이 더 작은 피코 세계(p, pico, 10^{-12}m)를 다루게 될 것이다. 이것이 김치인 것이다.

크기 면에서 유산균 개체가 그릇 속의 김치를 볼 때 김치는 마치 거대한 우주(宇宙)와 같이 보인다는 얘기가 된다. 이러한 김치 속에는 눈에 보이지 않으나 경이로운 초미세 생태계(ultramicro-ecosystem)가 자리를 잡고 있다. 그러니 이 속에 얼마나 많은 자연의 신비가 숨어 있을지 아무도 모른다. 따라서 김치는 생물, 물리, 화학, 그리고 수학의 원리를 시험하고 입증하는 장이며 자연과학 그 자체이다. 김치가 '식품'이기 때문에 식품관련 응용분야 또는 대학의 학과에서 연구해야 한다는 항간의 주장은 억지다. 기초과학이 도입되지 않는 한 김치에 산적한 의문을 풀어 낼 재간이 없다. 이 나노 세계의 개념이 김치에 접목되면서 김치 유산균의 특성이 재발굴되기 시작하였으며, 또 김치의 장기보존과 같은 오랜 숙원사업도 머지않아 그 해법의 실마리를 찾아낼 것으로 보인다. 21세기에는 최첨단 채굴도구에 힘입어 그야말로 김치 연구에 획기적인 사건이 연속적으로 전개될 것이다.

2004. 09. 02

게놈 시대의 김치유산균

게놈(genome)은 gen(e)+ome의 합성어로 gen(e)은 유전자(遺傳子), -ome 은 mass(라틴어 -oma), body, quantity의 덩어리 또는 체(體)를 뜻하므로 '유전체'라고 번역하고 있다. 영어로 genom이라고도 쓴다. 유전체란 염색 체의 반수체(半數體, haploid)에 들어 있는 모든 유전자의 함량으로 정의하는 데, 간단히 한 생물의 유전물질을 말한다. 이 유전물질은 DNA로 구성되어 있고 이 물질로부터 RNA가 합성되고, RNA의 도움으로 단백질이 만들어 진다. DNA는 염기로 구성된 거대한 분자이며 이들 염기가 모여 유전자를 만든다. 한 개의 유전자는 한 개의 긴 단백질인 폴리펩티드를 만들고 이들 이 다시 세포 내에서 여러 개가 결합하여 하나의 큰 단백질을 만든다. 이를 '유전자의 발현'이라고 말한다. 이렇게 최종적으로 만들어진 단백질은 우 리 몸에 필요한 물질과 에너지를 만들어준다. 그러므로 우리가 생활할 수 있는 원동력은 게놈에서 온다는 얘기가 되고, 생물에 생기는 비정상적인 현 상도 게놈과 단백질의 이상으로부터 기인된다고 볼 수 있다.

'게놈 연구'란 유전자와 유전자에서 만들어진 단백질의 기능에 관한 연 구를 하며 궁극적으로 유전자 검출과 유전자의 발현 양상을 규명하는 것이 다. 이를 위해서 선행되는 작업이 게놈의 염기서열을 완전히 분석하는 일이 며 이 분야를 유전체학(genomics)이라고 한다. 그러나 염기서열이 완성되었 다고 해도 완전한 단백질의 기능은 세포 내에서 어떤 형태로 결합하느냐에 따라 좌우되기 때문에 그 기능을 알 수 없다. 이와 같이 유전자에서 만들어 지는 단백질의 기능을 알아내는 분야를 단백질체학(proteomics)이라고 한 다. 이들 연구로부터 얻어낸 자료는 날로 축적되어 방대한 데이터베이스 (database, DB)를 구축하고 있으며, 이를 전적으로 취급하는 새로운 학문 분

야가 분자생물학, 수학, 컴퓨터과학을 결합시킨 생물정보학(bioinformatics)
이다. 그리고 이들 학문에 사용되는 프로그램도 다양하게 소개되어 이를 체
계적으로 사용하는 방법도 중요한 분야로 대두되기 시작하였고, 이를 웹과
학(web sciences)이라고 부를 정도가 되었다. 이들 분야는 21세기 생명과학
에 새로운 물결을 일으키고 있고, 생명과학의 주류가 되다시피 활발히 추진
되고 있다. 그래서 게놈 시대(genomic era)라고 말하고 있다.

　이런 게놈 시대를 맞이하여 김치에서 해야 할 일은 무엇일까. 첫째로, 김
치의 주된 유산균이 어떤 것인가를 결정하는 일이다. 그러나 이에 대한 컨
센서스가 없는 실정이므로 하루속히 결정을 내려야 할 과제이다. 유산균이
구비해야 할 최소한의 조
건은 김치에서 해결해야
할 가장 큰 문제점인 ① 신
맛을 알맞게 만들고, ② 가
스발생을 억제하고, ③ 상
온에서 장기 보관할 수 있
어야 한다는 것이다. 이 세
가지 문제들을 풀기 위해
서는 게놈 연구에 기대를
걸 수밖에 없을 것 같다.

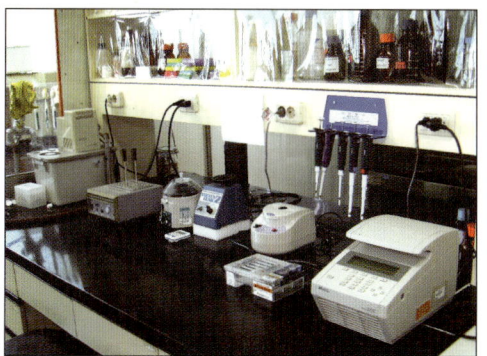

김치 유산균의 유전자를 분석하는 종합효소연쇄반응(PCR)기계
와 전기영동장치이다.

최근에 김치에서 분리된 유산균인 류코노스톡 김치아이(*Leuconostoc kimchii*)
의 유전체의 서열분석이 완성되었고, 류코노스톡 시트륨의 유전체가 마무
리 단계에 있다고 한다. 이것이 완성되면 우리가 기대하고 있는 유전자가
어느 정도 있는지 또 어떻게 활용할 것인지가 판가름날 것이다. 둘째로, 김
치에 적합한 유산균을 선정하기 위해선 각 종의 균주(菌株, strain)를 많이 확

보해야 한다. 김치 유산균은 아미노산(amino acids)과 비타민 같은 성장인자의 일부를 스스로 합성할 수 없기 때문에 이들 성장인자를 외부로부터 공급받지 못하면 살아갈 수 없는 성질을 갖고 있고 그 성장인자의 필요성도 불안정하다. 실제로 김치에서는 같은 종이라 해도 성질이 다른 자연 돌연변이 균주가 빈번히 발생하고 있으므로 유전자 발현을 다루는 단백질체학 분야에 매우 중요한 자료가 될 수 있다. 더욱이 김치에는 유전자 조작 균주(Genetically Modified Organism, GMO)를 사용할 수 없기 때문에 야생 균주를 확보하는 일이 더욱 중요하다고 할 수 있다. 이렇게 유전체학과 단백질체학이 김치에 접목되고 있다는 사실 하나만으로도 김치 역사에 신기원을 이룬 것이다. 바야흐로 김치는 세계를 향한 도약 단계에 도달한 것이다.

2005. 01. 12

사라져가는 어머니 솜씨

김치를 만든 사람은 누구인가? 김치의 역사를 들추어 보면 '조상' 또는 '선조'라고 포괄적으로 묶어서 들먹이고 있으나 정확히 말하면 '선조' 중에서도 우리의 어머니요 여성들이다. 근래에 와서 김치가 세계적인 식품으로 인정을 받게 된 배경에는 뭐니 뭐니 해도 '어머니 솜씨'가 있었기 때문이라는 사실을 부인할 사람은 아무도 없을 것이다. 생각해 볼 것도 없이 지금도 각 가정마다 김치 담그는 일은 전적으로 어머니가 도맡아 하고 있지 않는가. 분명히 김치는 우리의 어머니들이 만들어왔다고 강조해야 마땅할 것이다. 더군다나 이 일은 현재만이 아니고 과거의 역사 속에서도 끈질기게 이어온 우리 삶의 큰 흐름이기도 하다. 자그마치 수천 년을 한결같이 말이다. 그런데 역사의 맥을 이어온 동력이 '어머니의 솜씨'란 것을 소홀히 하는 경향이 나타나기 시작하고 있다.

도전 35

요즘 김치를 담그는 가정이 줄어들고 있다고 한다. 여성을 상대로 2004년에 실시한 한 여론조사에 의하면 40% 정도가 가정에서 김치를 담그지 않고, 대신 공장 김치나 재래시장의 '할머니' 김치를 사서 먹는다고 한다. 여기에 중국산 김치도 질세라 한몫을 하고 있다. '어머니 솜씨'를 잊고 사는 세대가 그만큼 늘어나고 있다는 증거다. 얼마 전만 해도 온 가정이 김치를 담그는 정겨운 모습이 생생하게 남아 있는데, 세대가 변해도 너무 빨리 변했다.

통계에 의하면 2002년도의 김치 총생산량 150만 톤 중에서 가정에서 생산하는 김치가 89만 톤으로 대략 60%인 데 비하면 2년 사이에 20%나 더 감소한 셈이다. 이 수치가 현실을 그대로 반영했다고 할 수 없다 할지라도 상당수의 가정이 김치를 담그지 않고 있다는 것만은 사실이다. 각 가정의 신세대 어머니들이 김치 담그는 일을 기피하고 있기 때문이다. 이러다간 우리 김치가 자취를 감출 날이 멀지 않은 것 같아 불안한 예감마저 든다. 이는 우리가 여태까지 자랑삼아 온 김치의 역사에 대한 대변혁이다. 이렇게 된 큰 이유 중의 하나는 '맞벌이 부부'가 늘고 주거 환경이 변했기 때문이라고 말한다. 김치를 담글 시간과 장소가 마땅치 않다는 의미일 것이다.

이 틈새를 메워주는 양 공장 김치가 성행하고 여기에 김치냉장고가 등장하여 쉽게 '김장김치'를 흉내를 낼 수 있으니 굳이 김치를 담가 먹을 필요가 없게 된 것이 현실이다. "역사도 시대의 흐름에 따라 변화한다"라는 말과 같이 김치의 역사도 예외는 아닐 것이다.

그러나 짚고 넘어가야 할 일이 하나 있다. 지금까지 200종 이상의 김치가 있다고 알려져 있다. 설령 구체적인 숫자는 모른다 할지라도 김치의 종류가 많다는 것쯤은 생활을 통하여 알고 있을 것이다. 김치라는 하나의 식품에서 이렇게 다양한 제품이 나올 수 있도록 만들어 놓은 것도 우리의 어

김치가 세계적 식품으로 인정을 받게 된 것은 어머니의 솜씨가 있었기 때문이다.

머니요 여성들이다. 이러한 '어머니의 솜씨'는 천연의 자원이다. 그런데 이렇게 훌륭한 솜씨를 자손들에게 물려주지 않고 김치 담그는 일을 스스로 중단한다는 것은 실로 엄청난 자원의 손실이다. 수천 년 이어온 '어머니 솜씨'에 숨겨진 '어머니의 지혜'를 공장 김치와 김치냉장고가 어떻게 대체할수 있단 말인가.

　오래 전에 정치외교학을 전공하는 어떤 교수가 김치의 다양성에 대하여 '김치는 우리 민족이 영원히 먹고 살아갈 자원'이라고 말한 촌평이 기억난다. 마치 스코틀랜드인이 스카치위스키 하나로 전 세계를 누비며, 먹고 살아가는 현실과 같을 것이라고 비유하면서 한 얘기다. 매우 감동적인 말이라지금도 잊지 않고 있다. 김치야말로 '어머니의 솜씨'로 만들어 놓은 식품의 고유한 장르(genre)요, 세계적인 명품 중의 명품이다. 우리가 자랑하는 김치의 우수성도 선조들, 특히 그 중에서도 여성 덕분이란 사실을 잊어서는 안

도전 **37**

될 것이다.

2005. 02. 28

딜레마에 빠진 우리 김치

우리 김치가 최근 몇 년간 수난을 겪고 있다. 수입한 값싼 중국산 김치(중국 김치)가 소비자의 눈을 속이면서까지 시판되고 있기 때문에 공장 가동률이 급격히 떨어지고 있다고 한다. '싼 맛에 사 먹는다'고는 하지만 이러다간 수천 년의 고유한 김치문화가 유지될 수 있을지 매우 우려된다. 이러한 형편을 뼈저리게 느끼는 사람이 실무자 외에 몇이나 될까? 어쩌다 이런 지경이 됐는지 알 수 없지만 그렇다고 누구를 탓할 형편도 안 된다.

현재로선 즉각적인 처방이 없지만 궁여지책(窮餘之策)으로 평소에 주장해 왔던 '우리 김치가 해야 할 일' 또는 '우리 김치를 살리는 길'에 대하여 몇 가지 제안해 보겠다. 무엇보다도 소홀히 여겨서는 안 될 분야는 바로 중국 김치를 비롯한 다른 김치와 차별화할 수 있는 우리 김치의 품질 향상이고 이를 실천하기 위한 기술 개발이다. 당연한 얘기로 들리겠지만 아직도 구호에만 그치고 있는 실정이다. 왜냐하면 아무도 현실에 맞는 대안을 제시하지 못하고 있기 때문이다.

우리 김치를 둘러보면 소금에 절인 채소에 형편이 되는 대로 양념을 혼합하여 넣거나 심지어 소금에 절이지 않은 채소를 사용해도 김치가 될 정도로 누구나 쉽게 만들 수 있는 취약점과 단점을 발견할 수 있다. 그러니 특별한 기술이 필요하지 않은 것 같아 보이므로 김치를 쉽게 모방할 수도 있다. 그 예가 중국 김치요 일본 '기무치'이다. 가격 면에서 우리 김치와 비교할 때 중국 김치는 저가(低價), 기무치는 고가(高價)로 팔린다. 그러나 우리의 입장에서 보면 해마다 중국 김치의 수입은 증가하고 일본으로의 수출은 감소하

미국 시카고에 있는 일본 대형 슈퍼마켓 '야호안'에 진열된 깍두기와 백김치의 일종. 우리 김치가 설 자리를 잃어가고 있다.

고 있는 터에 일본도 중국 김치를 수입한다고 하니 우리김치가 살아남을 길이 점점 좁아질 수밖에 없는 이치다. 정말 진퇴양난이다.

이 지경이 된 데에는 우리도 책임을 면할 수 없다고 본다. 그동안 파는 데만 급급했지 품질 향상과 기술 개선에는 관심을 기울이지 않았기 때문이다. 오히려 우리 김치 공장이 거꾸로 이웃 일본의 김치 기술을 벌써부터 도입하여 사용하고 있으니 말문이 막힌다. 그 예로 포장기계를 수입하지 않나 이유도 없이 유산균을 죽이려고 염소 소독을 하지 않나 정말 어처구니없는 일이 현장에서 벌어지고 있다. 그리고 배추를 포함해서 원료가 싸다는 이유로 중국에 현지 공장을 차려 놓고 김치를 생산해 그나마 갖고 있는 김치 기술도 내팽개치는 꼴이 되고 말았으니 남아날 것이 무엇이겠는가.

국내 경우도 이에 못지않다. 김치가 시지 않게 오래 보관할 목적으로 저온 유통을 하여 겉절이 김치로 공급하니 '발효김치'란 어디를 가도 찾아볼 수 없거니와 김장김치 맛도 잊은 지 오래됐다. 시판되는 김치는 중량을 맞

도전 39

추려고 국물을 없애고, 기무치와 같이 가스(이산화탄소)가 차면 상한 김치라 하여 봉투를 바늘로 찔러 가스를 제거하여 소비자들에게 눈가림을 한다. 가스를 제거하기 위하여 가스 흡수제를 봉투에 달아 놓은 일들은 정말 납득할 수 없다. 결국 자긍심을 가져야 할 김치의 특성을 말살하는 가공할 만한 처사가 다반사로 벌어지고 있는 것이다. 무엇보다도 참지 못할 일은 우리 김치가 이런 식으로 어느새 일본 '기무치'와 같게 되어버렸다는 허탈감이다.

이 모두가 우리가 저질러 놓은 업보(業報)다. 입으로만 우리 김치를 자랑했지 김치의 진수를 어설프게 알고 있었던 데서 비롯된 잘못이다. 이를 극복하기 위한 해결책은 없을까? 얼핏 보기에 이들 두 나라의 김치는 우리 김치와 겉모양새가 크게 다르지 않아 보인다. 모두가 김치로 보일 것이나 김치 속을 파헤쳐 보면 크게 다르다. 김치를 만드는 주인은 유산균인데, 일본 '기무치'는 염소 소독을 하므로 유산균이 없고 중국 김치는 있어도 우리 김치와 다른 유산균들이다. 따라서 유산균이 바로 우리 김치를 차별화할 수 있는 품질의 지표(指標)가 될 수 있음은 더 말할 나위가 없다.

얼마 전 어느 김치 회사에서 김치에 기능성을 높이는 데 착안하여 사람에게 유익한 유산균(프로바이오틱, probiotics)을 첨가하여 품질의 차별화를 두어 승부를 건다는 보도를 보고 환영한 적이 있다. 그런데 보도와는 달리 아직도 그 김치를 먹어 보지 못하고 있다. 이것이야 말로 김치의 품질을 향상시키기 위하여 '우리 김치가 해야 할 일'이고 '우리 김치를 살리는 길'이다. 선조들이 만들어 놓은 유산균 김치를 더욱 발전시켜 나가는 것이 후손들의 몫이 될 것이다.

위에서 언급한 내용들은 현재의 김치 제조 기술의 수정과 개선을 이끌어내기 위한 것이다. 김치의 유구한 역사의 흐름에 따라 유산균 김치를 만드는 일이 현재의 소임이고, 전통적인 발효김치를 현대화하는 과업(課業, task)

이라는 의미이다. 말로는 우리 김치가 발효김치라고 하면서 '겉절이 김치'를 먹게 하고, 발효를 시키지 않은 일본 '기무치'를 질세라 뒤좇아가고, 사이비 김치인 중국 김치를 싼 맛에 사 먹는 행위는 어불성설이다. 이 얼마나 수치스러운 일인가.

과연 우리에게 발효김치를 담그는 기술이 없어서 그러는 것인가 반문하지 않을 수 없다. 답은 '있다' 다. 그것은 선조들이 물려준 '발효 기술'이다. 부언하면 산소가 없고, 빛이 차단되고, 낮은 온도를 유지할 수 있는 조건하에서 밀폐된 그릇 속에 김치를 넣고 삭히는 기술이다. 이렇게 김치를 담그면 골칫거리인 가스, 신맛, 연부(軟腐, soft) 현상이 방지된다. 정말 놀라운 기술이다. 그런데 이 기술을 마다하고 현실적으로 김치를 발효시키는 김치공장 하나 볼 수 없으니 어찌된 영문인지 도무지 알 수 없는 노릇이다. 비닐 봉투에 김치를 넣어 파는 방식은 어디에서 유래되고 누구의 착상인지, 시작부터 단추를 잘못 끼운 흉측스런 모습 그대로다. 하루빨리 이 선조들의 발효 기술을 재현하는 것만이 '우리 김치를 살리는 길'이며 경쟁 김치를 따돌리고 차별화할 수 있는 지름길이 될 것이다.

다음에 할 급선무가 노동집약적인 제조공정의 기계화 내지는 자동화라할 수 있다. 여기에 포괄적인 내용만 소개해 보겠다. 현재 공장 김치는 가정에서 담그는 김치 제조과정과 다를 바 없고 단지 대량생산을 목적으로 인력이 많이 필요할 뿐이다. 이래 가지고서는 생산원가에 높은 비중을 차지하는 인건비를 절감할 수 없고, 배추 절임 시간도 12~16시간으로 작업 시간이너무 길다. 양념을 넣는 데도 인력이 많이 필요하기 때문에 다른 산업체와달리 8시간 노동을 실현시킬 수 없는 애로점이 있다. 이를 해결할 수 있는합리적인 공정은 '막김치' 형태로 김치를 전환시켜 보는 방법일 것이다. 이는 이미 실현하고 있는 공정에서 약간만 수정하면 가능할 것으로 본다. 그리고 포기김치는 소량으로 공급하는 계획이 필요하다.

참고로 말하면 막김치와 채김치는 공정의 기계화에 유리한 점이 있을 뿐
더러 가정이나 공장에서도 취급하기 수월하다. 포기김치는 썰어야 하므로
손톱 사이와 도마에 김치 국물이 배어들어 김치 냄새가 나고, 이를 피하기
위하여 고무장갑(globe)을 끼어야 하는 불편이 있다. 그러나 막김치는 젓가
락을 사용하게 되므로 접시에 담아도 정갈하게 보이고, 찌개, 전 등을 조리
할 때도 손에 묻히지 않아도 된다. 경험에 의하면 야채 샐러드 같은 기분이
난다.

가령 이런 식으로 수입 국가들에게 우리 김치의 수준과 같게 김치를 만들
라고 요구하고 그렇게 하면 수입하겠노라고 선언하면 어떨까. 그런데 아직
도 이 '선언'을 자신 있게 하지 못하고 있는 우리의 처지가 한스럽다. 김치
제조공정을 수정 보완하여 '유산균 김치'를 만들면 좋은 품질과 합리적인
가격을 정할 수 있을 것이다. 품질은 구별조차 할 수 없는 형편에서 가격이
비싸면 소비자가 어떤 선택을 할지는 뻔하다. 이 글은 일전에 한 가정주부
가 값싼 중국산 김치가 우리네 가정을 침투하여 식단의 맛이 알게 모르게
바뀌는 오늘의 현실을 걱정하면서 '우리 김치를 살리는 길'이 없느냐고 질
문을 한 데 대한 필자의 항변임을 밝힌다.

2005. 02. 08

김치 발효, 이대로 좋은가?

10여 년 전 국제식품규격(Codex)에 김치를 '발효식품'이라고 규정해 놓
았다. 이 규정을 역으로 해석하면 '발효가 안 된 김치는 김치가 아니다'라는
뜻이 함축되어 있고, 또한 발효를 부각시키고자 하는 우리의 강한 의지를
세계만방에 선포한 규정이다. '발효'란 김치를 '숙성시키다', '삭히다' 또

는 '익히다'란 뜻으로 김치에 신맛이 감돌 때를 표현하는 말로 쓰이지만 이를 학술적으로 풀면 '김치 유산균이 당분을 먹고 신맛을 내는 젖산과 초산 외에 주정(酒精, spirits), 덱스트란(dextran), 만니톨(mannitol), 이산화탄소 등 여러 가지 부산물을 산소가 없는 상태에서 만들어내는 물질대사'라고 정의할 수 있다. 그러면 누구나 김치를 담가도 이렇게 까다로운 발효의 정의대로 김치가 만들어질 수 있는지를 반문하게 될 것이다. 실은 김치는 누구나가 쉽게 담글 수 있는 보편성을 갖고 있다. 다만 식품이 갖고 있는 속성이 '맛'이므로 맛이 어떠냐에 따라 그 진가를 평가받을 따름이다. 그러나 불행하게도 어떻게 발효를 시켜야 맛있는 김치가 되는지 속 시원하게 알려진 것은 없다.

발효는 과학이다. 그러므로 김치가 어떻게 발효되는지 그 해법을 입증해야 한다. 그럼에도 불구하고 이를 공개적으로 입증한 예가 아직까지 없다. 그러니 항간에 떠도는 김치의 과학화는 구호에 지나지 않는다. 그렇다고 해서 김치를 국제식품규격에 올려 놓고 수수방관(袖手傍觀) 할 때가 아니다. 지금도 늦지 않았다. 우선 김치의 과학화를 위한 첫걸음은 발효 원리대로 김치를 담가 보고자 하는 노력일 것이다. 물론 이를 실천에 옮긴다는 것은 결코 용이하지 않다. 그렇다 치더라도 김치의 과학화는 기필코 해결해야 할 김치 종주국의 의무에 속한다. 지금과 같이 김치를 담가 놓고 무조건 기다린다고 해서 김치가 발효되는 것이 아니다. 최소한 김치 속의 물질 변화를 알아내고 맛있는 김치가 되도록 그 변화를 수정·보완하는 노력이 있어야만 명실 공히 김치가 제대로 될 것이다. 이러기 위해선 먼저 발효 원리를 이해하고 이를 실행할 수 있는 해법을 찾아야 한다.

발효 원리를 김치에 응용하기 위한 길잡이가 되도록 현재까지 알려진 몇 가지 사실을 나열해 보겠다. 발효의 정의에서 언급한 바와 같이 김치 유산

도전 43

균들은 발효를 통하여 맛과 냄새에 관련한 부산물을 만들어낸다. 예를 들어 젖산은 신맛(sour), 초산은 신맛과 냄새(smell), 주정은 술 냄새, 텍스트란은 감칠맛(full-bodied), 만니톨은 단맛(sweet), 소위 '가스'라고 일컫는 이산화탄소는 톡 쏘는 맛(pungent) 등을 내므로 발효 부산물들이 김치의 맛과 냄새에서 차지하는 비중이 매우 크다고 볼 수 있다. 그러나 우리가 흔히 얘기하는 고추의 매운맛(capsaicin), 마늘과 양파의 유화수소 냄새(-SH), 젓갈의 냄새와 맛(amino acids) 등 양념 자체에서 오는 향미 성분들은 김치 발효와는 직접적인 관계가 없으므로 발효 부산물과 혼동해서는 안 된다. 이러한 성분들이 혼합되어 김치의 향미(香味)를 나타내므로 이들의 혼합비는 김치의 향미를 좌우할 수 있다.

이들 부산물은 유산균이 먹는 당분(糖分)으로부터 전환되므로 김치에 당분이 얼마나 들어 있는지 알아내는 일이 필수적이다. 예를 들면 가을 배추로 담근 김치 1kg에 유산균이 증식하지 못하도록 세균 억제제인 프로피온산(4ml), 항생제인 젠타마이신(100mg)과 앰피실린(70mg)을 첨가하여 15℃에 방치하여 둔 후 배추로부터 삼출(滲出, exudation)되는 총 당분(삼출 당량)을 나흘간 분석하면 가을배추의 당분은 최대 2.3%가 된다(실제 김치에는 항생제를 사용할 수 없다). 당분 조성은 평균적으로 포도당이 1.26%, 과당이 0.98%로 포도당의 함량이 약간 높다(1.3/1.0). 이때 중요한 특징은 시간이 경과함에 따라 당분이 서서히 삼출되며 그 삼출 당량과 시간의 관계는 직선식이 성립되고, 삼출 당량은 온도가 낮을수록 적어지며, 영도(0℃)에서는 거의 삼출되지 않는다. 이 결과는 김치가 15℃에서 나흘이 되어야 발효가 종료되고 발효온도가 낮으면 그만큼 발효가 지연된다는 것을 의미한다. 발효는 결코 서둔다고 빨리 진행되는 일이 아님을 이해할 수 있을 것이다. 김치를 자연대로 지켜온 우리 선조들의 '은근과 끈기'를 김치에서 엿볼 수 있어 흐뭇하다.

당분은 김치 유산균의 먹이가 된다. 김치에 있는 당분은 별도로 첨가하는 설탕(雪糖, sucrose)을 비롯하여 배추로부터 삼출된 당분과 고춧가루에 들어 있는 당분(약 30%)으로서 설탕, 포도당, 그리고 과당이 전부다. 이 당분을 먹는 김치 유산균은 23종이 발견되었으며 이 중에서 비교적 잘 증식하는 유산균은 류코노스톡 시트륨, 락토바실루스 사케이 아종 사케이, 그리고 바이쎌라 코리엔시스(Weissella koreensis)가 대표적이다. 편의상 이 유산균을 차례로 Lc, Lss, Wk라 부르자. 표준 방법(MRS 배지)에 의한 유산균의 발효 양상을 살펴보면 Lc는 설탕, 포도당, 과당으로부터 모든 부산물을 생성하나 Lss는 젖산과 초산만을 생성한다. 그리고 WK는 설탕으로부터 젖산과 초산을, 포도당과 과당으로부터는 젖산, 초산, 만니톨을 생성하고 그 생성 능력은 Lc의 반 정도밖에 되지 않는다. 그리고 발효 능력은 Lc > Lss > Wk의 순서로 높게 나타난다. 따라서 부산물을 다양하게 생성하는 유산균인 류코노스톡 시트륨(Lc)이 김치 맛을 향상시키는 데 중요한 역할을 한다고 볼 수 있다.

그런데 실제로 김치에는 신맛을 내는 젖산과 초산만이 남아 있는 경우를 자주 발견하게 된다. 그러니 각 성분에 의한 맛의 조화는 아예 기대할 수 없고 신맛만 강하게 느껴지고 김치 맛이 떨어진다. 왜 이렇게 되었을까? 앞으로 더 밝혀지겠지만 가장 직접적인 이유는 첫째, Lss가 Lc와 Wk가 기껏 만들어 놓은 단맛 성분인 만니톨을 먹어 치우기 때문이고, 둘째, 김치에 금물(禁物)인 산소가 많기 때문이고, 셋째, Lss는 설탕보다 포도당과 과당을 먼저 먹고 자라며 당분이 부족하거나 결핍되었을 때는 김치에 포함된 성장인자인 아미노산과 단백질 그리고 비타민을 먼저 먹어 치우므로 이런 성장인자를 필요로 하는 다른 유산균이 증식할 수 있는 기회를 박탈하기 때문이라고 본다. 이렇게 보면 락토바실루스 사케이 아종 사케이(Lss)는 김치에 무단으로 들어온 침입자이자 김치를 망치는 '부패균(a spoilage organism)'이 될 수 있다. 특히 이 유산균은 당분이 없어도 아미노산과 단백질만 먹고 잘 증식할 수 있는 능력을 갖고 있기 때문에 김치 맛을 손상시킨다. 그러나 이 유산균은 치매, 우울증, 술 해독에 사용하는 가바(gamma-aminobutyric acid, GABA)를 합성하는 능력이 있으므로 이용 가치가 높다.

이런 경우를 우리의 봄·여름 김치와 중국산 여름 김치, 열대 지역에 속하는 인도네시아와 싱가포르산 김치에서 찾아볼 수 있다. 즉, 기온이 높은 계절이나 지역에서 재배한 배추김치에 Lss의 빈도가 높다는 일관성을 시사하고 있다. 이것만으로도 놀라운 발견이다. 어떤가? 우리는 전통적으로 그리고 역사적으로 겨울 한 철만 김치를 담그지 않았는가! 요즘같이 사철 내내 재배하는 배추로는 선조들이 담가온 김장김치를 흉내조차 낼 수 없음은 자명한 일이다. 이와 더불어 배추를 재배하는 기후와 지역도 김치 발효에 큰 영향을 미친다는 의미가 된다.

이상의 내용을 요약하면 김치 발효는 산소가 없는 조건하에서 온도에 따른 삼출 당량과 설탕량이 유산균의 증식과 발효를 제한하고 이로 인하여 김치 맛이 좌우됨을 예상할 수 있다. 발효 부산물 생성(김치 맛) 면에서 일차로 설탕이 가장 중요하고, 그 다음이 삼출되는 포도당과 과당 농도의 비가 된다. 그러나 배추의 포도당과 과당의 비는 총 당량에 관계없이 1:1.3으로 거의 일정하므로 발효 전후의 당분소비와 부산물 생성(stoichiometry)에 한계요인(limiting factor)이 된다. 왜냐하면 이론상 그 비가 0.5가 되어야 하므로 김치 발효는 실제로 불균형을 이루고 있기 때문이다. 이 문제는 앞으로 해결해야 할 과제로 남아 있다.

김장김치에 대한 자료가 태부족이고 불충분한 관계로 인하여 김장김치를 과학화시킬 수 없는 현실이 안타깝지만 현재 겨울 김치에 살고 있는 유산균의 성질로 미루어보아 그나마 김장김치를 복원할 수 있을 것으로 본다. 천만다행이다. 현재 김치의 장단점을 파악하여 하루속히 더 발전된 김치를 정립해야 할 때이다. 이를 위해 그동안 우리가 소홀히 여겨 왔던 김치 발효에 더욱더 깊은 관심을 기울인다면 기대 이상의 성과를 거둘 것으로 확신한다. 위에서 언급한 내용은 지극히 기초에 불과하며, 맛있고 규격화된 김치를 만들기 위해선 발효의 조절 메커니즘(mechanism)을 규명하는 일이 우선적이다. 세계 시장이 우리 김치를 손꼽아 기다리고 있다.

2005. 09. 21

옛날 김치와 기생충

옛날 김치의 특성을 모르고 있던 차에 '김치 연구사'에 매우 중요한 학술 논문 한 편을 발견하게 되어 그 내용을 여기에 소개한다. 이 논문은 57년 전인 1949년에 한심석과 고광도가 ≪대한내과학회지≫에 발표한 내용으로 김치에 대한 기생충의 저항성을 연구한 최초의 논문이며, 아울러 김치에 관련된 소금, 빙초산, 가성소다, 실험쥐에 대한 기생충의 저항성까지도 비교 실험을 한 귀한 논문이다. 특히 여름 김치를 담근 『조선요리서』가 등장하고 또한 그 결과를 약술하고 있어 옛날 김치의 특성을 가늠할 수 있는 소중한 자료가 되고 있다.*

(생략)

3. 여름 김치에 대한 충란(蟲卵)의 저항력에 관한 실험

---

* 한심석·고광도, 1949, 「장내 기생충란 및 감염자충의 저항성에 관한 연구. 제1보, 십이지장충 미발육성숙자의 여름 김치, 식염수, 빙초산 및 가성소다에 대한 저항력에 관한 실험」. ≪대한내과학회지≫, 1(1), 97~101쪽.

가. 실험재료, 실험방법 및 실험기간

여름 김치 조리에 사용한 배추와 무는 근처 밭에서 채취 직후인 신선한 재료를 사용하였다. 여름 김치의 조리법은 손정규(孫貞圭)저 『조선요리서(朝鮮料理書)』에 의하여 세절한 열무 459g, 배추 459g, 소금 75g으로 약 20분간 절인 후 구경 10cm, 높이 20cm인 유리용기 4개에 상기 절인 것 40g과 물 60cc씩을 넣고 이것을 편의상 A, B, C, D로 칭하였다. 다음 A에는 세말한 고추 5gm, B에는 마늘 3gm, C에는 파 8gm을 가하여 이것을 또한 편의상 고추김치, 마늘김치, 파김치라 칭하고 D에는 고추 5gm, 마늘 3gm, 파 8gm을 넣어서 소위 종합김치를 조리한 후 전 실험과 동양 집란(集卵)한 미발육충란액(未發育虫卵液) 2cc를 주입하여 관찰하였다. 소요시간은 1시간 이내에 완료하였다.

(이하 생략)

관찰기간은 1948년 9월 17일부터 10월 23일까지 36일간이고 기간 내 검사재료를 정치한 실온은 18℃~23℃를 상하하였다. 습도는 70%~76% 그리고 김치의 기시(起始) pH는 7.5, 제5일 만에 pH는 4.7이었다.

(중략)

총괄

(생략)

5) 여름 김치에 대하여서는 십이지장충란은 종합김치, 파김치, 및 고추김치 내에 있어서 각각 다소 시일을 달리하여 과두기(蝌蚪期)에까지 발육하였으나 그 이상 발육하지 않았으며 결국 사멸하고 말았다.

6) 충란을 김치에 투입한 지 제5일 만에 일부분을 수도수에 투입하고 또 일부분을 mouse(실험쥐)에 시식시킨 성적은 결국 십이지장충은 제31일까지 수도수에 투

입당시 소견 이상의 발육이 없으며, 또 mouse 내에서도 부화감염을 보지 못하였으나 대조실험은 양성이었다.

(생략)

 ·

여기서 충란(虫卵)이란 십이지장충의 알(卵)을 말하며 환자 분변에서 채취하여 실험에 사용하였다. 이 실험을 한 다음 해인 1949년에 우리나라 사람의 대변검사를 실시한 결과 국민의 82.8%가 회충 충란의 양성을 보였다니 그 당시 국민보건실태가 얼마나 열악했는지 짐작이 갈 것이다. 이러한 충란의 감염률은 그 당시 채소재배에 사용했던 인분(人糞, stool)에 기인되는 것이 아닌가하고 의심하던 때에 그 가부(可否)를 확인하기 위하여 이 실험을 했던 것으로 보인다. 그런데 이 실험에서는 언급하지 않았지만 손수 만든 여름 김치에는 충란이 없었던 것으로 보인다. 이렇게 판단하는 이유는 '신선한 재료'라고 쓴 점과 만약에 충란이 있었다면 관찰시 분명히 언급이 있었을 터인데 그렇지 않은 것으로 미루어 보아 실험 중에는 '여름 김치에는 기생충이 없었다'고 볼 수 있다. 더욱이 '근처 밭'이라고 한 점은 서울대학교 의과대학 부근(현 동숭동 대학로)의 텃밭이라고 볼 수 있고 인분을 사용하지 않는 재료를 골라서 사용한 것으로 추정이 된다. 이 논문에서 엿볼 수 있듯이 채소재배 시 인분을 사용하지 않으면 김치를 통한 기생충의 감염을 예방할 수 있다는 것을 알 수 있다.

논문에 의거해서 십이지장충의 성장과정을 보면 난(卵, 알, egg)→할구(割球, blastomere, embryo)→상심기(桑椹期, 번데기, pupa)→과두기(蝌蚪期, 올챙이, tadpole)→미숙 또는 성숙 자충(仔虫, 애벌레, lavae)→성충(成虫, adult, imago)의 순서로 발달한다. 사람의 장내 기생충인 회충·요충·십이지장충·편충이 대개 이런 성장과정을 거치며, 알로 번식하며 흙이나 중간 숙주를 거처 사람에게 기생하고, 감염이 되어도 증상이 뚜렷하지 않으므로 사람이 인식하기 어렵다고 한다.

실험 결과를 요약하면 십이지장충 알을 인위적으로 수돗물에 넣었을 때는 3일 만에 성숙자충으로 발육하여 24일까지 활발히 운동하는 반면 4종류의 여름 김치에 알을 넣고 5일간 발효시킨 경우 각 김치에서 7~9일까지 과두기로 발육한 후 36일까지 같은 상태로 있었고 결국 사멸하였다. 한편 0.5~10% 빙초산(식초) 용액에서는 알을 투입 후 12시간 만에 느리게 움직이는 미숙자충으로 발육한 후 2~3일째부터는 움직이지 않는 미숙자충으로 변하고 자충 내부에 변성과립과 공포(空胞, vacuole)가 출현하여 사멸하였으며, 5~20% 식염수에서는 1일째 과두기를 거쳐 2일째는 부동하는 미숙자충으로 발육하고 9일째는 변성과립이 생기며 그 후 42일까지 같은 상태였다고 했다.

위 실험 결과를 분석해 보면 여름 김치에서는 과두기, 식초와 소금물에서는 미숙자충, 수돗물에서는 성충으로 발육할 수 있다는 것을 알 수 있다. 따라서 여름 김치는 소금물과 식초 용액보다 십이지장충 알의 발육을 더 저해한다는 사실을 알 수 있다. 이러한 효과는 여름 김치가 5일간 발효가 진행되면서 발효 초기와는 달리 새로이 생성된 젖산과 식초에 부가해서 김치에 이미 함유되어 있는 소금과의 복합적인 작용에 의하여 충란의 발생과정을 억제한 것으로 판단된다. 이는 곧 김치를 약간 신맛이 들 때(발효김치) 먹기 시작하면 설령 김치에 기생충 알이 감염되었다 하더라도 장내에서 기생충 알이 부화될 수 없음을 의미한다. 그러나 요즘같이 '겉절이'를 먹을 경우 충란의 감염과 장내 부화로 그만큼 위험성이 높아진다고 볼 수 있으므로 발효김치를 먹는 습관이 기생충 감염을 사전에 예방하는 방법이라 할 수 있다.

이 논문에서 또 하나 주목해야 할 사항은 옛날 '여름 김치'에 대한 언급이다. 여름 김치를 18~23℃에 5일간 발효시킨 경우를 보면 pH가 발효 전 7.5였다가 5일째에 4.7로 변했다. 이 pH 변화는 요즘 김치와 비교할 때 시사하는 바가 매우 크다. 놀라운 일은 20여 년간 김치를 담가 봤지만 김치의 초기 pH가 5.8 정도의 산성이었지 단 한 번도 pH가 7.5의 약알칼리성 쪽으로 높아진 적이 없었다. 예측컨대 이렇게 약알칼리성에서 김치를 발효시킨다면 pH 4.8 이상에서만 성장할 수 있는 류코노스톡 유산균이 많이 증식했을 것으로 보인다. 이것이 우리 전통 김치의 특징이었으나 요즘에 와서 이 유산균의 출현빈도가 낮은 이유는 산성 상태에서 김치를 담그기 때문일 것이다. 김치의 초기 상태가 산성인 것은 채소를 재배하는 토양이 산성화된 데 원인이 있다고 본다. 국립환경연구원의 발표에 따르면 2004년 우리나라에 내린 비의 산성도가 pH 4.8로 약 산성이라고 하니 자연 토양도 산성화될 수밖에 없을 것이다. 근 반세기 동안에 걸쳐 우리의 토양이 산성화됨으로써 우리의 전통 김치도 심각한 타격을 받았다고 할 수 있다. 따라서 알칼리성 배추, 무 등 채소를 재배하게끔 토양을 복원하여 하루속히 우리의 전통 김치를 부활시켜야겠다. 옛날 김치에 대한 자료가 없어 부심하고 있던 차에 이 논문을 발견하게 된 것은 모든 김치 연구자들에게 행운이 아닐 수 없다.

2005년 10월 식약청에서 중국산 김치에서 기생충 알이 검출된 것을 발표한 이후 김치의 위생 문제에 대한 비난으로 온 나라가 떠들썩하다. 정부에서는 이에 대한 대비책으로는 이번에 검출된 기생충 알이 미성숙 상태이므로 체내에서 부화되지 않고 배설되므로 안전하며 정 의심스러우면 구충제를 먹으면 충분히 제거할 수 있다고 설득하고 있다. 그러면 우리 김치에 기생충 알이 있어도 문제가 되지 않는다는 말인가? 천부당만부당(千不當萬不當)한 말이다. 이것은 우리의 김치를 올바로 인식하지 못하고 오히려 우리

도전 51

가 우리 김치의 전통성을 호도(糊塗)하고 폄척((貶斥)하는 행위인 것이다.

기생충 문제만 해도 얼마나 등한시(等閑視)했는지 알 수 있다. 1964년 한국 기생충박멸협회가 창립되고, 1966년 기생충예방법이 국회를 통과하여 공포되면서 2년 후인 1968년에 전 국민의 대변검사와 집단투약이 처음으로 시작되었다. 근 27년간이라는 긴 세월에 걸쳐 계속된 기생충박멸운동이 성공적으로 끝나 1995년에 대변 집단검사와 투약을 중단하기에 이르렀다. 이에 대해 세계보건기구(WHO)는 그 업적과 성과를 높이 평가한 적이 있다. 다시 말해 우리나라는 '기생충에서 해방된 국가'로 인정받게 된 것이다. 이와 더불어 그동안 우리 김치에 기생충 알이 있었다는 보도는 한 번도 들어보지 못했다. 이번 기생충 문제가 다시 불거진 이유는 '중국산 김치'의 수입 때문이다. 중국산 김치를 수입하기 시작한 연도는 기생충박멸운동이 끝난 이듬해인 1996년도부터이다. 이때부터 기생충 문제가 이미 잠복되어 있었을 것이므로 한번쯤은 짚고 넘어 갔어야 할 일이었다.

우리 전통 김치는 삭혀서 먹어온 발효김치요 김장김치이다. 한심석* 등 (1949년)이 「장내 기생충란 및 감염자충의 저항성에 관한 연구」라는 논문에서 지적했듯이 5일간 발효시킨 여름 김치에서는 기생충 알의 발육이 억제되고 김치가 익으면 결국 '사멸'된다고 했다.

이와 같이 발효김치 또는 익은 김치는 그만큼 기생충 알을 녹여 없애는 사멸 효능이 높은 것이다. 다시 말하면 발효김치는 자체 방어능력이 우수하다. 중국산 김치는 말할 것도 없고 우리네 공장 김치, 가정김치, 냉장고 김치 등 모든 김치가 익지 않은 '겉절이' 형태로 유통되고 있다. 도대체 누가 이

---

* 한심석(韓沁錫, 1913~1983): 평남 강서 출생. 1938년 경성제국대학 의학부를 졸업, 1943년 동 대학에서 의학박사 학위 수여. 1945년 8·15 광복 후 서울대학 의과대 교수로 취임, 1970년 서울대학 총장에 임명, 1979년 서울대학 명예교수가 되었다.

렇게 모든 김치를 겉절이로 통일시켜 놓았을까? 옛 선조들이 해온 대로 전수받아 김치를 먹었으면 아무 탈이 없었을 터인데 말이다.

김치가 1960년대에 산업화되는 첫 단계부터 우리 김치는 애당초 김장김치를 마다하고 '겉절이'로 출발했고 현재 우리 국민은 겉절이가 전통적인 김치인 것으로 착각할 정도가 되었다. 어느 김치 전문가가 '배추를 서너 번 흐르는 물로 씻으면 안전하다'고 한 말을 신문에서 본 적이 있는데 이 방법은 이미 모든 '겉절이 김치공장'에서 사용하고 있다. 그래도 우리 김치에서 기생충 알이 검출됐다는 데야 어쩔 도리가 없지 않은가. 물론 이것도 기생충을 제거하기 위한 대책이긴 하나 더 긴요한 것은 옛날과 같이 김치를 발효시켜 먹어야 한다는 것을 철칙(鐵則)으로 삼아야 할 것이다. 김치 산업화는 원점으로 돌아가 '김장김치'를 산업화하도록 판을 다시 짜야 한다. 이것이 우리 국민에 대해 응당 해야 할 보답인 것이다.

이번 '김치의 기생충 알 검출 파동'은 김치 종주국의 체면과 명예를 훼손시켰음은 두말할 것도 없고 전통 김치의 위상을 실추시킨 꼴이 되었으며, 김치를 사랑하는 세계인에게도 돌이킬 수 없는 폐를 끼친 것이다. 우리가 대오각성하여 채소 재배부터 김치 제조까지의 전 과정이 '위생적으로 안전하다'는 확신을 세계인에게 심어주지 않는 한 김치의 전망은 밝지 않을 것이고, 심지어 우리 국민들도 김치를 외면하게 될 것이다. 김치는 우리가 생각해 왔듯이 그렇게 단순한 음식이 아니라 자연의 섭리대로 하나의 독특한 질서를 갖고 있는 자연 그 자체이다. 즉, 김치는 자연이다. 그러므로 김치는 웬만한 환경 변화를 스스로 방어하는 기능을 갖추고 있다.

그렇다 할지라도 야생동물의 배설물에 오염되지 않도록 채소의 재배관리를 철저히 실행해야 한다. 김치가 산업화되는 과정에서 무분별하게 '겉절이' 김치를 제조·판매해 온 관행을 과감히 탈피하여 발효김치를 공급할 수 있는 새로운 체계로 전환하는 사업에 김치 산업체들이 선도적 역할을 해야 한다. 이를 성취하기 위해선 무엇보다 과학적인 사실에 근거한 분석과 감시가 선행되어야 하므로 정부든 업체든 가릴 것 없이 아직도 태부족인 김치에 관련된 전문 인력을 육성하는 데 매진하기를 고대한다.

2005. 11. 03

2. 김치 입문

Introduction

2. 김치 입문 Introduction

김치의 오솔길을 따라

김치 연구를 시작한 지 1984년 11월 중순으로부터 20여 년의 성상(星霜)이 흘렀다. 그때는 대장균으로부터 완전히 혐기성 상태에서 성장하는 돌연변이를 유도해 내어 혐기성에서 호기성으로 진화하는 경로를 생리 및 유전적으로 추적하는 실험을 하고 있었고, 여기서 얻어낸 돌연변이들의 유연관계를 파악하기 위하여 8비트 컴퓨터를 사용하여 포트란어로 프로그램을 만들기 시작하던 때였다. 오준석 군과 함께 열심히 연구해서 성공적으로 끝냈고, 그 후 많은 제자들이 참여하여 연구에 박차를 가하던 때였다.

하루의 연구를 끝내고 나면 으레 들르는 장소가 지금은 없어졌지만 인하대학교 후문에 위치한 지하 '민속촌' 술집이었다. 술을 마시고 싶어서이기도 했지만 기실은 제자들과 연구 결과에 관한 토론을 자유롭게 하기 위한 목적이 우선이었다. 이 버릇은 지금도 어김없이 이어지고 있다. '민속촌'은 막걸리에다 안주로 파전, 빈대떡, 그리고 김치 정도가 고작이었지만 여럿이 마시는 데는 경제적인 편이어서 단골손님이 되었다. 어느 날 술이 거나하게 되었을 때 제자들에게 연구 속도가 너무 느리다고 막 꾸짖고 나서 "지금 연구 말고 너희들이 편하게 빨리 하고 싶은 연구가 무엇이냐? 아예 내 연구 말고 너희들 연구나 하자. 그것이 더 낫겠다. 안 그래?"하며 내 불만을 털어놓았다.

그런데 엉뚱한 답이 돌아왔다. 연구 중이던 DNA는 어려워 마다하고, 지

56 김치, 위대한 유산

금 마시고 있는 막걸리를 연구하면 취직도 잘되고, 대장균 연구보다 훨씬 용이할 것이라는 의견이 나왔다. 의외의 제안이라 반사적으로 막걸리 연구가 생각같이 쉬운 일이 아니라는 이유를 장황하게 늘어놓았더니 거의 포기하는 눈치였다. 그때 같이 술을 마신 제자들이 현재의 임종락 박사, 박현근 박사, 양문 박사, 천세억 박사, 장진경 석사 등으로 기억하는데 맞는지 모르겠다. 이 중에서 누가 제안했는지 명확하지는 않지만 식탁 위에 놓인 김치를 보면서 누군가 "그러면 김치 연구를 하면 어떻습니까?"라고 제2안을 내놓았다. 얼떨결에 그러자고 결정을 내렸다. 이때 내가 제시한 조건이 석사 졸업할 때까지 2년간만 연구한다는 것이었고 그 후 내가 시작한 원래 연구로 다시 돌아올 것이라고 으름장을 놓았다.

다음날부터 김치에 관련된 문헌을 뒤지기 시작하여 약 200여 편을 수집하게 되었다. 놀라웠던 일은 김치에서 미생물을 취급한 연구자가 그 많은 사람 중에 기껏해야 11명밖에 되지 않는다는 것이었다. 한편 반갑기도 했다. 연구주제란 남이 시작하지 않은 분야를 선택하는 것이 유리할 때가 많기 때문이다. 그래서 김치에 살고 있는 미생물이 무엇인지를 탐색하는 작업에 우선 착수하기로 작정하였다. 곧 끝낼 것 같은 기분이 들었고, 어떻게 해서든지 2년 내에 논문을 빨리 끝내고 원래의 연구로 복귀하기 위한 심산도 깔려 있었다. 이때부터 김치 연구는 부업으로 하는 연구라고 입버릇처럼 말하곤 했다.

이것이 김치를 시작한 첫 장면이었으나 그 후 김치와 인연을 끊지 못하고 지금도 계속하고 있다. '민속촌'에서 다짐했던 2년이 지나가고 '20년이란 긴 세월을 끈질기게 연구했구나' 생각하니 남다른 감회가 마음속으로 스며든다. 2년도 아니고 부업도 아니고 주업이 되다시피 되었으니 제자들의 말이 옳았다. 다들 이 분야에서 석사·박사가 되었고 자기들 뜻대로 대기업에도 취업이 되었으니 말이다. 결국 원래 연구로 돌아오지 못한 것이 괘씸하기는 하지만 그렇다고 제자들의 의견을 수용했던 일을 후회하지는 않는다. 아직도 김치 연구는 끝이 보이지 않는데 주변을 둘러보면 김치를 파는 데만 급급하고 연구는 거의 하지 않고 있으니 외롭다는 생각만 든다. 나만이 한적한 김치의 오솔길을 거닐고 있어야 하는지.

2004. 11. 25

시험관 김치

'민속촌' 막걸리 술집에서 앞으로는 김치를 연구할 것이라고 굳게 다짐하고 난 후 얼마 안 되었을 때의 일이다. 다짐은 시원스럽게 했지만 막상 김치를 담그려니 방법을 아는 사람이 아무도 없었다. 유일한 희망은 연구실의 홍일점인 여학생 한 명뿐이었다. 기대를 잔뜩 걸고 물어 보았지만 "몰라요" 하고 천연덕스레 대답하고는 그만이었다. 김치를 담글 줄도 모르면서 김치를 연구한다고 대들었으니 한심하기 짝이 없었다. 모두가 어깨 너머로 본 적밖에 없는 문외한들이었다. 하는 수 없이 각자 집에서 전수해 오기로 약속을 했다.

며칠 지난 후 그 결과는 물어보나 마나였다. 듣고는 왔는데 실제로 김치를 담글 수가 없으니 앞일이 막막하다 못해 황당하였다. 듣기는 했지만 도대체 배추를 어떻게 절이는지 양념은 얼마나 넣어야 하는지 숙성은 몇 도에서 하는지 도무지 엄두가 나지 않았다. 김치 담그기가 이렇게 어려운지 미처 몰랐던 것이 잘못이었다. 김치 연구를 집어치우려고 한 적이 한두 번이 아니었지만 이왕에 뺀 칼을 그냥 집어넣을 수 없는 노릇이었다. 이런 상황에서 이리 뛰고 저리 뛰고 해서 차차 감을 잡아가기 시작했다.

이 무렵으로 기억하고 있다. 아침에 연구실에 발을 들여놓자마자 "김치 어떻게 되어 가나?" 이것이 인사말이 될 정도로 마음이 조급했다. 그러던 어느 날 여학생으로부터 희소식을 접하게 되었다. "교수님 저 김치 담갔어요"
하는 것이 아닌가. 정신이 번쩍 들었다. "언제?" 하고 의아해 하며 물어보았
다. 연구실에서 김치를 담그는 모습을 본 적이 없었기 때문이다. 그러자 미
생물 배양기(incubator)에서 시험관 하나를 의기양양하게 들고 와서는 "여기
요"라고 하는데 김치는 도무지 보이지 않았다. "어디에?"라고 되물으니 "이
거요"라고 하며 시험관을 가리키는 것이 아닌가. 30cc들이 시험관인데 자세
히 들여다보니 아주 잘게 썬 배추에 드문드문 고춧가루만 보일 뿐 상상했던
김치는 전혀 보이질 않았다. 어이가 없어 "야, 이게 무슨 김치냐!"라고 했더
니 대답이 걸작이었다. "연구인데 크게 담그면 무엇해요"라고 오히려 나무
라듯이 대답을 하는 게 아닌가.

그 당시 어안이 벙벙하여 아무 말도 못했던 기억이 난다. 김치를 작은 시
험관에 넣으려고 했으니 얼마나 힘들었을까. 지금도 이 실험을 전무후무한
'시험관 김치'라고 부르고 있다. 그 학생은 자기의 의지를 굽히지 않고 이
희귀한 실험으로 졸업을 하게 되었다. 다른 학생들은 다행인지 불행인지 몰
라도 이 실험을 계승하지 않았다. 그래서 우리들은 모두가 '바보들의 대행
진'을 하고 있다고 자숙하기도 했다. 어설프게 알아도 바보고, 전혀 몰라도
바보이기 때문이었다. 그러나 지금에 와서 김치 한 조각, 국물 한 방울도 유
산균에게는 거대한 세계라는 것을 깨닫고 보니 그 여학생이야말로 김치 연
구를 아주 작은 세계로 인도한 선각자가 아닐까.

2004. 11. 26

애송이의 첫 김치 담그기

김치 연구를 막 시작했을 때의 일이다. 맛있는 김치를 담그기 위해서는
김치의 재료 및 성분비를 파악하는 일이 급선무였다. 배추김치를 담그기로

결정하고 이것을 집집마다 알아오라고 하였으나 한결같이 계량적이 아니고, 눈짐작으로 양을 잰다는 것이었다. 심지어는 "대한민국에 양을 재서 김치 담그는 집이 어디 있느냐"는 꾸지람까지 듣고 왔다는 전언(傳言)이었다. 말하자면 교수가 학생들한테 해야 할 연구는 안 시키고 엉뚱한 짓을 한다고 생각한 간접적인 불만의 토로였다.

그래도 한 가닥의 희망을 갖고 학생들과 함께 견학도 할 겸 서울 필동에 위치한 김치박물관(현재 COEX로 이전)을 수소문하여 찾아갔다. 안내자의 말도 똑같은 얘기였다. 인간문화재, 김치 명인 등 김치를 맛있게 담그는 사람을 찾아가 비디오 촬영을 해와서 간접적으로 계량을 한다는 것이다. 처음에는 저울을 들고 가서 손짐작을 반복하여 저울에 올려 달라고 요청을 했다가 "김치가 맛없어져. 저리가!"라고 호되게 면박을 당하기까지 했다는 것이다. 이런 일이 있은 후 맛있는 김치를 담그는 일은 우리에겐 '그림의 떡'으로 여겨졌고 맛있는 김치의 성분비를 알아낸다는 노력조차도 대한민국에서는 허망하다는 것도 깨닫게 되었다.

맛있는 김치는 고사하고 보통(?) 김치라도 담가야겠다는 절박한 심정이었다. 할 수 없이 문헌조사에 의존할 수밖에 없었다. 문헌조사를 시켰더니 김치 종류가 무려 200여 종이 있다는 것을 알고 놀랐다. 이렇게 많은 종류가 있다니! 그러나 김치는 역시 배추김치라는 생각으로 이를 연구하기로 했다. 문헌을 통하여 보면 배추김치는 배추·무·고춧가루·마늘·생강·파·젓갈·소금이 필요하고, 예외 없이 그 성분비는 대략 무가 10%, 고춧가루가 2~3%이고, 기타 양념이 1~1.5%였고, 나머지 80% 정도가 배추였다. 그러나 김치를 담그는 일에 자신이 생기지 않기는 마찬가지였다.

고생 끝에 김치를 스스로 담가 보게 되고, 재료의 종류 및 비율이 어떤지도 알게 되었다. 문제는 장을 보는 일이 남았다. 장을 볼 재료의 양을 보니 장

바구니가 무거울 것 같아서 남학생들 중에서 누군가가 심부름을 해야겠기에 "누가 장보러 갈래?"라고 했더니 서로 눈치만 보고 머뭇거리면서 대답을 하지 않았다. 하는 수없이 한 명씩 돌아가면서 강요하다시피 묻자 "어디서요?"라고 하는데 아연실색을 하고

이산화탄소(가스)의 손실을 막아주기 위하여 사용한 김칫독의 원리에 가까운 3리터들이 실험용 밀폐 유리병이다.

한숨만 나왔다. 김치 연구가 '갈수록 태산이구나' 하고 속으로 후회하기도 했고, 한편 할 능력도 없으면서 왜 김치 연구를 하자고 이구동성으로 제안을 했는지 얄밉기도 했었다. 나를 고생시키려고 작정들 했나 싶었다. 나도 생전 처음 경험하는 일인지라 막막하기는 마찬가지였다. 결국 내가 인솔(?)해서 무작정 대학교 후문에 있는 가게들을 뒤지기 시작했다.

더욱 가관인 것은 김칫거리를 사서 가지고 올 때였다. 대학가이고 보니 학생들은 동료들을 만나기가 십상이었다. 김칫거리를 서로 교대로 잘 들고 오다가 동료들을 만나기만 하면 꽁무니에다 슬쩍 숨기고 멋쩍은 표정을 짓는 광경을 목격하게 되었다. 화가 치밀었으나 몇 번이고 참았다. 연구실까지 1km도 채 안 되는 거리인데 이런 모습이 수차례 반복되었다. 이 모습을 보다 못해 중간쯤에 와서 "이봐, 내가 들게. 이리 줘"라고 했더니, 이게 웬일인가! 잘됐다 싶은지 서슴없이 내게 건네주는 것이 아닌가. 남학생이 장을 본다는 일이 쑥스럽고 창피했으리라고 이해는 가지만, 그렇다고 교수가 들고 오는 것은 괜찮다는 말인가. 그 짧은 시간동안 화나는 일이 한두 가지

가 아니었다.

그 이후 한참이 지나서야 장보러 가는 일은 당연지사가 되었고, 김칫거리를 들고 다니는 일도 예사로 알고들 연구를 했다. 잘은 몰라도 김치에 대한 자신감이 생기고, 김치의 문제점을 풀어야 한다는 사명감이 싹트기 시작했기 때문이었을 것이다. 이렇게 될 때까지 노력을 한 제자들에게 지금도 몇 번이고 고맙게 생각하고 있다. 아마도 각 가정에서 큰일 중에 큰일인 김치를 손수 담그고 있으리라 믿고 있다.

2004. 11. 28

퇴짜를 맞은 첫 김치

김치연구를 막 시작할 때이다. 김치를 연구하려면 당연히 담그는 방법을 알아야 할 터인데 물어볼 사람이라곤 두말할 것 없이 가장 가까이 있는 아내일 수밖에 없었다. 그러나 김치를 연구하게 됐다는 말을 차마 꺼내지 못했다. 왜냐하면 무슨 남자가 김치를 연구하냐고 할 것 같은 걱정이 앞섰기 때문이었다. 그래도 결심을 하고 자문 역할을 요청했으나 예상대로 거절당했다. 할 수 없이 연구를 해야만 하는 구차한 변명을 구구절절이 늘어놓고 나니 그때서야 "가르쳐 주겠다"고 나섰다.

연구실에서 갈고 닦은 솜씨를 자랑하고 싶어서 아내에게 앞으로 집에서 담그는 김치는 내가 전담하리라고 으스대며 선언했다. 그런데 뜻밖에 '아서라' 하는 것이 아니겠는가. '그 김치를 누가 먹겠느냐'는 핀잔이었다. 기 죽을 세라 고집을 피워 손수 김칫거리를 가까운 백화점에서 구입하여 와서 담그기 시작했다. 아내에게 은근히 뽐내고 싶어서 벼르고 벼르던 일이었다. 남자도 충분히 할 수 있는 일이라는 것을 보여주기 위해서 더욱 그랬다.

그러나 아뿔싸! 연구실에서 해본 그 비법이 그냥 무너져 내릴 줄이야. 이

때만 해도 비법 중의 비법이라고 생각했던 것이 무용지물이 될 줄은 꿈에도 생각하지 못했었다. 잘못된 점을 일일이 꼬집어 얘기하는데 이에 대한 대비를 미리 하지 못한 것이 실수였다. 무척 화가 났지만 그래도 밀고 나갔다. '연구와 실제가 이렇게 차이가 있구나' 하는 사실을 모처럼 체험한 후 지금도 그때를 귀감 삼아 연구를 하고 있으니 아내에게 늘 고맙게 생각하고 있다. 아내가 소림사의 사부님인 셈이다.

어쨌든 김치가 완성되었고 그날 저녁 식구가 한자리에 모였다. 내 김치에 대한 품평회를 갖기 위한 아내의 의도적인 계획이 아니고서야 이렇게 모두 한자리에 모이기가 그리 쉽지 않은 일이었다. 어떻게 된 영문인지 두 아들 녀석들은 김치를 거들떠보지도 않는 것이었다. 눈치만 보고 있던 참에 아내가 "김치 먹어라. 아버지가 담근 거다"라고 권하였다. "뭐, 아버지가?" 하고 놀라는 표정들이었다. 상상도 못한 일이었을 것이나 "무슨 김치가 이래!" 하고는 입에도 대지 않는 것이었다. 결국 품평회는 서글프게 끝이 나고 말았다. 그때 심정을 어떻게 묘사할까. 이는 제대로 일러 주지 않은 아내도 책임을 면할 길이 없다고 속으로 불평을 했다. 그러나 시간이 지난 지금 그때 그 김치를 '꽝장히 맛있게 담근 김치'라고 회상하고 있다.

그런데 이변이 일어났다. 이 평가절하된 김치로 김치볶음밥을 만들어 서비스한 것이 대히트를 친 것이다. 식물성 마가린을 프라이팬에 녹인 다음 햄, 두부를 잘게 썰어 볶고, 그 다음에 채를 썬 김치와 김치 국물을 듬뿍 넣고 계속 볶았다. 김치가 윤기가 나도록 저어주면서 식초, 발효간장, 그리고 마지막으로 후춧가루를 넣었다. 이때 풍기던 냄새는 식구들의 평을 빌리면 '향기'라고 표현할 정도였다. 재료를 볶고 난 후 꼬들꼬들한 묵은 밥을 넣고 골고루 섞어 김치볶음밥을 완성했다. 아내는 말할 것도 없고 두 아들까지 '원더풀'을 연발하는 게 아닌가. 대성공이었다. 이때 가족으로부터 받은 용기는 김치를 계속 연구하게 된 원동력이 되었다.

그 후에 만든 김치도 호평을 받았고, 강원도 정선에 김치 공장을 설립하기도 했다. 그뿐만 아니라 모 대회사의 냉장고에 김치 용기를 설치하여 그해 이 냉장고가 국내 '10대 히트상품'으로 선정되기도 하였다. 무엇보다 자랑할 만한 업적(?)은 김대중 전 대통령의 노벨 평화상 만찬상에 나온 김치를 필자가 손수 담가서 보냈다는 사실이다. 이를 아는 사람이 거의 없을 것 같아서 여기에 공개해 본다. "올챙이 시절 모르면 안 된다"라는 격언이 있듯이 뭐니 뭐니 해도 지금의 김치 담그는 솜씨는 아내와 가족의 덕이라는 사실을 깊이 새기고 있다.

2005. 11. 03

5년 만의 첫 논문발표

1984년부터 김치 연구를 시작해서 1986년까지 2년간만 하기로 그 당시 제자들과 약속을 한 기억이 난다. 그런데 이 약속은 물 건너가고 1989년에 한국미생물학회지에 첫 논문을 발표하게 되었으니 연구한 햇수는 5년이고, 스스로 계획한 햇수보다 만 3년이 초과된 셈이 되고 말았다. 무엇보다도 교수 업적평가가 주로 연구논문 건수로 결정되는 시대인데 이 지경이 되었으니 마음고생이 말이 아니었다. 이렇게 된 원인을 내 탓으로만 돌릴 수 없는 사연도 있었기에 그 넋두리를 여기에 늘어놓아 본다.

김치에 존재하는 유산균의 동정(同情, identification)이 제일 중요하다고 생각했으나 이것은 어디까지나 내 견해이지 이런 연구는 불필요하다는 심사위원들의 비평이 많이 있었다. 왜냐하면 김치에 사는 유산균은 그 종류가 이미 다 규명됐기 때문이라는 얘기였다. 이해가 가지 않았다. 지금도 이렇게 주장하는 사람이 있다. 아마도 그 반작용으로 나에게는 이 연구가 더욱

매력이 있었는지도 모르겠다. 동정이란 미생물의 이름을 알아내는 방법을 말하며, 미생물 분류학자가 연구하는 전문 분야다. 미생물 생리학을 전공하는 나로서는 분류학을 처음부터 시작하는 셈이고, 주변의 사람들도 "해봤자?"라고 부정적으로 보고 있으니 걱정이 된 것도 사실이었다. 그러나 미생물 생리 또는 물질대사를 파악하려면 유산균의 종명(種名, species)을 알아내는 일이 관건이라고 고집을 부렸다. 문헌조사를 하고 보니 미생물 분류 및 동정은 우리나라에서는 시작 단계라 할까 아니면 관심이 없었다고 할까 한심하기 짝이 없었다. 그런데 어떻게 김치 유산균의 동정이 남들의 주장대로 끝이 났다는 말인지 이해가 되지 않았다.

이런 상황에서 김치에서 분리된 세균을 동정하려고 하니 1974년 8판인 세균 동정의 『버기 지침서(Bergey's Manual of Determinative Bacteriology, 8판, 1974)』에 의존할 수밖에 없었다. 그런데 이 지침서가 연구를 시작하는 해인 1984년에 체계를 전면적으로 변경하여 새로운 세균계통분류의 『버기 지침서 제1권(Bergey's Manual of Systematic Bacteriology, Vol I, 1984)』이 출판되어 나왔다. 제1권에는 그람음성균의 분류만을 취급하였으며, 그람양성균 분류를 다루는 『버기 지침서』 제2권은 1986년에 출판할 것이라고 예고하였다. 그러니 그람양성균인 김치 유산균을 동정하려면 2년간을 울며 겨자 먹기로 기다리는 수밖에 없었다.

물론 이 사이에 1974년도 8판에 의한 분류를 계속 진행하여 1986년도 신판과 비교분석하기로 하고 연구는 게을리 하지 않았다. 먼저 착수한 일이 김치 유산균을 체계적으로 동정할 수 있는 방법을 설계하는 일이었다. 이때 고안해 낸 방법이 병원 미생물을 진단하는 데 흔히 사용하는 이분동정법(二分同情法, dichotomous identification)의 원리였다. 이것은 주로 미생물의 생화학적 성질을 이용하는 방법이며, 이때는 이 동정법이 인정받고 있었다. 가능한 한 많은 문헌을 수집하여 유산균의 이분동정법을 작성하였고, 그 신빙성을 시험하기 위하여 국내외로 표준 균주를 분양받아 왔다. 실험한 결과 80% 이상의 정확도가 있었으나 평균 20% 정도는 동정이 부정확하였다.

많은 노력과 고생 끝에 작성한 이 방법이 헛수고가 되지 않나 하여 부심하고 있던 차에 세월이 흘러 드디어 1986년 말경에 『버기 지침서』제2권을 구입하게 되었다. 이 지침서를 참고로 일부분을 수정한 후 비교실험을 하였으나 거의 같은 결과가 나왔다. 실망스러웠지만 이 이분동정법은 김치 유산균의 속(屬, genus)과 주된 몇 종의 동정에는 신빙성이 매우 높았다. 따라서 이 방법으로 김치에서 분리된 400여 개 유산균을 재동정하기 시작하여 1988년에 정리될 때까지 무려 1년 반이 걸렸다. 또한 제출한 논문이 우여곡절 끝에 1989년 수락될 때까지 근 1년이 걸렸으니 설상가상이 아닐 수 없었다.

이분동정법은 배양조건에 따라 동정이 달라지는 경우가 생기므로 연구실마다 다른 결과를 얻는 결함이 있었다. 심지어 한 종을 확인하는 데 2년이 걸린 적도 있었다. 미생물 분류가 이렇게 어렵고 많은 시간을 요구하므로 자연히 연구가 예상외로 지연되고, 더군다나 그 신빙성마저 확실하지 않으니 연구 발표가 그만큼 늦어질 수밖에 없었다. 이런 속사정 때문에 김치 유산균의 분류가 사람을 그렇게도 고생시킨 것이다.

이렇던 미생물 동정은 최근에 와서 큰 발전을 보게 되었다. 바로 다상분류학(多相分類學, polyphasic taxonomy)의 출현 때문이다. 이 분류법도 동정하는 데 시간이 많이 소요되나 신빙성이 매우 높다는 이유에서 채택되고 있다. 이 방법은 유전형과 표현형을 다각적으로 분석하여 종명을 결정하게 되어 있다. 이를 다상분류 또는 다상동정이라고도 한다.

2004. 11. 30

3. 김치의 어원

etymology

3. 김치의 어원 etymology

김치의 어원

김치의 어원(語源, etymology)은 『시경(詩經)』에 나오는 '저(菹)'라는 한자에 뿌리를 두고 있다. 이 말은 한글 사전에는 없으며 홍자옥편(弘子玉篇)에 나오는데 '채소절임' 또는 '김치'로 뜻을 설명하고 있다. '저'라는 말은 채소를 소금에 절여 만든 음식이란 뜻으로 시대를 거듭하면서 여러 가지 이름으로 변천하여 왔다.

1. 저(菹): 채소절임. 주(周)나라.

2. 함채(鹹菜): 짠 나물. 청(淸)나라.

3. 엄채(淹菜): 절인 나물. 청(淸)나라.

4. 지(漬): 담금. 고려 시대.

5. 염지(鹽漬): 소금 담금. 송(宋)나라, 조선 시대.

6. 지물(漬物): 일본.

중국 『시경』에 나오는 말로 '저'라 발음하며, '채소절임'이란 뜻으로 김치의 기원으로 추정하고 있다.

7. 저(菹): [지]라 발음함. 티베트 타카리족, 중국은 菹를 [jiu]라 발음함-李圭泰의 풀이. 우리말로 '디히'로 번역함. 이것이 지/찌로 변함-성종 12년(1481), 『두시언해(杜詩諺解)』.

8. 딤채국(菹汁, 저즙): 菹를 딤채라 함-중종 13년(1516), 『벽온방(僻瘟方)』.

9. 저(菹): 딤채 '조'라 함(엄채위저,淹菜爲菹)-중종 22년(1525), 『훈몽자회(訓蒙字會)』.

10. 엄채(淹菜): 침채. 1682년 중국어 사전 『역어유해(譯語類解)』.

11. 침채(沈菜): 우리나라의 고유한 표기로 채소가 소금물에 침지(沈漬) 또는 침전되는 형태를 보고 붙인 이름. 고려말엽.

12. 김치: 沈菜(침채)가 팀채→딤채→김채→김치 순으로 구개음화하여 오늘날의 김치가 된 것으로 풀이하고 있다.

김치에 대한 문헌상의 첫 기록으로 보이는 『시경』의 글을 소개한다. 『시경』은 중국에서 가장 오래된 시집(詩集)으로서, 기원전 12세기경(지금으로부터 약 3,000여 년 전) 중국의 주(周)왕조의 건국 초기부터 춘추시대 초기까지 수백 년 동안 조정의 제례(祭禮), 향연 때 연주되던 노래, 지방의 민간 가요 등 편명만 있는 6편을 합쳐 311편의 시를 집대성한 책이다. 시경의 시는 내용별로 국풍(國風), 아(雅), 송(頌)으로 분류하고 있으며 국풍은 각 지방의 민간 가요이고, 아는 조정에서 연주되는 음악이며, 송은 조상에게 제사 지내며 부르던 노래이다.

김치의 어원이라고 보는 저(菹)란 말은 소아(小雅)의 곡풍지습(谷風之什)에 나오며 시명(詩名)은 신남산(信南山)이다. 이 시는 사당에서 정성껏 조상에게 제사 드리는 광경을 그린 시이다. 감상해 보기로 하자.*

길게 뻗어 있는 저 남산은 옛날 우(禹)임금이 다스리던 곳

들판과 진펄을 갈아 일구어 여기서 증손들이 농사를 지으니

경계를 긋고 도랑을 치며 남으로 동으로 이랑 만드네

구름이 모여 하늘을 뒤덮고 눈이 펄펄 내리네

---

* 이기석, 한백우 역해, 『詩經(증판)』, 2003, 弘新文化社, 388쪽.

봄에는 부슬부슬 가랑비 내려 온누리를 촉촉히 적셔주네
흠뻑 내린 비로 온갖 곡식 싹이 트네

가지런히 경계 지은 밭이랑에 메기장 차기장 무성하니
증손이 그 곡식 거두어 술 빚고 음식 만들어
시동께 제사 드리고 손님 대접하니 만년 수를 누리시리라

밭 한가운데 농막이 있고 밭이랑엔 오이 열렸네
中田有廬오 疆場有瓜어늘〈중전유려오 강장유과어늘〉
껍질 벗겨 김치 담가서 조상께 바치고 제사 지내니
是剝是菹하여 獻之皇祖하니〈시박시저하여 헌지황조하니〉
증손은 오래오래 수 누리고 하늘의 큰 복 받게 되리라
曾孫壽考하여 受天之祜로다〈증손수고하여 수천지호로다〉

맑은 술 땅에 붓고 붉은 황소 제물로 삼아
조상의 신령 앞에 바칠 때에는 방울 달린 칼 손에 들고
귓털 뽑아 털색을 고하고 나서 피 뽑고 기름 받아내네

이렇게 삼가 제사 지내니 향기는 그윽하게 피어오르고
제사는 법도에 맞게 갖추어졌네, 거룩한 조상이여
큰 복으로 갚으시고 증손들 만수무강하게 하옵소서

2004. 03. 07

4.김치의
재료/담그기

recipe/preparation

4. 김치의 재료/담그기 recipe/preparation

마늘

마늘은 약 1만 년 전 인간의 거주지에서 그 유물이 발견되었다. 때문에 식물학자들은 마늘을 인간이 재배해 온 최초의 식물로 믿고 있으며, 아시아에서 유래되어 서구로 서서히 전파되었다고 한다. 마늘은 영어로 'garlic'이며 첫 음절 'gar'은 마늘 잎 모양(spear), 그리고 'leac'은 시금치와 같이 데쳐 먹는 야채(pot herb)를 의미한다. 우리말인 '마늘'의 어원은 한자로 '蒜(마늘, 산)'이고 그 맛이 몹시 매우므로 속언으로 '맹랄(猛辣; 사나울 맹, 몹시 매울 랄)'이라 하였다. 이것이 '마랄'을 거쳐 현재의 '마늘'로 변했다고 한다.*

마늘이라고 부른 산(蒜, Allium sativum)은 호산(胡蒜), 대산(大蒜)으로, 그리고 산마늘(Allium victorialis Linne)은 소산(小蒜), 야산(野蒜), 산산(山蒜)으로 불렸으며 현재 재배종은 Allium sativum 라고 한다. 어원의 또 다른 일설에 의하면 몽골어인 'manggir'에서 유래되어 'manir'을 거쳐 '마늘'로 되었다고도 한다.

마늘에 얽힌 민속과 신앙을 보면 힌두, 스칸디나비아, 그리스, 그리고 독일인들은 마늘 냄새가 악의 힘에 대하여 방어력을 가졌다고 믿었다. 스칸디나

---

* 황필수(黃泌秀), 『명물기략(名物紀略)』.

72 김치, 위대한 유산

비아의 신화에는 마늘이 숲 속의 거인(trolls)을 쫓아냈고, 중앙 유럽 신화에
는 마녀(witches)와 흡혈귀(vampires)를 물리쳤다고 하여 마늘을 먹지 않게 되
면 흡혈귀에 잡혀 먹힌다고 믿었다. 이집트 사람들은 마늘의 향이 힘
(strength)과 용맹(bravery)을 준다고 해서 피라미드 노동자와 로마 병정들에
게 마늘을 먹였다고 한다. 우리나라도 건국 신화에 곰이 삼칠일(三七日), 즉
21일간 마늘을 먹고 웅녀(熊女)가 되어 환웅과의 사이에 단군을 낳았다고 기
록하고 있으며, 마늘이 터질 때 나는 코를 찌르는 듯한 매운 냄새(pungent)는

신비의 약효와 병마, 귀신
또는 호랑이까지도 쫓는
힘을 갖고 있다고 믿었다.

마늘은 세계적으로 수
천 년 동안 수많은 우환이
나 병을 치료하는 민간요
법에 사용하였다. 그 예를
열거하면 ① 티눈, 귓병,
탈모증의 치료, 발음제(發
淫劑)로 쓰이고(한국 민간요
법), ② 고혈압·두통·물린

마늘은 김치의 중요한 양념의 하나이며, 톡 쏘는 냄새는 유황
화합물로 김치를 부패시키는 미생물의 번식을 막아준다.

상처·기생충·종양에 효력에 있으며(B.C. 3000~1500, The Ebers Papyrus의
기록), ③ 항미생물 성질 이외에 항세균성·항진균성·항바이러스성 성질을
갖고 있고(1858년, 불란서 미생물학자 파스퇴르가 최초로 밝힘), ④ 혈압강하·혈
중 콜레스테롤 감소·관상동맥반 제거(coronary artereial plaques), 많은 암세
포 계통(cancer cell lines)에 독성으로 작용하며, ⑤ 천식(asthma)·동맥경화증
(atherosclerosis)·칸디다증(candidiasis)·당뇨병(diabetes)·저혈당증(hypo-

glycemia) 치료에 효력이 있고 예방도 된다고 알려져 있다.

수천 년간 마늘에 얽힌 민속과 신앙, 그리고 민간요법이 어떤 과학적 근거를 가질 수 있는지에 대한 의문이 증폭되면서 많은 과학자들에 의하여 연구가 이루어지게 되었다. 최근의 연구에 의하면 그 근거가 바로 코를 찌르는 불쾌한 마늘 냄새에 기인한다는 사실이 밝혀지고 있다. 이러한 연구는 1858년에 루이 파스퇴르(Louis Pasteur)가 마늘이 미생물의 성장을 억제하는 항균제 역할을 한다고 최초로 밝힘으로서 알려지게 되었다. 이 마늘 냄새의 성분은 오스트리아(Austria)의 산부인과 전문의인 언스트 베르트하임(Ernst Wertheim, 1864~1920)이 마늘을 증류하여 얻어냈고, 이 물질을 라틴어로 마늘 냄새를 의미하는 'allyl(알릴)'이라고 명명했으나 그 후 알리신(allicin)으로 변경되었다. 따라서 마늘 냄새의 성분은 알리신이다.

마늘 냄새는 민속과 신앙에서 보여지듯이 원시형 방어체계(primitive defence system)이다. 마늘의 냄새는 알리인[alliin, 아미노산인 시스테인(cysteine)에 연결된 diallyl disulfide oxide]을 알리신(allicin, diallyl thiosulfinate)으로 변형시키는 알리인 분해효소(alliinase, C-S lyase, cysteine sulfoxide lyase)에 의한 효소반응 때문이다. 이 반응에 의하여 마늘에 유황(硫黃)화합물이 생긴다. 마늘의 유황화합물이 내는 독한 냄새는 초식동물이 마늘을 더 이상 먹지 못하게 하고, 항균성 알리신에 의하여 구근세포(bulb's cells)에 미생물이 침입하는 것을 방어하게 된다. 또한 이 효소는 세포질 내 많은 공포(vacuoles)속에 숨어 있어 세균을 유인하여 분해시킨다. 이와 같이 유황 냄새가 나는 원리는 양파가 눈물을 흘리게 하는 유황화합물을 만드는 방법과 같다. 알리인 분해효소는 공포 속에 있고, 그 기질인 알리인은 세포질에 해리되어 있으므로 씹거나 미생물에 의하여 세포가 파괴될 때, 공포가 파열되어 공포 속의 알리인 분해효소가 세포질로 나와 알리인을 바로 알리신으로 만들며 다른

전남 강진군 주민들이 마늘 출하작업에 분주하다.

유황화합물을 합성하는 반응물질로 사용된다.

알리인 분해효소의 구조와 기능을 보면 동일한 부단위(subunit)가 2개인 이량체(dimers)이며 활성부위(active site)는 2개의 단량체(monomer) 사이에 샌드위치 식으로 끼인 채 S형 구조를 형성하고 있고, 단량체 한 개는 다른 것에 대하여 180° 회전되어 있다. 이 효소의 놀라운 특징은 피부성장인자와 유사한 도메인이 존재하고 있다는 것이다[epidermal growth factor(EGF)-like domain]. 이 도메인은 주로 동물 단백질에서 발견되며 한 단백질이 다른 단백질에 결합하는 것을 도와주는데, 식물에는 거의 드물며, 이와 같은 촉매성 도메인이 존재하는 것은 알리인 분해효소가 첫 번째 사례이다. 이 도메인은 아직 정확히 밝혀지지 않았지만 다른 단백질에 결합하는 부위이거나(binding site), 다른 단백질이 이 효소의 수용체(receptors)에 부착하는 부위가 될 수 있다(docking site). 마늘을 먹은 후 사람의 혈청 속에 항효소 항체

김치의 재료/담그기　75

(anti-alliinase antibodies)가 발견되는 것으로 보아 이 효소는 한번 섭취되면 체내에 원래대로 남아 있는 것으로 보인다. 생성된 알리신은 많은 효소의 유리 치올기(thiol groups)와 특이적으로 반응하여 다양한 효소를 불활성화시킬 수 있다고 알려져 있다.

$$R_1-S-S \rightarrow O-R_2(알리신)+HS-R_3(효소단백질) \rightarrow R_3-S-S-O-R_2+R_1SOH$$

마늘 유황화합물의 82%는 알리인, 감마 글루타밀시스테인 펩티드(gamma glutamylcysteine peptides)이다. 건조분말제에는 1쪽당 0.25~1.15%의 알리인, 0.7~1.7%의 알린(allin)이 들어 있다. 그리고 성분별로는 알리인 13,200μg, 알리신 6,000μg, 치올설피네이트(thiosulfinates) 6,000μg, 감마 글루타밀시스테인 펩티드 5,200μg, 기타 유황물 4,200μg이 들어 있다. 알리인을 증기나 물로 추출할 때는 알리신이 없다. 마늘(Allium 속)과 배추(Brassica 속) 같은 채소류에 포함되어 있는 알리인(S-alkenyl-L-cysteine sulfoxides)으로부터 유도된 유황화합물은 항미생물활성을 갖는다. 마늘 추출물 1%는 미생물의 성장을 억제하고, 2% 이상은 스타필로코커스 오리우스(*Staphylococcus aureus*), 락토바실루스 플란타룸, 바실루스 세레우스(*Bacillus cereus*), 바실루스 서브틸리스(*Bacillus subtilis*), 클로스트리디움 보툴리눔(*Clostridium botulinum*), 클로스트리디움 퍼프린젠스(*Clostridium perfringens*), 스트렙토코커스 뮤탄스(*Streptococcus mutans*), 살모넬라 타이피뮤리움(*Sallmonella tphimurium*), 글렙시엘라 종(*Klebsiella* spp.), 에쉐리키아 콜리(*Escherichia coli*), 프로테우스 미라빌리스(*Proteus mirabilis*), 슈도모나스 에루지노사(*Pseudomonas aeruginosa*), 칸디다 유틸리스(*Candida utilis*) 등의 그람 양성 및 음성세균과 효모와 곰팡이를 치사시킨다.

이상과 같이 현재 재배하고 있는 마늘은 알리움 사티붐(*Allium sativum*)이며 대산 또는 호산에 속한다. 민속적인 설화는 마늘 자체의 방어체계에 근거를 두고 있으므로 과학적으로 볼 때 전혀 사실무근이 아님을 알 수 있으며, 마늘이 민간요법에서와 같이 효능을 갖는 이유도 알리인 분해효소의 3차 구조와 기능에 있고 그 효능도 과학적으로 입증되어 가고 있음을 알 수 있다. 따라서 소위 말하는 '김치 냄새'가 마늘에 들어 있는 유황화합물에 기인한다는 하나의 이유만으로 냄새가 없는 마늘을 인공적으로 개량하는 처사는 마늘의 알리신을 파괴하기 때문에 마늘의 효능을 상실케 하는 문제가 있다. '김치 냄새'가 난다는 것은 김치가 그만큼 건강에 유익하다는 징표이므로 이를 거부하는 것은 옳지 않다. 그리고 마늘의 알리신은 항미생물 및 항바이러스 성질을 갖고 있기 때문에 일반 세균의 증식을 억제 또는 치사시키지만 김치에 있는 류코노스톡은 증식할 수 있다.

2003. 12. 22

젓갈 소고

젓갈은 어패류(魚貝類)의 육질·내장·생식소 등 각 부위에 10~40% 정도의 고농도 식염을 첨가하여 부패를 방지하면서, 어패류 자체의 자기소화효소(autolysin)와 미생물의 상호작용에 의하여 발효·숙성시킨 제품들을 말한다. 어류는 멸치·밴댕이·조기·황석어·까나리 등이 있고, 갑각류는 게·새우, 연체류는 오징어, 생식소는 알 등이 있다.

우리나라는 삼면이 바다에 접하고 있어 난류와 한류가 교차하는 해역에 어장이 많다. 여기서 어패류가 많이 포획되므로 젓갈류가 다양하게 만들어져 왔다. 고려 인종 23년(1145년) 김부식(金富軾) 등이 편찬한 『삼국사기(三國史記)』에 납폐 품목의 하나로 지금의 젓갈과 같은 해가 기록되어 있고, 조선

시대 ≪세종실록(1454년)≫에 젓갈을 명나라에 진공한 것으로 보아 이보다 훨씬 오래 전부터 젓갈을 담가 왔다고 볼 수 있다.

1) 제조법 일반적인 방법을 소개한다. ① 모든 재료를 소금물로 씻고 물기를 뺀다. ② 재료와 소금의 비는 10:3으로 조절한다. ③ 공기를 차단한다. ④ 국물에 잠기도록 한다. ⑤ 10℃ 이하의 어두운 곳에 둔다. ⑥ 꺼내 먹을 때도 물기가 없는 용기를 사용한다.

2) 젓갈류 젓갈, 액젓, 식해[食醢(곡식 식, 젓갈 해), 식혜와는 뜻이 다르다.*]로 나눈다.

① 젓갈: 고농도의 소금만 첨가하여 만든 새우젓·황석어젓·조개젓·갈치속젓·멸치젓(남해 추자도, 경상도가 유명) 등이 있다. 주로 김치를 담글 때 사용하며, 새우젓은 찌개나 국의 간을 맞출 때에도 사용한다. 새우젓에는 5월에 오젓·6월에 육젓·가을에 추젓·겨울에 동백하젓이 있고, 멸치젓에는 봄에 춘젓(5, 6월)·가을에 추젓이 있으며, 황석어젓에는 춘젓이 있다. 고춧가루·마늘, 생강·깨·파 등의 양념류를 첨가하여 만든 명란젓·창란젓·오징어젓·어리굴젓(충남 서산이 명산지) 등이 있다. 주로 밑반찬으로 먹는다. 간

---

* '젓갈식해'와 혼동하기 쉬운 식혜(食醯): 단술·감주(甘酒)라고도 한다. 『수문사설』(諛聞事說, 1740년경)에 처음으로 나오며, 『시의전서』(是議全書, 1800년대 말), 延大 『규곤요람』(1896년) 등에 식혜 제조법이 나온다. 제조법은 ① 질금(맥아, 麥芽, malt, 엿기름 가루)을 45~50℃의 물에 풀어 1~2시간 두어 단백질을 아미노산으로 분해시키고, 전분 분해효소를 활성화시켜 엿기름물(맥즙, 麥汁, wort)을 만든다. ② 쌀밥을 퍼서 작은 항아리에 담고, 앞에서 준비한 엿기름물을 부어서 68~70℃로 1시간 보온하여 쌀밥을 당화시킨다. 엿기름 물과 쌀밥의 비는 70 : 30으로 맞춘다. 이 엿기름 물에는 쌀 전분을 액화시키는 알파-아밀라아제와 당화시키는 베타-아밀라아제가 있다. 이들 효소의 효소작용으로 밥알이 당화되고 삭는다. ③ 2~3시간쯤 지나면 밥알이 떠오르면서 식혜가 된다. 그러나 단맛이 약할 때는 밥알을 건져낸 후 항아리에 남은 물(맥즙, 麥汁, wort)에 설탕과 생강을 넣고 자비한 후 냉각시켜 다시 항아리에 담아 두고 차게 하여 마신다.

젓갈은 김치에 아미노산과 칼슘을 공급하며 맛을 향상시킨다.

장만을 사용하여 만든 게젓도 있다. ② 액젓: 젓갈과 제조법이 동일하나, 6
~24개월 숙성시켜 육질이 완전히 분해된 후 여과하여 만든 액상의 젓갈을
말한다. 멸치 액젓, 까나리 액젓 등이 있다. 김치 담글 때 사용한다.

③ 식해: 생선토막·소금·좁쌀·찹쌀·엿기름·조 등 곡류와 고추·마늘·
파·무·생강을 혼합하여 숙성시킨 가자미식해·명태식해 등이 있다. 밑반찬
으로 사용한다.*

3) 품질 비린내가 나거나 색이 선명하면 덜 삭은 젓갈이다. 비린내가 나면
끓여서 김치에 넣는다. 변질되면 검은 색을 띠고, 단맛이 없고, 녹아서 혼탁

---

* 중국과 필리핀산 새우젓이 재래시장에 팔리고 있는데, 수입산은 천일염 대신에 암염을 사용하기 때문에 맛
  이 쓰고 색깔이 어둡다.

하며 악취가 난다.

4) 젓갈 성분 ① 무기질: 칼슘, 인, 철분, ② 비타민: B군, 나이아신, ③ 아미노산: 20여 종의 아미노산이 풍부하다. 라이신(lysine), 메치오닌(methionine), 발린(valine), 이소루이신(isoleucine), 페닐알라닌(phenylalanine)이 많다. 특히 라이신은 35배, 메치오닌은 2.8배 증가한다. ④ 염도: 보통 10~20%이나, 8% 이하의 저염 젓갈도 생산한다. ⑤ 히스타민(histamine): 알레르기(allergy)성 식중독 원인 물질이나 젓갈에는 2.5mg/100g(중독한계농도 100mg/100g) 이하이다.

5) 기능 단백질 및 지방 분해효소, 식욕 증진효과, 필수아미노산의 보충, 혈전 제거, 돌연변이 억제 효과가 있다.

6) 미생물 젓갈에서 분리된 호염성 세균은 다음과 같다. 할로모나스 알리멘타리아(*Halomonas alimentaria*, 2002년); 젓갈리바실루스 알리멘타리우스(*Jeotgalibacillus alimentarius*, 2001년); 젓갈리코커스 할로톨러란스(*Jeotgalicoccus halotolerlans*, 2003년); 젓갈리코커스 사이크로필루스(*Jeotgalicoccus psychrop-hilus*, 2003년)으로 *Int. J. Sys. Evol. Microbiol.* Vol.51~53에 발표되어 있다.

2004. 04. 27

배추 재배

배추는 5세기경부터 아시아 지역에서 주로 재배(栽培, horticulture)되어 왔으나, 현재는 미국·호주·유럽 등의 일부 지역에서도 재배하고 있다. 우리나라는 고려 고종 23년(1236년)에 출판한 『향약구급방(鄕藥救急方)』에 배추 재배에 대한 설명이 나오나, 현재와 같은 배추는 조선조의 영·정조시대 (1724~1800)로 추정하고 있다.

배추는 학명으로 보면 *Brassica campestris L.*(Pekinensis group)와 *Brassica campestis L.*(Chinens-is group)이 있으며, 1종 2아종(亞種, subspecies)으로 알려져 있다. 전자를 B. pekinensis, 후자를 B. chinensis라 부르기도 한다. 변종(變種, variety)과 형(型, type)에 따른 배추명이 너무 많기 때문에 혼동하기 쉽지만 모두 2아종 중 하나에 속한다.

① 북경형(北京型, pekinensis group, group I)은 보통 페차이(白菜, 북경어로 pe-tsai)라고 부른다. peking(北京)은 beijing으로 발음이 변경되었다. 지역에 따라 북경 배추, 백채, 원복(won bok, 園蔔, 하와이), 나파(napa, nappa, 일본) 등 다른 이름을 갖고 있다. 백채는 잎이 넓고, 머리부분이 촘촘하며 치힐리 형(chihili type)과 체푸 형(che-foo type)의 2가지 형태(form)가 있다. 치힐리 형은 머리부분이 촘촘하나 가늘고 긴 원통 모양으로 곧게 자라고 길이가 45cm, 폭이 15cm 정도 된다. 체푸 형은 잎이 얇고 녹색이며, 잎자루가 백색이고 머리부분이 둥글고 촘촘하다. 체푸, 원복, 그리고 우리나라의 김장용 결구배추가 여기에 속한다.

| 표 3 | **결구배추의 재배 방법**

품종	결구배추(김장용 배추)			
품명	봄배추	고랭지배추	가을배추노지	월동배추
파종	3월 하순(춘파)	5월 하순	8월 상/중순(추파)	8월 하순/9월 상순(전남해안지방); 9월 상순(제주도)
생산시기	4~6월	7~9월	10~12월	1~3월
재배지역	해남, 진도, 부산	평창, 정선, 홍천	나주, 당진, 영암, 홍성	전남해안지방(해남); 제주도
재배온도	발아: 18~22℃, 성장: 18~21℃ 후기에 고온이면 성장중지하고 연부병, 바이러스 병해 유발			

김치의 재료/담그기 81

② 중국형(中國型, chinensis, group II)은 청경채(靑莖菜) 또는 줄기 박초이(백채, 白菜, 관동어로 pak choi /bok choy)라 부른다. 흔히 중국산 갓(chinese mustard)을 말한다.

배추는 한국, 중국, 일본 등 동남아(South East Asia)에 중요한 채소이며, 배추품종은 산동배추(중국 산동성 품종), 한국배추(중국 화북지방 품종), 반결구종(半結球種), 권심(券心)배추(중국 남부지방 재배, 타이완), 결구배추, 얼갈이배추(속이 안찬 이른 봄배추) 등이 있다.

| 표 4 | 배추의 주요 성분

	수분	94.2%
	에너지	27kcal
주요성분(g/100g가식부)	단백질	1.3
	지방	0.2
	탄수화물	2.7
	섬유질	0.7
	K	200
	Ca	70
무기질(mg/100g가식부)	P	63
	Mg	11
	Fe	0.3
	NO_3-	mg/kg 2,500 이하
	C	28
	A	0.08
비타민(mg/100g가식부)	B_1	0.03
	B_2	0.07
	niacin	0.40

텃밭에서 어린 배추를 가꾸는 농부들의 모습

탐스럽게 자라는 배추

김치의 재료/담그기 83

우리나라의 경우, 재배면적으로 보면 지난 10년간 봄배추는 증가하고 가을배추는 감소하고 있다. 배추는 유기질이나 모래흙(organic/sandy soil)에서 재배하고 발아 후 60~90일이 지나면 수확할 수 있다. 이때의 무게가 3~6kg, 잎 수는 40~70장이 된다. 배추는 봄에 씨를 부릴 경우 생육 초기에 저온 상태가 되면 잎 수가 적은 상태에서 꽃눈이 분화한다. 때문에 보온 없이 초봄에 재배가 어렵고 영하 3℃ 이하에서는 냉해를 입는다.

배추에는 암을 예방하는 이소시아네이트(isocyanate)가 함유되어 있다. 열량이 낮고 비타민 C, 섬유질, 칼슘, 칼륨이 비교적 많다.

2004. 04. 28

중국 하얼빈의 김치 제법

중국 하얼빈(哈爾濱)에서 약 30km 떨어진 유전 지대인 다칭(大慶)에 거주하는 교포들이 담그는 김치를 소개한다. 중국 김치란 중국에서 중국산 원부재료를 사용하기 때문에 편의상 부르는 이름이다. 본토 중국인들은 김치를 담그지 않는다. 교포들이 담그는 김치의 특징은 중국의 절임 문화에 영향을 받은 탓인지 배추 절임 시간이 하루 내지 이틀이 걸리고 신김치를 먹지 않는다. 우리 김치와 다른 중국 김치 제법과 순서는 같다.

① 초겨울에 담근다.

② 가구당(5인) 약 300kg을 담가 봄철까지 먹는다.

③ 배추가 연하여 잘 부러지고 단맛이 난다. 한국 배추보다 훨씬 크다. 배추를 소금물에 헹군 다음에 건염을 속까지 뿌려 넣는다. 그리고 절임 통에 차곡차곡 넣어 하루 내지 이틀 동안 절인다.

④ 중국인들은 매운 맛을 싫어하기 때문에 고추를 뜨거운 물에 데쳐서 매운 맛을

84 김치, 위대한 유산

뺀 뒤에 사용한다. 젓갈을 쓰지 않으나 새우를 넣는 경우가 있다.

⑤ 쌍차이(香菜, 향채)라고 하는 향신료를 김치에 향이 배도록 다른 양념보다 많이
첨가한다. 따라서 '김치 냄새'가 거의 나지 않는다.

⑥ 마늘, 생강, 대파는 한국과 같은 방법으로 사용한다.

2003. 12. 27

채배추 절임 연습

김치 담그기의 핵심은 배추를 소금에 절이는 방법(절임)이다. 김치를 담그
는 일에 자신을 갖지 못하는 이유도 이 때문이라고들 한다. 배추를 과연 어
떻게 절이는 것이 좋은가? 공통적인 의문이긴 하나 명쾌한 해답이 없는 것
이 탈이다. 그러다 보니 사람마다 절임법이 다르며 각자의 논거가 천차만별
이다. 이는 이론치와 실험치가 일치하지 않기 때문에 생기는 일이므로 각자
나름대로의 경험이나 또는 실험에 의존할 수밖에 없게 된다. 현재 사용하고
있는 절임방법은 식염수법과 건염법, 이 두 가지를 동시에 사용하는 혼용법
이 있다. 여기에서는 채배추를 건염법으로 절이는 간단한 방법을 예로 들어
보겠다.

1) 정선 및 세척 다듬은 배추 1kg을 반절로 쪼갠 후 폭 1.5~2cm 정도로
칼로 썰어 채배추 상태로 만든다. 채배추를 깨끗한 물로 두세 번 헹군 뒤 물
이 잘 빠지는 소쿠리에 담아 10여 분간 물기를 뺀다. 이 때 물기를 뺀 채배
추 무게는 1.2kg 정도가 된다. 증가된 0.2kg은 당연히 배추에 묻어 있는 물
때문이다.

주의: 수돗물을 사용할 경우 수돗물에는 잔류염소가 있기 때문에 배추를
산화시키므로 김치 품질이 떨어지는 것이 일반적이다. 필요한 수돗물은

큰 물통에 받아 하루가 지난 후에 사용하는 것이 좋다.

2) 절임 통 배추 1kg이 차지하는 부피는 2ℓ로 두 배가 된다. 따라서 사용할 절임통의 크기는 2.5~3ℓ가 되어야 하며, 밑면과 높이의 비가 1 : 2~2.5인 통을 사용하는 것이 편리하다. 옛날 김칫독을 연상하면 이해가 될 것이다.

주의: 높이가 낮으면 통 위쪽의 채배추는 절여지지 않는다.

3) 소금량 세척 전의 배추 무게 1kg에 대하여 2.5%에 해당하는 정제염 25g을 준비한다.

주의: 소금은 크게 세 종류 나뉜다. 정제염은 염화나트륨(NaCl)의 함량이 99.7%, 천일염은 88%, 막소금은 80% 정도이므로 염화나트륨의 양이 100%가 되도록 계산하여 사용하는 것을 습관화해야 한다.

4) 절임 3ℓ 절임통에 세척 및 탈수한 채배추를 밑에서부터 넣으면서 정제염을 조금씩 뿌린다. 그리고 절임상태를 관찰한다.

주의: 채배추 1kg에 정제염 25g을 고르게 뿌려야 절임 상태가 좋아진다. 채배추를 몇 번 뒤집어 주는 것이 좋다. 한 시간이 지나면 채배추가 숨이 죽기 시작하면서 부피가 감소되어 반으로 줄어든다. 이 때 절임수량은 250mℓ이고, 염도는 7.5% 정도가 된다.

5) 절임 경과의 관찰 배추로부터 우러나온 삼출수(滲出水, exudate)량과 절임수(삼출수량+채 배추에 묻은 물의 양)의 염도를 시간 경과별로 측정한다. 염도는 염도계로 측정한다. 두 시간이 되면 채배추의 부피가 줄어들어 삼출 수에 거의 잠기게 된다. 이 상태로 3시간이 지나면 절임수 500mℓ에, 염도가

배추나 채배추를 소금에 절인 다음에 광주리에 차곡차곡 얹혀 놓고 물기를 뺀다.

3.5%가 된다. 이 값은 4시간이 지나도 거의 변함이 없다. 이처럼 절임이 평형에 도달하면, 절임이 끝났다고 볼 수 있다. 배추 품종과 계절에 따라 삼출수량이 다를 수 있으며, 보통 봄·여름배추는 400㎖, 그 외에는 350㎖ 정도가 된다. 예외적으로 7일 이상 냉장 보관된 배추는 100㎖ 내외다.

절임은 4시간 만에 끝나고 절임수는 폐기한다. 위의 건염 절임법은 현재 보편적으로 사용하는 절임법에 역순(逆順)임을 유의해야 한다. 이 방법은 절임 종료 후 배추를 세척하지 않고 바로 김치를 담글 수 있는 이점이 있다. 막김치, 포기김치도 이런 방식으로 연습해 보면 절임에 대한 궁금증이 해소될 것이다.

2004. 02. 25

김치의 재료/담그기 87

채김치와 고갱이김치

김치하면 배추김치가 제일 먼저 떠오른다. 2002년도 통계에 의하면 배추의 연간 생산량이 대략 300만 톤이고, 배추김치로는 150만 톤에 해당된다. 배추김치를 제조하는 공정은 가정이든 공장이든 간에 대동소이하다. 그러나 대량생산을 목적으로 하는 공장 김치 제조에 있어서 몇 가지 고려해야 할 점이 있어 고안해 낸 김치가 채김치요 고갱이김치다. 이 두 형태의 김치는 특허에 속한다.

먼저 용어의 뜻을 살펴보면 '채'란 가늘고 길게 생긴 물건의 길이를 가리키는 말이고, '고갱이'란 초목의 줄기 속에 있는 연한 심, 즉 목수(木髓)를 뜻한다. 배추의 형태를 보면 뿌리와 잎사귀[葉]로 구성되어 있고 줄기가 없다. 3kg짜리 배추는 대개 잎이 15장 정도이다. 겉에서 안쪽으로 들어갈수록 잎 크기가 작고 노란 색을 띤다. 이 부분을 '고갱이'라고 하며 배추 무게의 5% 정도를 차지한다. 쥬서기를 사용하면 고갱이 무게의 50%에 해당되는 즙(汁)을 얻을 수 있는데, 당분도 상대적으로 낮고, 조직이 단단하여 소금에 잘 절여지지 않는 성질이 있다. 고갱이를 떼어낸 나머지 잎사귀의 무게는 전체의 95%이고, 즙은 75%가 나온다. 잎사귀는 조직이 연하고 당분이 2.5~3%이다. 이 부분을 1.5~2cm 폭으로 썰면 채배추를 얻을 수 있고, 이를 영어로 '배추 샐러드'라고 하고, 이것으로 만든 김치를 '김치 샐러드'라고 부른다.

채김치와 고갱이김치를 제조할 경우 고갱이의 분리 시기와 분리 여하에 따라 세 가지 방법이 있다. 그 하나는 배추 선별 및 정선, 배추 절단(2절), 그리고 절임 공정은 현재와 동일하게 실시하되 이 공정이 끝난 후 손으로 고갱이를 분리하고, 낱장으로 떨어진 잎사귀를 다시 모아서 현재 막김치에 사용하는 기계로 채 썰기 공정을 거치는 것이다. 또 다른 방법은 절이기 전에 2

절로 배추를 절단한 다음
에 고갱이를 분리하고, 나
머지 잎사귀를 채로 썰고,
여기서 얻은 고갱이와 채
배추를 소금에 절이는 공
정이다. 마지막 방법은 고
갱이를 제거하지 않고 채
배추로 썬 다음에 소금에
절이는 방법이다.

위의 방법들은 기존의
김치공정보다 복잡하고 불
편하며, 배추의 손실이 큰
것이 결점이다. 반면에 절
임 시간이 3~4시간으로
단축되고, 양념 혼합이 용
이하고, 소포장이 가능하

위_김치제조를 기계화 및 자동화하기 위하여 배추의 고갱이
(양옆)를 빼고 잎사귀를 채로 썰어(가운데) 연구하고 있다.

아래_배추 속의 노랗고 연한 심을 '고갱이'라 하고 보통 배추
무게의 5% 정도를 차지한다.

며, 8시간 내에 작업을 완료할 수 있고, 일일 3교대 근무를 할 수 있는 장점
을 갖고 있다. 특히 공정 중에 발생하는 양념과 배추 부스러기들을 효율적으
로 활용하기 위한 기능성 유산균 배양, 박테리오신(bacteriocin) 항생제 생산,
김치 소세지, 김치 음료 등의 제조에 필요한 공정이 부수적으로 설치되어야
한다. 이렇게 공정을 세분화하는 이유는 원부재료의 활용을 최적화하고 김
치공장을 자동화하기 위해서이다. 따라서 현재의 공장 체계에 도입하는 것
은 적합하지 않다. 채김치 생산은 차세대 김치공장의 몫이며 그 성공적인 출
발을 학수고대할 뿐이다. 김치가 우리 후손들이 먹고 살아갈 위대한 유산임

06 김치, 어떻게 담그나

늘 숨막힐 듯이 한국속의 다가오기를 열망한다.

2004. 11. 29

5. 맛있는 김치 제법

additional recipe

5. 맛있는 김치 제법 additional recipe

설탕 첨가

그동안 김치를 연구해 오면서 받은 많은 질문 중의 하나는 "맛있는 김치를 어떻게 담그느냐"는 것이다. 그때마다 "맛이란 사람마다 달라서 한마디로 말하기 어렵다"는 것이 대답이었다. 실제로 맛에 대한 연구를 하지 않아 알 수도 없지만 우리가 흔히 경험하듯이 누가 "맛있다"고 해도 다른 사람은 "그저 그래"라고 말하는 경우가 많지 않은가. 그러니 '맛'이란 다루기가 어렵고 까다로운 것이다. 그럼에도 불구하고 식품 분야에서는 '맛'을 평가하는 지표로 관능검사(sensory test, organoleptic test)란 방법을 사용하고 있는데, 일종의 맛에 대한 여론조사이고 그 결과 상당수가 '맛있다'고 평을 하면 '맛있다'고 보는 방식이다. 그러나 이것도 마찬가지로 호불호(好不好)를 가리기에는 불충분하다고 본다. 그러니 가능하다면 김치의 맛을 어떻게 해서든지 과학화시켜 나가는 것이 중요하다고 본다.

'맛'이란 과학적으로 증명하기 곤란하다고 보는 것이 일반적이다. 그렇지만 과학적인 실험을 통하여 어느 정도까지는 '맛'의 호불호를 예측할 수는 있다. 외국의 치즈와 포도주가 그 예가 될 수 있다. 이들은 모두가 발효에 의하여 만들어지는 제품으로 발효한다는 의미에서는 김치와 다를 바가 없으며 김치만큼 만들기가 까다롭다. 그런데도 맛과 냄새를 내는 성분이 상당 부분 밝혀져 있어 이들 성분의 생성을 조절하여 제품의 맛을 통제하고 있다. 그러니 우리 김치도 이렇게 하면 맛의 과학화라는 모토에 접근할 수 있을 것으로 보인다. 일전에 '김치 특집'에 출연하여 맛에 대한 조언을 해달라는 모 텔레비전 방송사 PD의 출연 부탁을 받고 거절한 적이 있다. 김치의 맛에 관련된 과학적인 자료가 미흡하고 또한 연구도 한 바가 없었기 때문이었다. 그런데 '오늘 이후였더라면 김치 맛에 대하여 몇 마디 했을 걸' 하는 생각이 든다.

단도직입적으로 말하면 '맛있는 김치'를 만드는 방법은 '김치에 설탕을 넣는 것'이다. 설탕을 사용하는 과학적인 원리를 이용하여 다른 당분과 배합해 김치에 첨가하면 '맛있는 김치'를 담글 수 있기 때문이다. 이는 이미 주부들이 다반사로 행하고 있는 일이므로 전혀 새로운 발견이 아니다. 이 중요한 설탕을 누가, 언제부터 김치에 넣어왔는지 알 수가 없지만 우리나라 여성, 어머니, 주부들로부터 시작된 것만은 분명하다.

설탕에 관한 최초의 기록은 고려 19대 명종(1170~1197) 때 이인로(李仁老, 1152~1220)의 『파한집(破閑集)』에서 찾아볼 수 있다. 그러나 여기서 김치에 설탕을 넣었다는 기록은 없다. 그로부터 한참 후인 1953년에 고(故) 이병철 회장이 제일제당을 설립하여 제당공장이 가동됨으로써 설탕이 본격적으로 국내에 공급되기 시작하였다. 이로 미루어 보아 김치에 설탕을 첨가하기 시작한 역사는 최근의 일이다. 요즘은 김치를 담글 때 으레 설탕을 1% 정도 첨가하는 것이 관례일 정도가 되어버렸다. 이는 설탕을 사용하는 과학적 근거도 모를 당시 고안해 낸 또 하나의 '어머니 솜씨'이며, 김치의 역사에 큰 획을 긋는 쾌거라 아니할 수 없다. 아마도 우리나라 여성은 예지와 예능을 천부적으로 타고나는 것 같다. 정말 놀라운 일이다. 진정 맛의 마술은 여성의 몫인가 보다.

2005. 01. 09

설탕 발효

설탕은 김치에 어떤 효과를 주는가? 혼합한 김치 재료에는 총 당분이 약 2.5%이고, 주된 당분은 포도당과 과당이며, 설탕은 없다. 따라서 김치에 설탕은 별도로 첨가하는 양밖에 없게 된다. 우선 맛있는 김치를 담그려면 몇 가지 기초 지식이 필요하다.

첫째, 설탕은 김치에 있는 유산균이 작용하여 아래의 반응식과 같이 젖산, 초산, 주정, 가스(CO_2), 그리고 만니톨로 전환된다. 이를 젖산(유산) 발효라 부르며, 김치에 있어서 매우 중요한 반응에 속한다.

포도당 + 과당 + 설탕 → 젖산 + 초산 + 주정 + 가스 + 만니톨 + 덱스트란

여기서 당끼리 단맛을 비교하면 설탕을 기준으로 하여 포도당은 아주 낮고, 과당은 벌꿀의 주성분으로 단맛이 2배나 높아 매우 달다. 만니톨은 당분은 아니고 당 알콜이라 하며 단맛이 설탕의 절반 정도이다. 위의 반응식으로부터 좌변의 당분은 모두 없어지고 대신에 우변에는 단맛이 약한 만니톨과 신맛 성분인 산(酸, acids)들이 생성된다. 김치의 신맛을 낮추려는 목적으로 설탕을 첨가할지라도 설탕의 단맛이 없어지고, 대신에 만니톨의 단맛만 약하게 느껴진다는 결론을 내릴 수 있다. 이런 이유로 단맛이 약해지므로 기대했던 바와 달리 오히려 신맛이 강하게 느껴져 그만 '신김치'가 되고 만다. 신맛을 약하게 느낄 수 있도록 만니톨을 어떻게 많이 생성(만니톨 합성)시킬 수 있을까? 이 과학적인 비법을 간단히 말하면 설탕을 평소보다 더 첨가하거나 아니면 과당을 첨가하는 방법이다. 과당은 시판되는 과당 시럽이나 꿀을 사용하면 된다.

둘째, 기껏 생성된 만니톨이 없어지면 목적을 달성할 수 없음은 자명한 일이다. 실제로 김치에는 유산균이 다양하게 존재하므로 그중에 어떤 유산균은 만니톨을 소화시켜 이것을 소멸시킬 수 있다. 즉, 만니톨이 없어지게 된다. 더 정확히 말하면 락토바실루스(*Lactobacillus* spp.)가 번식할 때 이런 불리(不利)한 결과를 얻게 되고, 봄부터 여름철까지 재배한 배추를 김칫거리로 사용할 때 이 유산균이 많이 번식하게 된다. 이런 경우는 '보통김치'에서 흔히 나타나며, '김장김치'에서는 거의 보기 드문 현상이다. 따라서 김장김치가 맛있는 이유는 생성된 만니톨이 지속적으로 김치에 존재할 수 있기 때문이다. 위 반응식에서 당류로부터 생성된 젖산, 초산(식초), 주정(술), 만니톨, 그리고 덱스트란의 혼합물 — 이들의 조화(調和) — 은 김치의 맛을 좌우하는 결정자임을 알 수 있을 것이다. 김치는 과학의 예술이다.

셋째, 고춧가루가 들어간 배추김치에 포도당, 과당, 설탕이 함께 존재할 때, 김치 유산균은 설탕과 과당을 먼저 먹고, 포도당은 거의 먹지 않거나 아예 입도 대지 않으므로 포도당은 최종적으로 김치에 남게 된다. 그러나 백김치에서는 모두 잘 먹으므로 남는 당이 없다. 여기서 중요한 사실을 유추할 수 있다. 고춧가루에는 단위 무게당 당분이 약 30%가 함유되어 있으므로 고춧가루가 든 배추김치에는 포도당이 많게 된다. 특히 김치 국물이 적을 때는 그 국물의 포도당 농도가 7~8% 정도에 달한다. 그런데 김치 유산균은 왜 포도당을 먹지 않고 그냥 남겨둘까. 그 이유는 이렇게 포도당이 많게 되면 생각과는 달리 오히려 먹지 못하는 결과를 초래하기 때문이다. 이는 미생물 세계에선 이미 오래 전에 밝혀진 '포도당 효과(葡萄糖效果, glucose effect)'이다. 포도당이 적당량보다 너무 많으면 오히려 반응하지 못하는 효과 때문에 포도당이 있어도 먹지 못하고 그 대신에 설탕과 과당을 먼저 먹게 되고, 포도당은 '그림의 떡'인 꼴이 되고 만다. 포도당 효과를 방지하려면 고춧가루를 넣지 않은 백김치에 포도당을 2% 이하가 되게 첨가할 경우 가능하게 된다. 따라서 '고춧가루 김치'에는 포도당을 따로 첨가할 필요가 없게 되며, 설탕과 과당만을 김치 상태에 따라 첨가하면 된다는 요령이 생길 것이다. 포도당에 대해선 신경을 끄는 것이 좋다.

마지막으로 설탕과 과당을 잘 먹는 유산균은 무엇일까? 이를 설명하기 위해선 일단 김치에 양념을 충분히 넣어 유산균에게 꼭 필요한 아미노산과 비타민을 풍부하게 제공해야 한다. 그러나 대개의 경우 이를 만족하므로 큰 문제는 없을 것이다. 현재까지 알려진 유산균들은 락토바실루스(*Lactobacillus*), 류코노스톡, 바이쎌라(*Weissella*) 3종류이며, 이들은 모두가 이형발효(hetero-fermentative) 유산균으로 20℃ 이하에서 김치를 담글 때 잘 번식하는 종들이다. 물론 30℃ 이상에서 사는 유산균도 발견되지만 김치숙성과는 무관하며, 만약 이 온도에서 김치를 담근다면 여태까지 얘기한 김치의 과학성은 수포로 돌아가고 말 것이다. 그 이유는 이 온도(30℃)에서 분리되는 유산균은 모두가 동형발효를 하기 때문에 방정식에서와 같이 맛을 좌우할 수 있는 부산물을 생성할 수 없기 때문이다. 이 원리는 전통적으로 김치를 낮은 온도에서 담가온 이유이며, 우리 선조들이 오랫동안 이를 고수해 온 이유이기도 하다.

이상과 같이 맛의 마술사이자 해결사는 '어머니 솜씨'이며, 양념의 변천사에 설탕을 추가해야 마땅하다고 본다. 설탕 하나로 '맛있는 김치'를 담글 수 있고, 이로부터 맛 성분, 저온 발효법, 주종 유산균을 과학적으로 규명할 수 있는 근거를 처음으로 제시하여 보았다. 이젠 김치가 '과학'임을 자부해도 손색이 없을 것이므로 마음 놓고 세계를 향한 도약을 해야겠다.

2005. 01. 09

설탕의 기능성

김치에 설탕을 넣기 시작하면서부터 김치의 맛을 안정시킬 수 있었고, 이와 더불어 그 기능성도 입증할 수 있게 되었다. 즉, 김치는 그 자체로 이미 기능성 식품이었다는 희소식이다. 현재 기능성 식품 목록에 '김치'가 누락되어 있으나 앞으로 등재되어야 할 것이다.

설탕은 포도당과 과당이 결합한 구조를 갖고 있다. 유산균이 설탕을 먹으면 이 결합을 절단할 수 있는 가위 역할을 하는 효소(dextransucrase)를 만들어 몸 밖으로 내보낸다. 설탕을 포도당과 과당으로 잘라낸 다음에 떨어진 포도당만을 가지고 긴 포도당 사슬을 합성하는데, 이 물질을 덱스트란(점성물질)이라고 부른다. 나머지 과당과 여분의 설탕은 몸 안에서 여러 반응단계를 거쳐 전량을 만니톨로 전환시켜 몸 밖으로 내보낸다. 그 결과 김치 국물에는 만니톨과 덱스트란이 많아지게 된다.

설탕은 김치 유산균에 의하여 덱스트란이란 식이섬유질과 노화와 당뇨를 예방하는 만니톨로 전환되어 김치의 기능성을 높여준다. 설탕도 양념의 하나이며 설탕 사용은 우리 어머니의 솜씨다.

여기서 만니톨은 단맛을 내는 효과 이외에도 몇 가지 효능을 더 가지고 있다. 예를 들면 만니톨은 유산균의 생존율을 증가시켜 살아있는 유산균을 많이 섭취할 수 있게 하고, 항산화작용을 하여 세포를 노화시키는 핵심 물질인 라디칼(radicals)을 제거하여 줌으로써 노화를 예방한다. 또한 만니톨은 사람이 소화시키지 못하므로 저칼로리의 탄수화물이 될 수 있다. 국내의 한 연구팀이 김치로부터 찾아낸 락토바실루스와 류코노스톡 유산균 군이 만니톨 합성 능력이 우수하다는 논문을 외국 학술지에 발표한 것은 매우 반가운 일이라 할 수 있다. 항간에 김치에 설탕을 첨가하기 때문에 당뇨병 환자가 김치를 기피해야 한다고 하는데 이것은 사실무근이다.

덱스트란은 포도당 사슬(α-1, 6-결합형)이며, 크기는 분자량으로 표시하는데 70,000~250,000(포도당 400~1,400개) 정도다. 물에 녹으면 끈적끈적한 용액이 만들어진다. 덱스트란은 결합 특성상 장내에 있는 미생물들이 분해할 수 없고, 사람도 소화시킬 수 없다. 물을 잘 흡수하는 성질 때문에 새로운 식이섬유(食餌纖維, dietary fiber)로 부상되고 있으며, 장운동을 촉진하여 변비를 예방하여 준다. 또 분자량이 75,000 정도의 크기는 혈장제, 80,000 크기는 항응고제로서 의·약학 분야에서 오래 전부터 사용되고 있고 현재 경쟁적으로 신제품 개발에 집중되고 있다. 그러나 아직도 김치 유산균의 이러한 능력을 깊이 인식하지 못하고 외국에서 빌려다 쓰고 있으니 안타깝다.

김치는 이러한 성분과 이를 합성하는 유산균이 가득 찬 보고(寶庫, thesaurus)임에 틀림이 없다. 이 모든 효력이 유산균과 설탕으로부터 나온다니 놀라운 일이다. 김치 같은 식품이 세계 어디에 또 있을까!

2005. 01. 09

묵은김치, 웰빙 요리로 진화하다

김치찜이라는 메뉴가 1년 전에 등장하면서 묵은김치가 각광을 받고 있다. 이는 묵은김치에 돼지고기를 넣어 푹 끓인 후 졸여서 찜으로 만든 새로운 형태의 김치요리다. 묵은김치를 '묵은지(漬)'라고도 부르며 보통 1~3년간 항아리나 김칫독에서 숙성된 김치를 말한다. 때에 따라 이보다 더 숙성시킨 7년

된 김치도 있다고 한다. 그리고 전주지방에서는 뚝배기에서 찜을 만든다고 하여 오모가리(오모리) 찜이라고 부른다. 오모가리는 뚝배기의 사투리다. 우선 놀라운 일은 어떻게 김치가 이렇게 장기간 보존될 수 있느냐이다.

묵은김치는 별미인 '김치찜'의 재료가 된다. 사진은 1년이 지난 묵은김치다.

예전에 김장김치가 다 떨어질 때쯤인 봄철에 어머니께서 묵은김치를 꺼내어 물에 씻은 후 썰어서 김치찌개를 해주신 기억이 생생하다. 그 맛 또한 지금도 군침이 감돌 정도로 별미였다. 요즘은 시도 때도 없이 김치가 시어졌다 하면 김치찌개를 해먹지만 묵은김치로 만든 김치찌개와는 비교가 되지 않는다. 슈퍼마켓에 가면 김치에 돼지고기를 넣어 볶은 김치가 팔리고 있는데 이것도 맛이 좋아 때를 맞추지 못하면 사 먹을 수 없다고 한다. 여기에 한 술 더 떠 김치찜이 나오자마자 인기가 대단하다고 하니 하여간 김치는 사람을 홀리는 마력이 있는 것이 분명하다. 김치 요리가 어디까지 진화하려는지 자못 궁금할 뿐이다.

남녀노소를 막론하고 '맛있다'고 이구동성으로 난리법석을 떠니 김치 속에는 분명히 구미를 당기는 '그 무엇이 있는' 것이 틀림이 없다. 이를 알아내기는 쉽지 않으나 묵은김치의 특성을 살펴보면 대충 감이 잡힐 것 같다.

묵은김치를 만들려면 김치를 짜게 담가야 상하지 않고 오래 보존할 수 있다. 이런 이유로 소금도 넣지만 젓갈을 다양하게 많이 넣게 되는데 주로 남쪽 지방에서 이런 식으로 담그며 경상도와 전라도 지방이 대표적이다. 그래서 김치가 젓갈 색이 배어들어 누렇게 보이고 소금 덕에 아삭아삭 씹히는 촉감이 남아 있는 것이 특징이다. 다른 하나는 발효가 충분히 되어 신맛이 나기는 하지만 보통 신김치와는 달리 강하게 느껴지지 않는다. 아마도 젓갈과 맛의 조화가 이루어지기 때문일 것으로 생각된다.

김치에서 제일 먼저 느낄 수 있는 맛이 신맛이고 이 맛과 어떻게 조화를 이루냐에 따라 김치 맛이 결정된다고 본다. 신맛을 내는 유기산 성분을 보면 재료에서 오는 구연산과 사과산은 김치 유산균에 의하여 젖산과 초산으로 바뀌면서 없어지고 대신에 호박산(succinic acid)과 프로피온산(propionic acid)이 많이 만들어진다. 이 두 가지 유기산은 묵은김치에서 주로 볼 수 있고 보통김치에서는 보기 드물다. 호박산은 쓴맛을 내나 경우에 따라 맛을 돋구는 성분으로 전환이 되고, 프로피온산은 맛과 냄새(풍미, 豊味)를 향상시키는 역할을 한다. 더욱이 김치의 유기산은 돼지고기와 함께 장시간 끓일 때는 육질을 연하게 하고 아미노산량을 증가시킬 수 있으므로 증미(增味)효과가 높게 나타날 수 있다.

프로피온산은 김치에 곰마지가 끼는 것을 예방해 주고 콜레스테롤(cholesterol)의 합성을 억제하므로 고혈압을 예방할 수 있는 지방산으로 널리 알려져 있다. 호박산은 차세대 조미료와 대체 소금으로 뜨고 있는 유기산이다. 이렇게 보면 묵은김치로 만든 찌개나 찜이 맛있는 까닭을 알 수 있지 않은가. 우리는 이 맛을 잊은 지 오래 되었으나 김치찜 덕분에 우리 선조들의 얼이 되살아나는 것 같아서 마음이 흐뭇하다. 이러한 정통성을 무시하고 요즘같이 생김치 아니면 겉절이 김치가 판치고 있는 마당에 좋은 일이 아닐 수 없다. 우리가 보전해야 할 맛의 복귀가 다시 시작된 셈이니 환영하지 않을 수 없다.

2005. 08. 04

6. 김치의 특성

characteristics

6. 김치의 특성 characteristics

모듬 식품 문화

우리나라 사람에게 "김치란 무엇인가?"라고 물으면 대부분 '한국의 전통 식품'이라고 대답한다. '젖산발효(citrolactic fermentation) 식품'이라고 대답 하는 경우도 간혹 있다. 그러나 "김치는 김치다"라고 얼버무리는 사람들이 더 많다. 우리가 이런 정도인데 외국인들이 '김치'의 뜻을 정확히 알 리가 있겠는가? 그래서 외국인들은 우리 김치를 어떻게 알고 있을까 하고 외국의 한 백과사전에서 '김치'라는 단어를 찾아보았더니, '배추나 무 같은 채소를 소금에 절이고 양념을 하여 밀폐 용기에 넣고 유산발효를 시켜 만든 한국 음 식(korean dish)'이라고 설명하고 있다. 그러니 조금만 관심을 갖고 사전을 뒤져본 외국인이라면 우리보다도 김치의 뜻을 더 정확히 알게 되어 있다. 우 리도 누구에게 설명하려면 최소한 이 정도는 알고 있어야 할 것이다. 물론 이렇게 김치를 정의한다 해도 무리는 없겠지만 여기에 한 가지 더 추가할 내 용이 있다.

일전에 한라전문대 오영주 교수의 논문을 보니 김치를 "채소류의 모듬 음 식이며 젖산발효식품이다"라고 말하고 있다. 동감이 가는 표현으로 김치가 '모듬 음식'이란 특징을 잘 지적해 준 셈이다. 이 특징에 굳이 첨언하면 김 치는 실제로 채소뿐만 아니라 청각·다시마·파래 등의 해조류 말고도 젓 갈·굴·오징어·돼지고기·꿩고기 등 어류와 육류를 다양하게 첨가하여 만

102 김치, 위대한 유산

들고 있으므로 모듬 중에 으뜸가는 '모듬 음식'이며, 누가 봐도 농·수·축산물이 모두 집합한 음식이다. 김치 이외에도 신선로·전골·비빔밥·김밥·된장 및 순두부찌개, 여기에 더하여 부대찌개 등 일상생활 속에서 접하고 있는 음식의 대부분이 여러 재료를 혼합하여 한꺼번에 조리하여 먹는 '모듬 음식'의 특징을 갖고 있다.

우리 국민은 한 가지 맛보다도 '모듬 음식'으로부터 생기는 조화된 맛(taste)을 유별나게 선호하는 식문화를 갖고 있는데, '모듬 음식'의 특성은 한 가지 재료의 맛을 느낄 수가 없다는 것이다. 맛에는 단맛·짠맛·신맛·매운맛·쓴맛의 오미(五味)가 있으나 김치 맛은 오미 중 어디에도 속하지 않고 이들 맛이 서로 어울린 새로운 맛이므로 혹자는 이를 일러 '발효 맛'이라 하여 육미(六味)로 분류하기도 한다. 서양인들은 단일 재료의 맛을 즐긴다니

김치는 채소류, 어패류, 해조류, 육류, 과일 등을 고르게 넣어 담그는 농수축산 조합식품이자 발효식품이다. 세계 어디에서도 찾아볼 수 없는 우리 고유한 식품이자 자랑이다.

우리와는 대조적이다. 이런 육미는 한국에서만 비로소 느낄 수 있다. 우리 국민은 독특하게도 이런 육미를 즐긴다. 또한 맛도 훌륭한 수출 상품이 된다 하니 지구 어디에서도 찾아볼 수 없는 이 새로운 맛을 창조한 우리 국민이 자랑스럽다.

김치 양념의 발달사를 살펴보면 이 독특한 '발효 맛'은 단번에 이루어진 것이 아니다. 김치는 원래 침채(沈菜)라 하여 한 가지 채소를 소금에 절여서 먹던 절임 식품이었다고 한다. 그랬던 김치가 시대를 거듭하면서 양념이 하나 둘씩 첨가되어 오늘과 같은 '모듬 음식'이 되었다고 한다. 현재 남아 있는 기록만을 보아도 1611년에 이수광(李睟光)의 『지봉유설(芝峰類說)』에 고추 사용, 1670년경에 안동 장씨가 쓴 최초의 요리서인 『음식디미방(飮食知味方)』에 마늘 담그는 법, 1766년에 유중림(柳重臨)의 『증보산림경제지(增補山林經濟志)』에 젓국지를 사용했던 것으로 미루어 보아 오래전부터 김치에 고추, 마늘, 젓갈 등 여러 가지 재료를 혼합해 왔음을 엿볼 수 있다. 김치는 '모듬 음식'으로서 적어도 400년 이상의 역사를 가지고 있다고 보아야 할 것이다. 따라서 김치는 '모듬 음식'을 넘어 '모듬 식품문화'의 대표적인 식품이라 할 수 있다.

2004. 01. 16

겉절이식 김치 맛

김장김치는 늦은 가을과 이른 겨울 사이에 담가 겨울 내내 땅속에 묻어 두었다가, 맛이 들면 꺼내 먹기 시작해서 다음 해 초봄까지 긴 겨울 한철 내내 먹던 오래된 전통 음식이다. 이는 겨울철에 먹기 어려운 채소류를 김치 형태로 저장하여 사시사철 비타민과 무기질을 섭취할 수 있어 그 우수성이 세계적으로 인정받고 있다. 이것이 우리의 고유한 '김장김치'이며, 보통 김

겉절이는 발효를 시키지 않으므로 김치가 아니고 '생채 버무림' 또는 '야채 샐러드'와 같다.

치라고 부른다. 그랬던 김치가 알게 모르게 그 고유성을 상실해 가고 있고 순수한 김치라는 말이 자취를 감추지나 않을까 걱정이 앞선다. 그것은 다름이 아니라 공장과 가정에서 담그는 김치 모두가 '겉절이'로 바뀌어 가고 있기 때문이다.

겉절이란 원래 김장철에 한나절 절인 배추에 양념을 버무려 즉석에서 먹었던 것에서 유래된 말이며, 발효과정을 거치지 않고 날배추를 먹기 때문에 발효시켜 먹는 김장김치와는 다르게 취급했다. 겉절이를 김치로 오인해서는 안 된다. 시판되고 있는 포기김치든 막김치든 모두 김치라고 부르지만 알고 보면 김치가 아니고 겉절이에 가깝다. 이런 겉절이가 매일 가정의 식탁에 오르고, 식당에서도 고객의 주문과는 관계없이 으레 나올 정도로 일반화되어 있다. 겉절이가 일반화된 데에는 김치공장에서 날김치(겉절이)를 대량 생산하여 저온 상태로 유통하고 있고, 이 날김치를 즉각 저온의 김치냉장고에 보관하게 됨으로써 날김치를 발효시킬 여유가 없어졌기 때문이다. 이로 인하여 우리는 자신도 모르는 사이에 겉절이 맛에 순화되어 이를 전통적인 김장김치의 맛으로 착각하는 국민이 늘어나고 있다.

이러다간 자칫 세계적으로 이미 알려진 발효김치가 날김치와 같은 일본의 '기무치'와 차별이 없어지고 언젠가는 '기무치 김치'가 될 것이다. 심하면 채소류에 마요네즈나 드레싱으로 간을 맞추어 먹는 샐러드(salad)와 다를 바가 없게 될 것 같다. 겉절이 상태로 저온에서 유통하고 보관하는 것을 기필코 중단해야 한다. 그 이유는 현재 사용되고 있는 이 방법에는 불행하게도 김장김치에서는 발견할 수 없었던 저온 또는 호냉성(好冷性)이고 내산성(耐酸性, acid-tolerant)인 유산균이 출현하고 있기 때문이다. 바로 락토바실루스 사케이 아종 사케이, 바이쎌라 사이바리아(Weissella cibaria), 그리고 바이쎌라 코리엔시스란 유산균들이다. 이들 유산균으로는 김장김치를 만들 수 없고, 설령 만들려고 시도해도 거의 불가능하다.

이러한 모든 처사는 김장김치 담그는 법을 제대로 전수받지 않은 데서 오는 소치다. 담그는 법은 보고, 또 알고 있으나 김치를 '삭히는 비법(발효)'은 전수받지 않은 것이다. 선조들이 사용한 발효 기간은 하루 이틀 동안에 끝난 것이 아니고 무려 수개월이나 된다. 시간이 너무 소비된다고 생각한다면 큰 오산이다. 우리 김치와 비슷한 서구의 사우어크라우트(sauerkraut)와 피클(pickle)은 발효기간이 4~6주가 걸리는 데도 마다하지 않고 가정에서 전통적인 방법으로 손수 만들어 먹고 있으며 심지어 여기에 우리 김치처럼 마늘과 고추를 넣는 조리법까지 권장하고 있다고 하니 전통 김치 담그기를 기피하는 우리의 현실과 비교하면 아이러니가 아닐 수 없다. 역사가 깊은 김치문화가 요즘같이 훼손될 수밖에 없는 이유는 '빨리빨리'란 우리의 성급함 때문이 아닌가 생각해 본다. 서둘러서는 안 되는 것이 김치 담그는 일임을 명심해야 할 것이다. 그리고 분명히 해둘 일은 겉절이는 김치가 아니다. 이대로 놔둔다면 김치의 자긍심마저도 평가절하될 수 있다. 정상궤도를 이탈한 김치 제조방식을 바로잡기 위해서는 김치관련 업체들 스스로가 우리 국민이 진정한 김장김치의 맛을 느끼고 먹을 수 있도록 현재의 제조방법을 과감히 개선하고자 노력해야 할 것이다.

2004. 01. 22

군내 나는 김치

김치는 복잡한 자연 균총(micro flora)에 의하여 발효가 진행되므로 발효경과에 따라서 출현하는 미생물도 매우 다양하다. 대체적으로 유산균을 포함한 기타 세균, 효모, 곰팡이가 검출되나 이들 중에서 유산균이 주종을 이루기 때문에 김치를 유산균 제품으로 분류하고 있다. 그러나 발효 조건이 바뀌면 김치에 출현하는 주종(dominant species)도 바뀌게 되므로 함부로 발효 조건을 변경해서는 안 된다.

발효를 기준으로 하여 김치 상태를 신김치(sour kimchi), 군내 나는 김치(stale kimchi), 무른 김치(soft/rotted kimchi), 끈적끈적한 김치(slimy kimchi)로 구분할 수 있다. 시거나 끈적끈적한 김치는 유산균이 번식한 것이므로 먹어도 문제가 없으나, 군내가 나는 것은 일반적으로 김치 표면에 허옇게 보이는 '골마지'가 번식했기 때문이므로 역겨워서 먹을 수가 없다. 골마지는 효모가 증식하여 김치 상층 표면에 형성된 막이다. 이는 부패균(spoilage organisms)으로 김치를 무르게 하는 작용을 하며, 산막효모(産膜酵母, film-forming yeast)라고도 한다. 부패균인 효모가 김치에 증식할 수 있는 조건은 다음과 같다.

1) 공기 또는 산소와의 접촉 효모는 산소가 없어도 성장할 수 있지만, 산소

가 있으면 더 잘 성장할 수 있는 능력을 가지고 있다. 김치가 공기에 노출되는 표면에 골마지가 잘 끼는 이유도 이 때문이다. 선조들은 이 같은 산소와의 접촉을 방지하기 위하여 김치를 국물로 채우거나 배추 잎을 덮어 두는 지혜를 갖고 있었다. 불행하게도 요즘 사람들은 이 방법을 잊고 어떤 이유에서인지 변형된 방법으로 국물이 없는 김치를 담그고 있는데 누가 이렇게 김치를 평준화했는지 모를 일이다.

2) 낮은 온도 호냉성 미생물이란 0℃ 부근에서 잘 성장할 수 있는 미생물을 총칭하는 말이다. 2003년에 남극에서 홍색 효모(紅色酵母, *Rhodotolura sp.*)를 분리했다 하여 대단한 성과로 보고된 적이 있는데, 이로 볼 때 호냉성 효모는 그렇게 흔하지 않은 것 같다. 그런데 이렇게 희귀한 호냉성 효모가 김치냉장고 속에 있는 김치에서 발생하고 있다니 믿기지 않는다. 아마도 일반 김치에 자라는 골마지와 성질이 다를 것으로 추정된다. 김치를 장기 보관한다는 명목하에 영하의 온도를 설정하고 있으나 오히려 호냉성 효모가 더 잘 증식할 수 있도록 부추기는 격이 되므로 주의해야 한다. 효모의 증식을 약화시키는 데는 오히려 영상 5℃가 더 좋다.

3) 잔류 당분(residual sugars) 유산발효가 끝나지 않은 상태에서 곧바로 영하의 온도로 김치를 저장하면 영락없이 골마지가 끼고 군내가 나기 마련이다. 효모가 이용할 수 있는 당분이 남아 있기 때문이다. 더욱이 김치에 설탕이 남아 있으면 치명적이다. 설탕은 어느 당보다 먼저 효모에 이용되기 때문이다.

그러므로 골마지 형성에 따른 군내를 방지하려면 산소와의 접촉을 막고 적절한 온도를 유지하며 충분히 발효시켜야 한다. 참고로 호냉성 효모가 증식하여 군내가 나는 이유에는 효모의 지방산 대사와 관련이 있으며 특히 아실 코엔자임 에이(acyl-CoA)로부터 치오에스터라제(thioesterase) 효소의 활성에 의하여 조절되는 마이리스톨 코엔자임 에이(myristol-CoA)의 양에 따라 좌우되는 것으로 알려져 있다. 이 분야는 아직 김치에서 연구된 바가 없으나 그 중요성에 비추어 볼 때 반드시 수행되어야 할 과제이다.

2004. 02. 26

발효의 특징

발효(醱酵, fermentation)는 원래 효모가 에탄올(주정, 酒精)과 거품(이산화탄소)을 생성하는 현상을 말한다. 그러나 광의(廣意)로는 미생물이 유기 물질을 단순한 물질로 분해하는 과정을 총칭한다. 협의(狹意)로는 혐기성 상태에서 당분을 분해하여 에너지를 합성하고, 나머지 전자를 최종적으로 받는 물질이 유기물이 되는 과정을 말한다. 또 부패(腐敗, putrefaction)는 발효의 연속 과정이지만, 미생물의 복잡한 화학반응에 의하여 유기물이 분해되어 악취를 내는 현상을 말한다. 발효는 우리말로는 '삭다, 삭히다'라고 하며 이 뜻은 '젓·김치 따위가 익어서 맛이 들다'이다. 여기서 '익다, 익히다'는 '빚거나 담근 음식물이 맛이 들다'이다. 따라서 발효는 '삭고, 익다'라는 뜻을 갖고 있으며 '숙성(熟成)된다'라고도 말한다. 무엇보다도 중요한 기준은 발효는 사람에게 유익하며, 부패는 유해한 물질과 악취를 생성한다는 것이다. 김치는 협의의 발효로 해석해야 옳다. 발효를 무기호흡(無氣呼吸, anaerobic respiration)으로 표현하는 경우가 있는데 이는 이론적으로 모순되는 것이며 발효라고 부르는 것이 올바른 표현이다.

김치는 유산균(젖산균, lactic acid bacteria, lactics)에 의하여 만들어지는 발효식품이다. 유산균이 섭취할 수 있는 당분(sugar)은 김치의 원부재료에 함유되어 있는 포도당(포도의 당분)과 과당(꿀의 당분)뿐이다. 별도로 첨가시키지 않는 한 설탕은 없다. 유산균이 김치에서 이들 당분을 먹고 증식하는 과정을 발효과정이라 하며, 광학현미경으로 관찰하면 그 과정을 파악할 수 있다.

김치에 사는 젖산균은 2종류만 관찰된다. 하나는 과실의 씨 모양을 한 구균(球菌)이고, 다른 하나는 크거나 작은 막대 모양을 한 간균(桿菌)이다. 현재까지 관찰된 바에 의하면 학술적 명칭으로 구균은 류코노스톡이고 간균은 락토바실루스와 바이쩰라로 모두 3속이 알려져 있다.

발효 중 구균 수와 간균 수의 비는 온도에 따라 변한다. 발효온도 구간은 1℃에서 25℃ 사이이다. 15℃가 구균과 간균의 수가 비슷한 임계온도이며, 이 온도 이하일 때 구균 수가 높고, 이상일 때 간균 수가 높다. 젖산균 생균수(viable counts)는 보통 1㎖당 $5 \times 10^8 \sim 1 \times 10^9$ 마리가 들어 있다.

발효 형태는 이중성장곡선(diauxic growth curve)을 나타내며, 온도에 따라 어느 한쪽만의 성장곡선을 나타낼 수 있다. 첫 번째 곡선은 구균군집이고, 두 번째 것은 간균군집으로 대표적인 김치의 발효형태이다. 그러나 이 군집이 발달한 후 이어서 세 번째 효모군집이 나타나며, 이로 인하여 김치가 부패되기 시작한다.

김치에 사는 젖산균은 통성 이형발효(facultatively heterofermentative)를 수행한다. 따라서 생성물은 젖산·이산화탄소·만니톨·에탄올·초산(식초)·덱스트란이다. 호박산과 프로피온산을 생성하는 경우도 있다. 이들 산 성분 때문에 김치는 신맛을 띤다. 젖산균의 증식으로 인하여 김치는 혐기성 상태로 전환된다. 효모는 이미 생성된 젖산 또는 배추의 조직을 유지하고 있는 펙틴질(pectin)을 먹고 번식하며, 그 결과 배추의 조직을 연하게 만들어 연부현상을 일으킨다. 연부현상이 지속되면 최종적으로 김치는 광물화(鑛物化,

mineralization)되어 기화되고, 섬유질만 남게 된다.

2004. 05. 02

맛과 냄새

김치의 품질을 평가하기 위하여 관능검사를 실시한다. 그러나 이 검사는 제품에 대한 기호의 정도를 파악하기 위한 수단으로 더 많이 활용되고 있다. 관능검사는 '식료품이나 화장품 따위의 품질을 사람의 오감(五感, five senses)으로 평가하는 일'이다. 오감은 시각(視覺)·청각(聽覺)·후각(嗅覺)·미각(味覺)·촉각(觸覺)으로 구분하고 김치의 관능검사에는 청각을 제외한 나머지 감각을 총동원하여 평가를 하게 된다. 따라서 김치는 모양과 빛깔(시각), 냄새(후각), 혀로 느끼는 단맛·짠맛·쓴맛·신맛(미각), 고추 따위에서 느끼는 매운 맛(촉각)을 품질과 기호를 평가하는 설문지의 항목에 포함시키고 있다.

맛과 냄새는 특정 화합물을 알아내는 화학 수용체(chemical receptors)에 의하여 결정된다. 맛은 용액 중에 있는 화합물을 검출하고, 냄새는 공기 중에 있는 화합물을 검출한다. 그러나 맛과 냄새의 화합물은 서로 밀접한 관계를 맺고 있기 때문에 구별하기 어려운 경우가 많다. 맛과 냄새의 경우 화합물(분자)이 용액에 용해되어야 수용체 세포에 도달할 수 있고, 감각(sensation)을 자극할 수 있다. 용해된 화합물은 수용체 세포의 단백질과 결합하여 신경전달물질(neurotransmitter)을 방출하게 함으로써 맛과 냄새를 느끼게 된다. 맛의 수용체 세포는 입과 혀에 산재한 미뢰(맛 봉오리, taste buds)로 구성되어 있다. 맛에는 단맛·짠맛·쓴맛·신맛으로 4가지 형이 있으며, 각 맛을 느끼는 위치가 중복되어 있다. 혀는 이 4가지 맛(四味)밖에 느끼지 못한다.

김치의 특성 111

단맛은 혀의 앞과 좌우에서 느끼며, 그 성분은 김치 내에 용해된 포도당과 과당·만니톨, 그리고 별도로 첨가하는 설탕이다. 짠맛은 혀 앞쪽에서 느끼며 단맛의 위치와 중복되어 있고 김치 내 소금이 주성분이다. 쓴맛은 혀의 안쪽에서 느끼며, 김치에서는 이 맛이 알려져 있지 않다. 신맛은 혀의 좌우에서 느끼고 단맛과 중첩되어 있다. 김치에 용해되어 있는 젖산 등의 유기산과 초산, 프로피온산 등의 휘발성 지방산이 주성분이다.

우리나라에서는 미각에 매운맛(hot, sharp, pungent)을 추가하여 오미(五味)가 있다고 하나 매운맛은 통감(痛感, pain)과 온도 감각이 복합된 피부 감각으로 촉각에 속하므로 매운맛을 미각으로 보는 견해는 옳지 않다고 본다. 김치에서는 고추의 매운 성분인 캡사이신(capsaicine)·생강·파·양파 등이 주성분이 된다. 김치 맛을 여섯 번째 맛[六味]으로 분류하여 '발효 맛'이라고 표현하는 사람도 있다. 이는 오미의 조합으로 창조된 새 맛을 일컫는 말일 것이다. 김치에서 발효 맛을 내는 주성분은 젓갈이다. 젓갈은 아미노산의 공급원이 될 뿐만 아니라, 맛을 내는 아미노산인 글루탐산(glutamic acid)이 젓갈 100g당 2~3g 정도로 풍부하게 함유되어 있기 때문이다.

오감에 영향을 주는 요인은 배추의 조직감(texture of food)으로 아삭아삭 씹히는 맛(촉각)과 이외에 용존된 탄산에 의한 '톡 쏘는 맛(촉각)', '감칠 맛' 등 맛에 대한 표현이 다양하며 이해하기 어려운 표현도 많다. 냄새는 코의 비강(鼻腔, nasal cavity) 위쪽 후각상피(olfactory epithelium)의 냄새 수용체에서 받는다. 김치에서는 휘발성 지방산인 초산과 프로피온산, 그리고 마늘 등의 휘발성 유황화합물이 불쾌한 냄새를 만든다.

2004. 05. 04

김치냉장고

김치냉장고는 김치를 장기간 보존하기 위한 목적으로 개발된 가전제품이다. 장기 보관만이 아니라 숙성(발효)과정을 포함시킨 제품도 있다. 1995년에 소비자들에게 첫선을 보인 후 350여 만 대가 공급될 만큼 대중화되었다. 지금보다도 더 큰 용량의 김치냉장고가 출시될 예정이라는 소식도 있다. 이는 김치냉장고가 그만큼 효과가 있다는 증거일 것이다. 이와 더불어 김치냉장고의 효율성에 대한 여러 가지 논란이 일고 있지만 이들을 한마디로 요약하면 모두가 김치 발효를 어떻게 지연시키느냐는 목표에 집중되어 있다. 논란이 되고 있는 제품 형태, 여닫이 빈도 수, 수분 증발, 용기 재료 등은 김치 발효에 간접적으로 작용하는 요인들로써 이러한 여건을 잘 조절할 수 있어야 김치를 장기간 두고 먹을 수 있게 된다.

〈표 5〉는 인터넷상에 가장 많이 올라온 질의응답(Q&A)을 정리한 것이다.

여기에 김치에 관련된 몇 가지 내용을 첨언하면 다음과 같다. 어느 냉장고나 예외 없이 보관 중에도 발효가 진행된다. 온도가 높을수록 발효가 빨리

| 표 5 | 김치의 냉장고 보존 시 특성 비교

특성	김치냉장고	일반 냉장고
1. 냉각방식	직랭식	간랭식
2. 형태	뚜껑식/복합식/서랍식, 한국형	개폐식, 서구형
3. 보존 온도	-2~0℃	3~7℃
4. 보존 기간	3~4개월	1개월
5. 식품 종류	김치	김치, 일반식품
6. 김치 pH	4.2 유지	유지 안 됨
7. 여닫이 빈도 수	적다	많다
8. 수분증발	적다	많다
9. 용기 재료	플라스틱	플라스틱, 스테인리스 등

김치의 특성 113

되고, 반대로 온도가 낮을수록 발효가 천천히 되므로 온도와 발효 시간은 반비례한다. 발효가 진행되면 맛이 시어지는 것이 발효 원리이므로 일반 냉장고에서 신맛이 덜 나게 하고 오래 보관하려면 온도를 낮추어 주는 것이 최선책이다.

소금량에 따라 배추의 빙점이 달라진다. 김치의 경우 소금량이 2.5%일 때 영하 3℃ 이하에서 얼 수 있으며, 김치가 얼었다 다시 녹을(freeze-thawing) 경우 신맛은 남아 있을지라도 김치 조직이 투명해지고 전체적인 맛이 떨어진다. 따라서 영하 2℃인 김치냉장고는 김치를 좋은 상태로 보관할 수 있는 최저온도라 할 수 있다. 그러나 저염(低鹽) 김치는 이 온도에서 얼 수 있으므로 각별한 주의가 필요하다.

보관 기간도 김치 상태에 따라 다르다. 김치냉장고의 최저온도는 영하 2℃로 생김치는 4개월보다 훨씬 긴 6~12개월 정도 보관이

김치냉장고(오른쪽)와 땅속에 묻는 김장 김칫독(왼쪽). 김치 양이 적을 때 항아리를 사용한다(앞쪽).

연장될 수 있으나 그 대신에 발효가 지연되기 때문에 신맛이 약하고 유산균 수가 매우 적다. 이미 발효된 김치도 생김치만큼 오래 보관할 수 있으며, 초기의 신맛이 계속 유지되는 것이 특징이다. 그러나 김치 맛이 가장 좋은 시기는 1.5~2개월 사이이며 이후부터는 묵은김치 맛이 난다.

수분 증발도 김치 발효에 영향을 줄 수 있다. 수분이 증발하면 김치 국물

114 김치, 위대한 유산

이 줄어들기 때문에 맛에 변화가 일어난다는 견해가 있다. 냉장고 내의 공간에 있는 수분(水分)을 흡입하여 응결수 형태로 제거하는 간랭식(間冷式)인 일반 냉장고에서는 김치가 빨리 탈수되므로 맛에 영향을 줄 수 있으나 이와 달리 냉각판으로 온도만을 조절하는 직랭식(直冷式)인 김치냉장고에서는 발효에 크게 영향을 주지 못한다. 일반적으로 심하게 탈수된 김치는 조직감이 질기고 맛이 떨어질 수 있으나 흔히 있는 현상은 아니다.

마지막으로 일반 냉장고의 온도는 보통 2~7℃ 사이이다. 이 온도 범위 내에서 류코노스톡, 락토바실루스, 바이쎌라와 같은 유산균이 고르게 증식하지만 0℃의 김치냉장고에서는 락토바실루스나 바이쎌라 유산균 중에 한 종만이 잘 증식하는 차이점이 있다. 어떤 유산균이 김치에 더 적합하고, 사람에게 더 유익한지는 아직 밝혀져 있지 않다.

2004. 06. 26

김치 국물

김치는 예부터 만추초동(晩秋初冬)이라 하여 늦가을과 초겨울 사이에 담가 왔으며 그 시기는 양력 11월 7, 8일경인 입동(立冬)을 전후하여 1주일간이 적당하다고 전해오고 있다. 겨울은 입동 후 3개월로 김칫독을 땅속에 묻어 두는 기간이다. 그런데 김장철이 지구 온난화 현상 때문인지 늦어지고 있다. 기상청에서 예고해 주는 김장철은 전국적으로 볼 때 11월 15일부터 12월 15일까지 약 한 달간이며, 최저기온이 영하이고 일 평균기온이 4℃가 될 때를 기준으로 삼고 있다. 이때가 되면 어머니가 독에 김치를 차곡차곡 넣고 배추 잎으로 덮은 다음에 무거운 돌로 눌러서 김치 국물이 맨 위까지 찰랑거리도록 김치를 담그시던 모습이 떠오른다. 김치가 뭔지도 모르는 나에게 '김치는 국물이 흥건해야 제맛이 난다'고 하시던 말씀을 지금 생각해 보면 '김치의 과학'을 일러주신 것이다. 이토록 우리 어머니들은 절임부터 시작해서 김장이 끝날 때까지 국물의 양을 맞추는 데 온갖 정성을 다 쏟으셨다.

그토록 중요시 여겨온 김치 국물을 요즘은 구경하기가 힘들어졌다. 대중화된 시판 김치를 보면 무슨 뜻인지 금방 알아차릴 것이다. 어떤 연유에서 그런지 알 수 없지만 시판 김치를 봐도 김치 국물이 거의 없고, 대형 매장에서 파는 '주문 김치'를 봐도 김치 국물이 없기는 매한가지다. 심지어 이런 김치를 흉내 내어 담그는 일반 가정도 생겨날 정도다. 더 심한 것은 김치 국물을 아예 먹지 않고 버리는 일도 예사가 되어버렸다. 형편이 이렇다 보니 이젠 의당 김치에 국물이 있는 것이 이상하게 보일 것이고 설령 김치 국물이 있다면 '김치가 아니다'라고 말할까봐 걱정된다. 왜 수천 년 전수되어 온 김치의 비법이 무슨 이유로 이렇듯 팽개쳐지는 것일까? 누가 이렇게 하도록 가르쳐 주었을까? "버릇 굳히기는 쉬워도 버릇 떼기는 힘들다"라는 속담이 말하듯이 '국물이 없이 김치를 담그는 좋지 못한 버릇'이 너무 쉽게 굳어졌다. 이 버릇을 어떻게 버릴 수 있을까.

이에 김치에 국물이 없게 된 우리네 속사정을 살펴볼 필요가 있다. 예전에는 배추를 절일 때 약 10%의 소금물(마른 소금을 소금물로 환산한 값이다)에 한 잠(대략 8시간 정도)을 재워 두었다. 반면에 시판 김치는 대략 14%의 소금물에서 12~14시간 정도 절인다. 소금 농도가 높을수록 배추에서 배어나오는 물(삼출액, 渗出液, exudate)은 더 많아지고 배추결은 부드러워진다. 배추의 삼출량이 어느 정도냐에 따라 김치의 성패(成敗)가 좌우될 만큼 절임이 중요하다. 김장김치의 절임 방법에 따르면 삼출량이 배추 무게의 30% 정도이다. 시판 김치는 소금 농도가 높기 때문에 김장김치보다 삼출량이 더 많아지므로 김치 국물량은 그만큼 적어질 수밖에 없다. 이것이 시판 김치에 김치

김치 국물은 김치 유산균이 활동하는 공간이다.

국물이 거의 없는 이유이다. 이것도 부족하여 일본 기무치는 큼직한 쇳덩이를 절인 배추 위에 얹혀 놓고 삼출액을 다 빼내어 배추의 형상은 보이지 않고 쭈글쭈글하며 질기기만 하다. 그래서 기무치에는 국물이 전혀 없다. 이러한 일본식 절임 방법은 그들의 뿌리 깊은 절임문화에서 연유하는데 우리는 이와 전혀 다른 김치 문화를 갖고 있다.

김치 국물이 왜 필요한지 제대로 알아야 한다. 김치 국물은 김치 유산균이 활동하는 공간이고, 유산균은 이 공간을 이용하여 사람에게 유익한 새로운 환경으로 바꾸어준다. 이렇게 필요한 국물이 없다면 김치 유산균은 정상적인 활동을 하지 못하므로 정상적인 김치가 될 수 없다는 것은 자명하지 않는가. 김치 유산균의 활동은 김치에 산소를 없애 주고, 여기서 젖산이나 초산과 같은 유기산을 만들어 신맛을 내게 한다. 또한 가스(이산화탄소)를 포화시켜 상큼한 맛이 나게 해준다. 김치 국물에는 우리 몸에 유익하다고 알려진 유산균이 20여 종이 살고 있으며 1그램당 5억~10억 마리가 들어 있다. 이것이 바로 김장김치의 특징이고 김장김치가 별미인 것도 이러한 이유 때문이다. 그러니 김치 국물이 생기도록 김치를 담그는 것이 현명하다. 국물이 없는 마른 김치를 언제까지 수수방관해야 하나?

2004. 11. 14

무름병

김치가 물러지면서 상하는 현상을 가끔 볼 수 있는데 이를 학술용어로 연부라고 한다. 이 현상은 발효 말기에 나타날 수 있으며 김치가 썩고 악취가 나므로 일종의 김치에서 생기는 질병인 셈이다. 이것을 '무름병' 또는 '연부병'이라고 하는데, 이런 상태가 되면 먹을 수 없다. 김치가 연부되는 원인은 일반적으로 소금에 덜 절여진 배추로 담근 김치가 공기 중에 장시간 노출되었을 때 발생하는 것으로 알려져 있다. 그 예방법은 당연히 배추를 비롯하여 양념의 간을 잘 맞추고 산소에 노출되지 않도록 세심하게 관리하는 일이다.

김치의 소금 농도는 얼마로 맞추어야 하는가? 소금을 첨가하는 이유는 부패되기 쉬운 채소류를 장기간 보존하기 위한 것이다. 깍두기와 오이지를 포함해서 김치에 모두 해당되는 양으로 최종 농도가 2.5~3% 이내여야 한다. 간은 어떻게 맞추나? 이 소금양은 바닷물의 소금 농도와 같은 범위 내에 있다. 따라서 이 양을 맞추려면 바닷물의 짠맛 정도로 조절하면 실패하지 않을 것이다. 바닷물의 짠맛을 모르는 사람은 드물 것이다. 최근에 유행하는 '저염 김치'는 소금이 성인병의 원인이 된다 하여 소금을 이 농도 이하로 줄여서 만들고 있지만 연부병에 걸리기 매우 쉽다. 저염 김치는 소금의 나트륨 이온(Na^+) 대신 칼륨 이온(K^+)으로 일부를 대체하여 만들고 있으므로 짠맛은 비슷하지만 절임 효과는 떨어지고, 나트륨 이온 농도가 낮아지므로 김치가 빨리 연화되고 곧이어 부패가 일어나면서 악취가 나므로 주의해야 한다. 이 경우 바실루스 종(*Bacillus* spp.)이 잘 증식하고 일반 세균이나 효모도 병행하여 증식된다.

어떻게 산소를 차단할 수 있을까? 소금 농도를 잘 조절했다 치더라도, 김치가 공기(산소)에 노출되면 애써 해놓은 일을 그만 망쳐 버리고 만다. 이때는 저염 김치에서 잘 증식하는 바실루스 종은 거의 볼 수 없지만 효모가 많이 증식한다. 그 이유는 산소가 있으면 효모의 성장이 촉진되기 때문이며 그 결과 김치 표면과 상층에 골마지가 생긴다. 반면에 효모는 산소가 없어도 증식하는 성질을 갖고 있으므로 산소가 희박한 김치의 하층에서도 증식할 수 있으나 상층 효모와는 성질과 종이 다르다. 일반적으로 김치를 담근 후 초기에는 바실루스, 후기에는 효모가 증식하게 된다. 현재까지의 연구에 의하면 상층 효모(골마지)의 증식을 억제할 수 있는 가장 효과적인 방법은 김치에 국물을 채워 두는 것이다. 또 하나는 휘발성 지방산인 프로피온산을 생성시켜 주는 방법인데 이렇게 되면 김치 유산균이 충분히 생성되지 못한다. 그러나 김치 자체가 저장 능력이 높아지는 이유도 이 지방산의 존재와 상관관계가 있으므로 김치의 장기보존을 실현시키기 위해서라도 연구해 볼 가치가 있다. 프로피온산은 식품보존제로 전 세계에서 널리 사용되고 있으나 우리나라는 이를 금지하고 있다.

무름병을 예방하여 김치를 기분 좋게 양질의 상태로 먹으려면 바닷물 정도로 간을 맞추고, 밀폐된 용기에 김치를 넣어 국물을 채워 두고, 보관온도를 일반 냉장고의 온도로 맞추어 두어야 될 것이다. 이를 실천할 수 있다면, 김치를 맛있게 먹을 수 있는 기간이 최소한 1개월이며, 이 원리를 철저히 이행했을 경우는 수개월에서 1년까지 연장될 수 있다. 김치 종주국답게 '무름병을 방지할 수 있는 김치 담그기'가 이젠 상식화되도록 노력을 기울여야 하지 않겠는가.

2004. 11. 18

7. 김치 발효

fermentation

7. 김치 발효 fermentation

김칫독의 구조와 원리

요즘 김치에 대한 소비자들의 불만이 늘어나고 있다. 예전과 달리 김치에 국물이 거의 없고, 상큼한 맛이 안 나고, 골마지가 빨리 낀다고들 한다. 이러한 결점들은 용기 모양과 밀접한 관계를 맺고 있다. 그래서 김칫독(clay pot)의 과학성을 찾아보고 김치 용기를 어떻게 개량하면 좋을지 생각해 보는 기회를 갖고자 한다.

기록상 옹기(甕器)는 삼국 시대부터 출현하고 있다. 옹기란 조미료·부식물·음료수, 그리고 주류발효 등에 사용해 온 생활용구(用具)들이다. 옹기는 도자기(陶瓷器)와 달리 유약이나 광명단을 넣지 않고 잿물만을 유약으로 사용한 오지 그릇 또는 도기(陶器)이다. 도기는 옹기의 한 종류로서 진흙으로 빚어서 볕에 말리거나 낮은 온도로 구운 다음 잿물을 입혀 다시 구운 그릇으로 겉면이 거칠고 검붉은 색을 띤다. 잿물을 입히지 않고 구운 그릇을 질그릇이라고 한다. 도기에 사용하는 진흙은 우수(雨水), 경칩(驚蟄)이 지나고 얼어붙은 땅이 풀린 초봄에 파낸 것이어야만 잡내가 나지 않고 단단하다고 한다.

도기의 종류에는 크기와 모양에 따라 이름이 다르며, 제일 큰 독부터 중두리, 바탱이, 항아리[缸壺], 단지, 잔[盞]이라고 부른다. 중두리는 독보다 조금 작고 배가 불룩하고, 바탱이는 중두리보다 배가 더 나왔고 아가리가 좁아

122 김치, 위대한 유산

항아리와 비슷하다. 이들 중에서 김치를 담그는 데 사용하는 용기에는 그 종류와 시기에 따라 다르지만 독, 중두리, 바탱이, 항아리 등이 있으며, 주로 제일 큰 독을 많이 사용하고 있다. 이를 김칫독이라고 부른다.

독의 형태는 위와 아랫면이 좁고, 운두(그릇 둘레의 높이)가 높고, 입구에 전(가장자리)을 만들고, 배가 불룩하며, 배에 손잡이가 달려 있다. 그리고 젓갈을 만드는 젓독은 배가 없는 원통 모양을 하고 있어 김칫독과 구별된다. 독의 둘레와 높이의 대략적인 비(比)는 김칫독이 1:1.3, 젓독이 1:2.1이 일반적이다. 요즘에는 냉장고에 넣을 수 있는 크기의 김칫독(냉장고용 김칫독이라 부른다)이 선을 보이고 있는데 그 둘레와 높이의 비가 1:0.63~0.68로 크기가 훨씬 작고, 모양이 납작하여 전통적인 김칫독과 전혀 다른 것도 있다. 그리고 중두리, 바탱이, 항아리는 독에 비교하여 순서대로 높이가 낮고 크기가 작은 대신에 운두가 커서, 배 부분이 점점 더 불룩하게 보이므로, 이 모양

김칫독은 항아리(종두리), 중독(중두리), 겹항아리, 대독(섬독)을 사용한다.

김치 발효 123

의 특징에 따라 도기를 구별할 수 있다.

그런데 최근에 주거생활이 아파트로 바뀌면서 김칫독을 사용할 수 없게 되었다. 이러한 가정에서는 김치를 냉장고에 보관할 목적으로 김칫독 대신에 각자의 형편에 맞게 용기를 선택하여 사용하고 있다. 이렇다 보니 용기의 모양과 재질이 각양각색이다. 그 재질은 흙, 스테인리스강(stainless steel), 합성수지 등이고, 모양도 김칫독과는 달리 완전히 납작하며, 크기와 용량도 상대적으로 작고 다양하다. 그러나 용기 모양의 공통적인 특징은 납작한 원통형이거나 직사면체로 밑면이 넓고 크며, 밑면과 높이의 비가 1:0.5~0.6 정도로 김칫독이 1:1.3인 것에 비하면 높이가 절반 정도이다. 이런 용기를 사용하게 된 동기(動機)는 무엇보다도 김칫독과 같은 원리로 만든 작은 용기를 구할 수 없기 때문일 것이다.

따라서 현 주거생활에 적합한 용기를 개발하기 위하여 김칫독의 원리를 몇 가지 살펴보면 ① 용기 밑면의 지름을 1로 볼 때 높이가 1.2 내지 2가 되는 원통형이어야 하고 가능하면 배가 약간 볼록해야 좋다. 가스(이산화탄소) 때문에 국물이 넘치지 않도록 김치 위의 공간을 1/3 정도 비워두어야 한다. 김칫독은 이를 방지하기 위하여 배가 나오게 만들었다. 그리고 밑면의 지름보다 높이를 길게 만드는 이유는 이산화탄소를 포화시켜 산소를 방출하고 김치를 혐기성 상태로 만들어주기 위해서이다. 이는 유산균의 증식을 촉진하며, 이산화탄소가 국물에 녹아들어 상큼한 맛이 나게 해준다. ② 빛을 차단할 수 있는 재질을 사용해야 한다. 빛은 김치의 성분을 광분해시켜 맛을 떨어뜨리고 불쾌한 냄새가 나게 한다. 김칫독은 검붉은 색을 띠며 땅속에 묻어 빛을 이중으로 차단하였고, 재료가 흙이므로 산(酸)에 내성이 있고 산으로 인하여 잡내가 나지 않는다. ③ 이산화탄소와 국물이 배어 나오지 않는 재질을 사용해야 한다. 김칫독이 '숨을 쉰다'고 말하는 사람이 있는데 틀린 말이다. 만약 이렇게 된다면 독에서 김치 국물이 배어 나와서 냄새가 날 터인데 그런 적은 없었다.

현 주거 환경에 맞게 사용할 수 있는 다양한 김치 용기의 개발이 필요하다. 요즘 김치는 아무리 잘 담가도 김장김치 맛이 나지 않는다고 말하는 원인 중의 하나가 용기 때문이다. 김치 용기의 구비조건은 재질이 빛과 가스를 차단할 수 있어야 하고, 모양은 배가 볼록한 독의 구조를 하고, 용량(容量)은 한 가정에서 보름간 먹을 수 있도록 절인 배추 4~5포기들이가 좋다. 아직도 김치를 담을 수 있는 마땅한 용기가 없으므로 내수는 물론 수출을 위해서라도 하루속히 개발을 서둘러야 한다.

2004. 04. 06

김칫독에서의 발효과정

우리 선조들이 배추김치를 어떻게 관리하여 왔는지 살펴보자. 추위가 닥치기 전에 땅을 파서 그 밑에 볏짚을 깔고 김칫독을 넣은 다음에 볏짚으로 싸서 묻어둔다. 그리고 김칫독이 얼지 않도록 그 위에 짚으로 촘촘히 잘 엮은 원추 모양의 오가리를 씌워둔다. 오가리는 양지 바른 곳에 짓는 것이 일반적이다. 오가리란 가가(假家)이며, 짚으로 만든 집을 가리키는데 '가게'라고도 한다. 오가리 안쪽의 빈 곳에는 중두리, 바탱이, 항아리를 짚으로 싸서 놓아둔다. 오가리까지 준비가 되면, 양념을 한 절인 김치를 독 위에까지 차곡차곡 눌러서 넣고, 맨 위에 우거지나 주저리를 얹어둔다. 주저리는 배추를 다듬을 때 떼어낸 바깥쪽의 넓은 배춧잎을 소금에 절인 것이다. 국물이 주저리 밑까지 차도록 깨끗이 씻은 큰 돌로 눌러 두고 남은 김치는 중두리에 담고, 동치미나 국물 김치는 바탱이와 항아리에 담았다.

이러한 조상들의 지혜를 바탕으로 김치 용기의 개선을 위하여 필자 나름대로 김장김치를 담글 때 준수해야 하는 몇 가지 기준을 제시하고 이때의 과학적 특성과 이점을 약술한다.

독의 바닥직경과 높이의 비는 1:1.2 정도로, 배가 약간 불룩하다. 그러나 요즘 시판되는 김치 용기는 냉장고용으로 사용하기 위해 부피가 작고, 그 비가 1:0.5 정도이며 배가 없이 원통형이거나 직사면체이다. 그러면 왜 독을 이렇게 만들었을까? 냉장고용 김치 용기에 김치를 담아보면 그 이유를 알 수 있다. 눈에 띄게 다른 점은 김치가 국물에 잠기지를 않는다는 것이다. 즉, 국물이 김치 높이의 반에도 미치지 못한다. 그 이유는 용기의 밑면이 넓기 때문에 국물이 옆으로 퍼져 김치의 높이보다 낮아지게 된다. 반면에 독은 밑면(바닥)이 좁기 때문에 국물이 위쪽으로 올라가 김치가 잠기게 된다. 시간이 경과하면서 김치로부터 국물이 점점 더 나와서 그 양이 더 늘어나게 된다. 그래서 이 국물이 독 위로 흘러 넘쳐나는 것을 방지하기 위하여 배를 약간 불룩하게 만들었다고 해석할 수 있다. 추측하건대 이는 옛 도공(陶工)들 각자가 가지고 있는 비법이었을 것이고, 좋은 김칫독을 만드느라 상당히 심혈(心血)을 기울였을 것이다.

김치가 천천히 발효되면서 이산화탄소(CO_2)가 발생하고 신맛이 난다. 이 가스가 국물에 녹은 후 탄산(HCO_3^-)으로 전환되어 김치의 생명인 특유한 탄산 미(炭酸味) 또는 '상큼한 맛'을 내게 하며, 이는 김치에서 빼놓을 수 없는 맛 중 하나이다. 그리고 국물은 이산화탄소를 점차적으로 포화시켜 주기 때문에 김치가 혐기성 상태로 되어 유산균이 잘 증식할 수 있는 조건을 만들어 준다. 주변에서 오래 전부터 요즘 김치에서는 이 맛을 느낄 수 없어 이를 재현하려고 애를 쓰고 있다고들 하나, 이미 변형된 냉장고용 김치 용기, 김치냉장고, 공장 등에서 담그는 김치에는 국물이 적기 때문에 이 맛을 내기 어렵게 되어 버렸다. 시판 김치가 국물이 적은 이유는 무게를 측정할 때 국물

김칫독을 양지 바른 땅속에 묻고 김치가 얼지 않도록 볏짚으로 엮은 임시집인 '오가리'를 지어둔다. 김치는 겨울 땅속에서 발효된다.

오가리 안의 김치움이다.

김치 발효 127

을 제거한 고형분(건더기)만을 인정하는 규격규정이 제정된 이후부터라 할 수 있다. 또한 국물이 적은 김치는 공기 접촉 때문에 온도에 관계없이 김치 표면에 골마지가 쉽게 낀다.

김칫독은 입구가 좁게 설계되어 있다. 김치를 독 입구 바로 밑까지 꽉 채우고, 그 위에 주저리를 덮어 둠으로써 공기와의 접촉을 차단하고 이산화탄소의 방출을 감소시켜 주기 때문에, 부패를 지연시켜 주는 효과가 있다. 이렇게 하여 김치를 늦가을부터 초봄까지 장기간(약 5개월) 저장하여 먹을 수 있었다. 아가리가 좁은 독을 만든 옛 도공의 제작기법은 과학적이라 아니할 수 없다. 왜 우리는 이 기법을 전수받지 않는 것일까! 김장철 땅속의 온도는 지방에 따라 다르겠지만 5℃ 정도로 추정하고 있다. 보통 이 시기의 대기 온도는, 겨울철에 대략 -20~-25℃, 늦은 봄에는 15℃로 서서히 상승하고, 일교차(日較差)도 15℃ 정도로 불규칙하게 변동(fluctuation)한다. 그러므로 김치의 온도도 초겨울 5℃부터 시작하여 늦은 봄까지 밤낮으로 온도가 변동되면서 10℃ 정도까지 상승할 것이다. 어쨌든 김치는 얼지 않는 온도부터 시작하여 약 10℃까지 일교차 범위 내에서 온도가 서서히 올라간다고 할 수 있다. 온도변화에 맞추어 발효도 느리게 진행되기 마련이므로 젖산도 적게 생성된다. 그 결과 김치 유산균의 생존율(viability)이 지속될 수 있는 이점을 갖고 있다. 그런데 요즘 김치를 담그는 법은 ① 발효시키거나 혹은 발효시키지 않고 온도를 곧바로 낮추어 1℃로 저장하는 김치냉장고식과 ② 실온에서 2~3일간 발효시켜 4℃에 보관하는 일반 냉장고식 방법이 일반화되어 있는데, 이들 방법은 김칫독 발효법과 온도관리상 전혀 다르므로 김치 맛에도 큰 변화를 초래했다. 김칫독은 김치 발효의 원리에 적합하게 과학적으로 설계되었으며 선조들은 이 발효 원리를 수천 년 동안 보존해 왔다. 과학이 발달하기 이전인 수천 년 전에 단순히 '발효'가 아닌 그 원리까지 알고 김칫독을 만들었다고 상상해 보라. 그야말로 김칫독은 세계적인 문화재이다.

2004. 04. 12

김치와 요구르트의 젖산발효

김치와 요구르트 제품에 있는 유산균의 차이점과 김치의 장점에 관하여 자주 질문을 받는다. 두 제품을 모두 '유산균 제품'이라고 부르기 때문에 궁금하여 물어보는 질문일 것이다. 그러나 이 둘은 계통은 같을지라도 발효 성질이 다르다. 〈표 6〉은 현재까지 알려져 있는 두 제품의 젖산발효* 특성을 비교한 것이다.

김치가 익기 시작하면 처음에 없었던 신맛이 느껴지는 것을 경험했을 것

| 표 6 | **김치와 요구르트 젖산균의 비교**

성질	김치 젖산균	요구르트 젖산균
필수적인 먹이	당분, 아미노산, 비타민	당분, 아미노산, 비타민
발효 조건	혐기성	혐기성
젖산균 군(group)	이형/통성이형발효	동형/비피둠 발효
젖산이성체(isomer)	D-, DL-형	L-, DL-형
부산물	젖산, 에탄올(술), 이산화탄소, 초산, 만니톨, 덱스트란	젖산, 초산(=식초)
최적 발효온도	25~37℃	37~45℃
대장 내 성장	미확인	검출
최적 증식 장소	채소류 및 육류(肉類)	우유
대장 내 역할	정장작용. 비피드 성장촉진	정장(整腸)작용
젖산균 종류	류코노스톡(Leuconostoc), 락토바실루스(Lactobacillus), 바이쎌라(Weissella)	락토바실루스(Lactobacillus), 스트렙토코커스(Streptococcus), 비피도박테리움(Bifidobacterium)
유산균 증식	자연적	인위적

---

* 젖산발효는 공통적으로 젖산균이 최대로 증식한 후 또는 대수증식이 끝난 이후부터 비로소 젖산을 생성하기 시작하는 제2 발효형(type II)으로 분류된다.

이다. 이 신맛의 주성분은 젖산(또는 유산)이며, 이 젖산을 만드는 미생물을 유산균 또는 젖산균이라고 부른다. 그리고 유산균이 젖산을 생성하는 대사 과정을 젖산발효 또는 유산발효라고 한다. 젖산을 만들려면 유산균이 당분을 먹어야 한다. 김치의 경우, 이 당분은 배추와 양념에 이미 2~3%가 들어 있으며, 그 성분은 포도당·과당·소량의 5탄당(pentoses) 등이다. 설탕은 별도로 첨가하지 않는 한 없다. 우유는 유당 또는 젖당만이 들어 있어 김치의 당분과 종류가 다르다.

유산균은 젖산을 비롯한 부산물을 만드는 발효방법에 따라 4가지 군 (group)으로 구분하고 있다. 첫째, 당분을 먹고 젖산만을 만드는 유산균을 편성동형발효 유산균(同型醱酵, obligately homofermentative)이라 한다. 우유로부터 요구르트(yoghurt, yogurt)를 만드는 젖산균이 여기에 속하고, 최적 발효온도는 37~45℃이다. 둘째, 젖산 이외에 초산 (acetic acid, 식초)·에탄올· 이산화탄소 등 여러 종류의

김치와 요구르트를 만드는 유산균의 최적온도는 전혀 다르다. 김치는 15℃이고, 요구르트는 45℃이다.

부산물을 만드는 유산균을 편성이형발효 유산균(異型醱酵, obligately heterofermentative)이라 하며 김치 유산균이 여기에 속한다. 최적 발효온도는 25~37℃이다. 그리고 셋째, 환경에 따라 동형 또는 이형발효 양쪽을 수행할 수 있는 유산균을 통성이형발효 유산균이라 하며 김치에는 몇 종이 이에 속하며 최적 발효온도는 37℃이다. 넷째, 이들 유산균과는 별도로 진화적으

로 전혀 다른 계통으로 발전되어 왔고 사람의 대장(大腸) 내에 분포하여 잘 살고 있는 비피도박테리움 유산균(*Bifidobacterium* spp.)이 있는데, 최적 발효온도는 45℃이고, 젖산과 초산 두 종류의 산만을 만든다. 상업적으로 '비피더스' 요구르트를 만드는 유산균(bifidum, bifid)으로 알려져 있다. 따라서 김치는 편성 또는 통성이형발효 유산균에 의하여 발효가 이루어지는 특징을 갖고 있고, 반면에 요구르트는 편성동형 또는 비피둠 유산균에 의하여 발효된다.

2004. 05. 20

양념 발효와 포도당 효과

몇년 전에 있었던 일이다. 대만의 한 오퍼상에서 발효된 김치양념을 만들어 달라는 연락이 왔다. 내용인즉 대만까지 운송 도중에 김치가 시어지기 때문에 양념만 발효시켜 주면 현지에서 절인 배추에 발효양념을 넣어 바로 판매하겠다는 것이고, 그렇게 되면 수입 시 부피가 줄어 이익이라는 것이었다. 대수롭지 않게 생각하고 곧 통보하겠다고 대답을 했다. 김치 대신에 양념만 따로 발효시켜 주면 되기 때문이었다. 그러던 참에 국내 D회사 연구진의 박사 두 분이 김치에 관하여 의논할 일이 있으니 시간을 내달라는 부탁을 해와 만나보니 그들도 발효양념을 개발 중이라는 것이었다. 용도는 설렁탕이나 기타 탕류에 고명으로 사용한다는 것이었고 이외에도 용도는 매우 다양하다고 했다. 그런데 이들 두 박사의 말이 양념만으로는 발효되지 않는다는 것이었다. 직접 연구해 본 적이 없는 터라 묘책을 찾지 못하고 헤어졌다. 김치는 발효되는데 왜 양념은 발효되지 않을까?

그 이후 여러 차례 발효를 시도하여 보았다. 쿰쿰한 냄새만 날 뿐 양념이 삭지를 않았다. 역시 D회사와 같은 결과를 얻은 셈이 되었다. 그때 생각으로는 이 상태로 방치하면 발효는커녕 곰팡이가 번식하여 곧 부패될 것만 같았다. 김치에서는 양념이 발효되는데 따로 떼어 놓으면 왜 안 되는지 김치 연구를 하면서 처음으로 겪는 경험이었다. 그 후 이 문제는 김치 분야에 새로운 과제로 대두되었다. 어떻게 해서든지 이 문제를 풀어야 할 터인데 하고 고민이 앞섰다.

세상에 쉬운 일이 어디 있겠는가. 우선 발효가 되지 않을 가능성을 살펴보는 것이 필요했다. 실험하기 전에 늘 하는 버릇대로 하나의 실험 결과를 놓고 그 원인에 대해 알고 있는 지식을 통해 유추해 보는 것이었다. '양념이 발효되지 않았다.' 왜 그랬을까? 발효가 되지 않았다면 유산균이 증식하지 않았고, 유산균이 증식하지 않았다면 증식을 억제할 수 있는 물질이 있다고 가정할 수 있다. 그런데 양념은 발효가 되지 않았지만 같은 양념을 사용한 김치는 발효가 됐으므로 억제물질이 있을 가능성이 희박해졌다. 과연 무엇일까? 한동안 고민 끝에 '혹시 양념에 농축되어 있는 어떤 물질이 김치에서 희석되는 것이 아닌가?' 라는 생각이 들었다. 양념은 국물이 없고 김치는 국물이 있기 때문이었다. 즉, 양념에 있는 어떤 물질이 높은 농도로 있을 때는 억제되고 낮을 때는 촉진된다는 가정이었다. 유산균의 증식과 관련이 있는 어떤 물질이라면 탄소와 에너지원인 당분, 아미노산, 비타민, 그리고 미네랄이 전부다. 이들 중에서 당분을 제외한 나머지 물질들은 양념에 충분히 포함되어 있으므로 증식에는 직접적으로 영향을 미치지 못할 것으로 결론을 내렸다. 다만 의심이 가는 물질은 당분이었다.

이렇게 가정한 다음에 양념의 대부분을 차지하는 고춧가루의 당분 함량을 분석하였다. 놀랍게도 그 농도가 25~30%로 매우 높게 나타났다. 포도당과 과당의 비는 1:1.3 정도로 포도당이 많았다. 예상외로 높은 농도였다. 김치에는 당분이 2.5~3% 정도이므로 이보다 10배나 되었다. 나머지 양념들도 당분이 2.5% 내외였다. 결국 '양념이 발효되지 않았다'는 현상은 상상을 초월할 정도로 당분의 비율 높고 '이 때문에 유산균이 증식할 수 없었다'라는 결론을 내렸다. 이것이 바로 이미 입증된 '포도당 효과'라는 것을 알고 나니 너무 단순한 일이 되고 말았다.

당분 중에서도 특히 포도당이 유산균을 비롯한 미생물의 성장을 억제하는 현상을 '포도당 효과'라고 부른다. 이 효과를 나타낼 수 있는 포도당의 농도는 대략 4% 이상이다. 다른 말로는 분해대사산물의 억제(catabolite repression) 또는 노벨상을 받은 락토즈 오페론 학설(lactose operon theory)이다. 이 용어는 포괄적으로 효소에 의하여 탄수화물이 분해된 다음 그 최종 부산물인 포도당으로 전환되어 축적되면 미생물 또는 세포의 성장(global control)을 억제한다는 이론이다. 양념이 발효되지 않는 원인을 하나는 찾아낸 셈이었다. 그런데 대만 오퍼상에서 연락도 없거니와 시중에 발효양념이 보이질 않는다. 포기한 것일까.

2004. 08. 13

김장온도

김치는 온도와 산소에 대해 아주 민감하게 반응한다. 김치를 담글 때 으레 논란이 되는 문제는 배추를 다듬는 작업실 온도, 숙성온도, 보존 또는 저장온도를 얼마로 설정해야 하는가이다. 우선 김장철의 대기 온도를 생각해 보면 대략 중심을 잡을 수 있을 것이다.

김장철의 온도는 자연의 힘 그대로 대기 온도에 의존할 수밖에 없다. 일반적으로 11월 중순의 아침 최저온도는 1℃, 낮 최고온도는 9℃ 사이이다. 배추를 마당에서 손질하니까 그 온도가 1~9℃ 사이이고, 12월 초순까지 날짜가 지날수록 이보다 온도가 낮아진다는 것도 누구나 알 수 있을 것이다.

이것이 작업실 온도다. 그러나 숙성온도와 보존온도를 맞추는 것은 쉽지 않으므로 온도계를 갖고 측정해 보는 수밖에 없다. 김장독을 묻는 땅속의 온도는 겨울철에 5~7℃이고 이른 봄에는 14℃이다. 김치를 먹는 기간이 보통 3~4개월이므로 김치의 온도는 일기 변화에 따라 5℃부터 시작하여 14℃까지 서서히 상승한다. 이는 배추 80~90포기들이 큰 독의 높이가 1.2m이므로 이 정도 깊이의 땅속 온도에 해당된다고 할 수 있다. 문제는 김장독에서는 김치의 숙성과 보존온도가 구분되지 않는다는 점이다. 많은 사람들이 의문을 갖는 것도 이 때문일 것이다.

군이 숙성과 보존을 구분해 본다면, 많은 연구보고들이 김치는 5~7℃에서 약 30일이 경과할 때 숙성이 다 끝난다고 한다. 그러므로 이 이후부터 이른 봄철까지는 저장단계라고 볼 수 있다. 이로 미루어 볼 때, 김장김치의 숙성과 보존은 5℃ 내외에서 동시에 이루어지고 있다고 유추할 수 있다.

김장철이 지난 뒤 김치를 담그려면 이러한 온도 조건을 맞추기가 거의 불가능하며, 김치공장마저 이렇게 온도관리를 하려면 냉동기를 별도로 돌려야 하기 때문에 김치의 제조비용이 상당히 높아질 것이다. 비싼 김치가 된다는 얘기다. 그럼에도 불구하고 온도가 중요한 이유는 품질에 영향을 미치기 때문이다. 예를 들면 여름에 김치를 담근다고 하자. 이때 대기 온도가 얼마인가? 최소한 20℃는 될 것이다. 그러니 초기 온도부터가 김장철의 손질 온도인 5℃보다 15℃나 높다. 빨리 5℃만 되게 맞추면 되지 않겠느냐고 반문하겠지만 '천만의 말씀' 이다. 설령 20℃에서 5℃까지 가정 냉장고에서 낮추려면 시간이 자그마치 하루 반에서 이틀 정도 걸린다. 이 시간에 김치의 숙성이 다 끝나게 되니 김장김치와는 숙성기간이 엄청나게 차이가 나게 된다. 이렇게 되면 일반적인 '김장김치 맛' 을 느낄 수 없게 된다.

결국 김장김치는 손질온도와 숙성온도가 한결같이 5℃ 부근에서 이루어지고 있다고 볼 수 있다. 이것을 김장김치 담금법이라고 할 수 있고, '김장김치 맛'이 가장 좋을 시기는 담근 지 30일 이내라는 결론이 나온다. '김장김치 맛'을 내려고 타령들 하지만 그러려면 한 달이란 기간을 인내와 끈기를 갖고 기다려야만 한다. '빨리빨리' 속성을 가진 사람들은 거의 불가능에 가까운 일일 것이다.

2004. 11. 15

땅속에 묻은 김장독. 겨울 땅속 온도의 변화(5°~15° 사이)에 따라 김치는 자연적으로 발효가 된다.

김치 발효의 최적온도

김치를 담가서 보관하는 방법은 김칫독에서 시작하여 일반 냉장고를 거쳐 김치냉장고로 변천하고 있다. 이런 관계로 요즘은 김치를 담근 즉시 일반 냉장고와 김치냉장고에 보관하거나 또는 어느 정도 맛이 든 다음에 보관하는 것이 관행으로 되었다. 이는 김치를 담그는 초기온도만 다소 다를 뿐 그 보관온도가 0~8℃이고, '김치는 찬 데서 익혀야 된다'는 의미로 그만큼 김치의 보관에 대한 인식이 향상되었다는 것을 반증한다. 그러나 이 냉장고 보관 방법은 초기 5℃에서부터 시작하여 3개월간 서서히 올라가 마지막 온도가 15℃로 되는 김칫독과는 온도관리 면에서 상당한 차이가 있다. 이러한

김치 발효 135

온도의 차이가 김치에 어떤 영향을 미치며, 어떤 온도가 김치에 적합한지 의문이 생기기 마련이다. 이 의문을 풀려면 우리가 자주 쓰는 김장온도, 발효온도, 그리고 배양온도(培養溫度)에 대한 용어의 차이점을 알아야 한다.

우선 김치에 이들 세 가지 온도의 개념(槪念, concept)이 전혀 다르다는 것을 기억해 두자. 배양온도는 유산균이나 미생물이 성장할 수 있는 온도를 말하며, 총 세균수를 기준으로 하여 ① 살아 있으나 성장이 느린 최저온도(最低溫度, minimum temperature)와 ② 성장할 수 없고 죽어 가는 최고온도, 그리고 ③ 가장 잘 성장할 수 있는 최적온도로 구분한다. 김치에서 분리된 유산균인 류코노스톡과 바이쎌라의 최적온도는 20~30℃이고, 락토바실루스는 35℃이며, 모두가 최저온도인 1℃ 부근에서 성장할 수 있다. 김치 유산균의 최고온도는 40~45℃로 이보다 높은 온도에서는 죽기 시작한다. 따라서 김장김치와 냉장고 보관 김치의 보관온도는 단지 유산균이 서서히 성장할 수 있도록 최저온도를 선택하여 사용했을 뿐이지 최적온도는 아니다.

그러면 김치 발효와 유산균 배양의 최적온도는 일치하는가? 흥미롭게도 그 답은 일치하지 않는다. 일반 김치를 5℃ 간격으로 5℃에서 40℃까지 각각 발효시켰을 때 총 유산균 수가 가장 많은 경우는 15℃일 때였다. 이 결과에 대한 신빙성과 유의성을 확인하기 위하여 무려 수년에 걸쳐 반복 실험을 하였으나 그 결과는 같았다. 즉, 김치 발효의 최적온도가 김장온도나 배양온도와는 전혀 다른 15℃라는 결론에 도달하게 되었다. 이 결과가 새롭고 흥미로운 일이어서 어느 학술지에 논문을 제출하였는데, 생각지도 않게 큰 논쟁이 벌어진 적이 있었다. 사유인즉 김치에서 분리된 유산균들이 가장 잘 증식하는 최적온도는 위에서 언급한 바와 같이 20~30℃인데, 15℃라는 것은 어불성설이고 실험에 오류가 있었을 것이므로 수정·보완하면 게재가 가능하다는 통보를 받았다. 그런데 끝까지 이 온도를 고수하는 바람에 결국 이 논문이 거절되는 수모를 당하고 말았다. 지금도 아쉬운 일인지라 여기에 그 내용을 약술해 보겠다.

왜 하필이면 15℃일까? 이를 이해하기 위해선 김치에서 유산균이 발달하는 과정을 살펴볼 필요가 있다. 김치의 온도가 5~20℃ 범위에 있을 때 류코노스톡속이 먼저 증식하며 pH가 5.6에서 4.5로 낮아져 산성이 되면 이 류코노스톡속은 사라지고, 그 다음에 락토바실루스속이 뒤따라 증식하고 pH는 3.8까지 낮아지는 것이 일반적이다. 그러나 바이쎌라는 김치의 온도가 낮고 산성일 때 이들 두 속보다 잘 증식한다. 즉, pH 4.5 이하에서는 류코노스톡속은 성장할 수 없고 내산성인 락토바실루스속이 성장한다. 이와 같이 유산균은 온도에 의한 pH 변화에 따라 성장이 좌우된다. 다시 말해 온도가 높으면 pH는 빨리 떨어져 류코노스톡속의 수는 적어지고, 반대로 락토바실루스속의 수는 많아지게 된다. 이와 마찬가지로 온도가 낮으면 류코노스톡속의 수는 많아지고 락토바실루스속의 수는 적어지는 반대 결과를 얻게 된다. 그러므로 두 속이 상대적으로 잘 성장할 수 있는 공통적인 온도가 실험에 의하면 15℃가 되고 이 온도에서 유산균 수가 최대로 된다고 볼 수 있다. 따라서 김치의 최적 발효온도는 유산균 수가 최대로 되는 15℃가 된다.

이 결과를 내성의 한계(limits of tolerance)에 대한 개념으로 설명할 수 있다. 김치가 발효될 때 pH가 계속 낮아지므로 유산균은 pH가 안정되지 않은 '과도기 상태(過渡期 狀態, transient-state)'에 놓이게 된다. 이 '과도기 상태'에서 류코노스톡속 군집은 김치의 pH가 낮아지기 때문에 온도의 적응범위가 5~15℃로 좁아지고, 반대로 낮은 pH에 적응하는 락토바실루스속 군집은 10~35℃로 그 범위가 넓어진다. 그리고 온도가 중복되는 15℃가 양쪽 유산균이 증식할 수 있는 온도보상점, 즉 인자보상점(factor compensation)이 된다. 따라서 이 온도에서 유산균 수가 최대로 된다. 또한 류코노스톡속

김치 발효 137

군집은 이 온도에서 적응된 생태형(ecotypes)이 발달하고, 유전적 변이와 관계없이 생리적으로 새로운 저온환경에 순응하는 성질을 갖게 된다.

이러한 생태형은 야생종의 최적온도인 25℃보다 10℃가 낮은 15℃로 최적온도가 바뀌고 25℃에서는 성장할 수 없게 된다. 그러나 생장인자(生長因子, growth factors, GF)가 풍부한 배지에서 서너 번 반복하여 키우면 25℃에서 자랄 수 있는 야생형으로 복귀할 수 있다. 따라서 생태형은 15℃에서는 성장을 하나 25℃에서 성장을 하지 못하는 온도 감수성 돌연변이, 그리고 성장인자를 필요로 하는 영양요구 돌연변이라 할 수 있다. 이와 같은 생태형의 발생 빈도가 높은 이유는 '과도기 상태'에서 생존하기 위한 전략으로 해석할 수 있다. 이상과 같이 온도에 대한 큰 줄거리를 생태생리학적 견지(ecological physiology)에서 볼 때 김치 유산균은 온도에 대하여 '내성의 법칙'이 무리 없이 잘 적용되고, 응용면에서 유산균 수를 측정하는 온도뿐 아니라 유산균의 생리학적 실상을 파악하기 위해선 배양온도를 15℃로 설정하는 것이 합리적이다. 김치는 이 온도에서 알맞게 발효시킨 후 냉장고에 보관하여 먹는 방법이 좋다고 본다.

2004. 12. 16

8. 김치 유산균

lactic acid bacteria

8. 김치 유산균 lactic acid bacteria

유산균 작명에 대한 유감

김치에 사는 유산균을 '김치 유산균'이라고 부르는 것이 습관화되었다. 언제부터 쓰기 시작했는지 알 길은 없으나 이해하는 데 별 문제가 없는 듯하다. 그러나 '김치 유산균'란 이름에 거부감이 전혀 없는 것도 아니다. 학자들 간에는 유산균이면 그냥 유산균이지 '김치 유산균'이 따로 없다고들 한다. 이 주장도 맞는 말이겠지만 그러나 이것도 따지고 보면 몇 가지 시빗(是非)거리가 생기게 된다. 그래서 김치 예찬론자들끼리 부르는 별명 또는 아호(雅號)를 하나 지어주면 어떨까 해서 여기에 몇 자 적어본다. 그냥 푸념해 보는 말이니 그럴 수도 있겠구나 하고 생각하면 그만이다.

유산균은 영어로 'lactic acid bacteria'이고, 한자로 '乳酸菌(젖 유, 실 산, 세균 균)'이다. '세균이 우유(牛乳)를 먹고 산을 만든다'라는 뜻으로 유산균이며, 우리말로는 '젖산균'이라고도 한다. 원래 유산균은 일본 한자어를 그대로 차용한 말로 '젖산균'이라 해야 맞다는 주장이다. 그런데 김치는 주로 채소류를 갖고 만들기 때문에 우유, 즉 우리말인 '쇠젖'과는 거리가 멀어 젖산균이란 주장도 작명의 근본 취지에 어긋난다고 보아야 할 것이다. 아마도 우유에 사는 유산균과 차별화하기 위하여 '김치 유산균'이란 말을 사용하기 시작한 것 같지만 이 표현도 옳지 않다. 왜냐하면 이름 중에 채소류와 쇠젖이 뒤섞여 있으니 김치에 사는 유산균들은 '이름이 틀렸다'고 못마땅해 할

140 김치, 위대한 유산

것이다. 제대로 작명을 해야 할 것이나 법적 문제가 야기될 것 같아서 아호를 지어주면 이러저러한 논쟁을 피할 수 있을 듯하다.

사람이 본관(本貫)을 갖고 있듯이 '김치 유산균'도 본이 있어야 한다. 즉, 태어난 고향이 채소류이므로 먹을 당분과 아미노산의 하나인 시스테인이란 찬거리가 없는 우유에서는 도저히 살 수가 없다. 더군다나 시종 가을 날씨에 살던 김치에 있는 유산균이 열대에 사는 우유 유산균과 어울리는 것은 어려운 일이다. 따라서 '김치 유산균'의 본고향은 채소로 보아야 하고 그중에서 주로 마늘에 많이 살고 있어 그 본관을 마늘의 한자인 야산(野蒜)으로 정하고 싶으나 마늘을 추켜서 본을 정한다면 공동체를 구성하는 다른 채소들이 반기를 들 것 같아서 채소류를 본으로 하고, 이를 대변하는 '나물 채(菜)'를 성(姓)으로 정하면 불만이 없을 듯하다. 이름[名]은 '산을 만든다'라는 뜻 그대로 사용해도 될 것 같다. 그래서 '김치의 유산균'은 본이 채소류이고 성은 나물 채(菜), 이름은 산균(酸菌)이라고 하면 적당할 것이다. 아호가 '채산균(菜酸菌, veggy acid bacteria)'이 되는 셈이다. 작명을 끝내고 보니 좀 생소하고 어설프기는 하나 김치 유산균을 이해하는 데 도움이 될 것 같아서 작명해 보았다. 웃고 넘어가면 어떨까.

2004. 03. 09

바이쎌라 유산균

김치 유산균에는 류코노스톡속, 락토바실루스속 말고도, 요즘 김치에 자주 출현하는 바이쎌라속이 있다. 이 유산균은 일반인에겐 좀 생소하게 들릴지 모르지만 1990년 이전에는 락토바실루스속에 속했던 유산균이다. 락토바실루스속을 핵산의 일종인 16S rRNA 분자의 계통분석(phylogenetic analyses)을 하면, 전에 알고 있던 바와 달리 락토바실루스속 중에서 성질이 전혀 다른 군(群, cluster)이 발견되는데 이 군을 콜린스(M. D. Collins) 등이 따로 분리하여 바이쎌라속으로 명명(命名, nomenclature)하게 된 것이다.

이 바이쎌라속에 속할 수 있는 김치 유산균으로는 1993년경까지 락토바실루스 콘퓨수스(*Lactobacillus confusus*), 락토바실루스 비리데센스(*Lactobacillus viridescens*), 락토바실루스 마이너(*Lactobacillus minor*), 류코노스톡 파라메젠테로이데스(*Leuconostoc paramesenteroides*)라는 종명으로 분리된 적이 있으나, 이제는 바이쎌라 콘퓨사(*Weissella confusa*), 바이쎌라 비리데센스(*Weissella viridescens*), 바이쎌라 마이너(*Weissella minor*), 그리고 바이쎌라 파라메젠테로이데스로 개명이 되었다. 따라서 김치에 전혀 없었던 유산균은 아닌 셈이다. 그러나 이들 종은 최근에 김치에서 검출되지 않고 있으며, 대신 바이쎌라 코리엔시스, 바이쎌라 사이바리아, 바이쎌라 솔리(*Weissella soli*)가 분리되곤 하지만 김치의 유산균 군집을 대표하는 우점종은 아니다. 이러한 천이

| 표 7 | 현재까지 알려진 바이쎌라속

종명	구명(舊名, basonym)
*바이쎌라 사이바리아(*Weissella cibaria*)	바이쎌라 김치아이(*Weissella kimchii*)
*바이쎌라 콘퓨사(*Weissella confusa*)	락토바실루스 콘퓨슈스(*Lactobacillus confusus*)
바이쎌라 할로토러란스(*Weissella halotorerans*)	락토바실루스 할로토러란스(*Lactobacillus halotorerans*)
바이쎌라 칸드러리(*Weissella kandleri*)	락토바실루스 칸드러리(*Lactobacillus kandleri*)
바이쎌라 헬레니카(*Weissella hellenica*)	
* 바이쎌라 코리엔시스(*Weissella koreensis*)	바이쎌라 하니아이(*Weissella hanii*)
*바이쎌라 마이너(*Weissella minor*)	락토바실루스 마이너(*Lactobacillus minor*)
*바이쎌라 파라메젠테로이데스 (*Weissella paramesenteroides*)	류코노스톡 파라메젠로이데스 (*Leuconostoc paramesenteroides*)
*바이쎌라 솔리(*Weissella soli*)	
바이쎌라 타이란덴시(*Weissella thailandensis*)	
*바이쎌라 비리데센스(*Weissella viridescens*)	락토바실루스 비리데센스(*Lactobacillus viridescens*)

주: *표는 김치에서 분리된 유산균

142 김치, 위대한 유산

과정(遷移過程, successi-
on)은 아직 규명되지 않
고 있다. 바이쎌라속에는
11종이 알려져 있으며, 이
중에서 7종이 김치에서
분리되고 있으니 김치는
바이쎌라속의 보고라 할
수 있다. 현재까지 알려진
11종은 〈표 7〉과 같다.

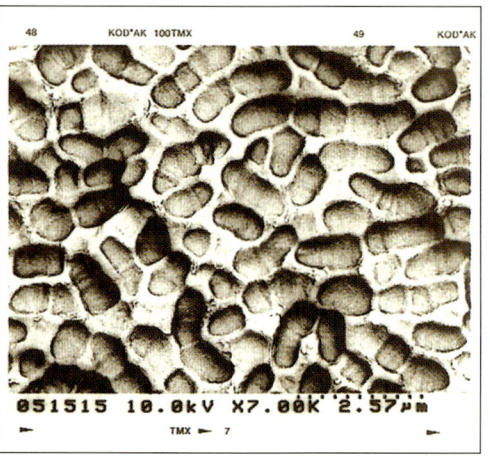

김치에 살고 있는 바이쎌라 사이바리아 유산균의 전자현미경 사진.

바이쎌라속의 형태는
불규칙한 간균 또는 구균
으로 미호기성 또는 혐기성균이며, 그람양성, 카탈라제 음성이고, 포자를
형성하지 않고, 운동성이 없다. 통성이형발효 유산균으로 L-/ DL-젖산,
아세트산, 에탄올, 이산화탄소를 생성한다. 5탄당 중에서 리보스(ribose)를
잘 이용한다. 바이쎌라 콘퓨사를 제외한 대부분의 종은 45℃에서 성장을 하
지 못하며, 몇 종은 2~4℃에서 성장할 수 있다. 일반적으로 덱스트란을 생
성한다. 서식지는 식물성 식품과 육류 제품이며, 유아와 성인, 그리고 동물
의 분변(feces)에서도 분리된다. 보고에 의하면 바이쎌라 콘퓨사는 식품을
통하여 감염되어, 임상 시료(clinical samples)에서도 분리되므로 기회적 병
원균(opportunistic pathogen)으로 추정하고 있고, 위염 환자에서 분리된 헬
리코박터피로리(*Helicobacter pyroli*) 균을 사멸시키는 것으로 알려져 있다.

2004. 06. 05

김치 유산균 143

지표 유산균

현재까지의 김치 맛에 관한 연구는 대부분이 관능검사에 의존하고 있으며 그 내용도 몇 개 제품에 국한되어 있다. 그러나 이 방법으로 연구할 경우 자칫 잘못하면 연구자의 독선에 빠지기 십상일뿐더러 많은 사람이 수긍할 수 있는 '맛있는 김치'를 만들기에는 역부족이다. 그러니 현 시점에선 우리가 원하는 '맛있는 김치'를 만들기 위한 이렇다 할 제법이 제시되지 못하고 있는 실정이다.

'맛있는 김치'의 제법은 과학적으로 설명이 가능해야만 설득력이 있다고 본다. 그러려면 맛을 구성하는 화학적 성분과 이 성분이 어디서 왔는지 분석을 통하여 파악해야 할 것이다. 이러한 맛의 성분은 김치 재료에서도 유래되지만 유산균의 발효에 의해서도 김치에 없었던 새로운 성분이 생성되고 있으므로 이를 종합적으로 분석하고 평가하여 '맛있는 김치'는 어떠어떠한 성분이 있어야만 된다는 기준이 제시되어야 한다. 김치는 '발효 맛'이라고 하는 입장에서 보면 맛에 있어서 발효가 그만큼 중요하다는 말이 된다. 잘 알다시피 김치 발효는 유산균에 의하여 이루어지고 있다. 그래서 김치 유산균의 발효와 맛의 관계를 무시할 수 없다.

물론 다른 이론도 없지 않겠지만 우선 유산균 발효를 기준으로 맛을 알아볼 필요가 있다. 아직도 가정(假定)에 불과하지만 맛이 좋거나 나쁘다고 말할 때 나타나는 유산균 종류를 알아보고 이때 출현하는 유산균의 생리학적 성질에 따라 김치의 맛을 예측해 보는 방법이다. 이런 유산균을 지표미생물(indicator organisms)이라 부르고 있다. 유산균의 생리학적 성질 또는 발효는 김치의 영양환경에 따라 상당히 변화될 수 있으므로 사용하는 양념의 종류와 양 등 재료의 혼합비가 표준화되어야만 김치 맛도 이와 더불어 표준화될 수 있음을 잊어서는 안 될 것이다. '맛있는 김치' 제법을 유산균 발효에 근간을 두는 이유는 어디까지나 과학적으로 맛에 접근하고자 하는 첫 시도에 불과하지만 경험에 비추어 보면 그 가능성을 간과할 수 없다고 본다. 여기에 유산균과 맛의 관계를 몇 가지 제시해 보겠다.

첫째, 맛과 유산균의 관계에 있어서 유산균에 의한 김치의 숙성 정도(발효)가 가장 중요하다고 할 수 있다. 그 이유는 일반적으로 '맛있다'는 김치는 공통적으로 "적당히 익거나 숙성된 김치"라고 말하고 있기 때문이다. 숙성이 전혀 안 된 겉절이 김치와 비교하면 맛의 차이를 금방 알 수 있을 것이다. 요즘은 겉절이도 '김치'라고 부르고 있고, 겉절이가 오히려 '맛있다'고 할 정도로 사람들의 입맛이 바뀌기는 했지만 어디까지나 김치는 익어야 제맛이 나게 되어 있다. 우리 국민도 선천적으로 이 '발효 맛'에 인이 박혀 있다고 해도 과언이 아닐 정도이므로 이 주장에 동조하리라 믿는다. 겉절이가 '맛있다'고 하게 된 동기는 생활 주변에서 '익은 김치'를 먹을 수 있는 기회가 거의 없었기 때문이라고 볼 수 있다. 또한 신맛을 싫어하는 입맛으로 바뀐 것을 탓할 수는 없지만 이러다간 우리 김치의 특성이 사라질까봐 걱정된다.

둘째, 김치를 담그는 온도가 맛을 좌우한다. 철 따라 배추 품종과 양념 종류가 다르고 다양한 데다 담그는 법도 천태만상이므로 김치 맛이 제각기 다를 수 있는 것도 사실이다. 그래서 흔히들 김치 맛을 '어머니 손끝 맛' 혹은 '양념 맛'이라 하여 관념적으로 손끝과 양념을 맛과 연계시키고 있으나 유산균의 '발효 맛'을 염두에 둔 사람은 많지 않다. '익은 맛'이란 유산균의 온도에 대한 반응이다. 따라서 온도가 맛을 결정하는 필수요인이 된다는 말이 된다. 김치의 온도관리에 대한 우리의 실상이 어떤지 둘러볼 필요가 있다. 김치의 최대 숙성온도는 25℃ 정도이고, 최저온도는 0℃이며 최적온도는 15℃ 부근으로 보는 것이 정설이다. 그런데 다소 차이가 있을지라도 여름

한철 대낮에 아파트의 그늘진 다용도실의 온도가 25℃, 여름철 밤의 실내온도나 가을철 온도, 백화점의 쇼케이스가 15℃, 겨울철 다용도실과 냉장고 실내가 4~8℃에 해당된다. 드물게 김치냉장고가 0℃에서 -2℃, 김치공장의 저장실이 -3℃ 정도이다. 이렇게 온도가 들쭉날쭉한 장소에 김치를 방치해 두고 있으니 가지각색의 김치 맛이 생겨날 것은 자명한 일이고, 소비자들은 하루 동안에 이런 맛을 두루두루 거치게 되어 있으니 자연히 김치의 제맛을 알 리가 만무하다.

셋째, 온도에 따라 출현하는 유산균이 다르고 출현한 유산균에 따라 김치 맛이 바뀐다. 온도가 변할 때마다 다른 유산균이 증식하기 때문에 이에 따라 본의 아니게 맛있는 김치를 먹기란 하늘의 별따기보다 어려운 것이 우리의 현실이 되었다. 불행한 일이지만 이를 피해갈 수 있는 묘책 또한 없는 것도 문제이다. 온도에 따라 출현 유산균을 알아보면 0℃에서는 락토바실루스 사케이 아종 사케이, 바이쎌라 코리엔시스, 4~8℃에서는 류코노스톡 가시코미타툼(*Leuconostoc gasicomitatum*), 류코노스톡 겔리둠, 15℃에서는 류코노스톡 시트륨, 바이쎌라 사이바리아, 류코노스톡 메젠테로이데스(*Leuconostoc mesenteroides*), 25℃에서는 락토바실루스 플란타룸, 락토바실루스 브레비스(*Lactobacillus brevis*)가 대부분을 차지한다. 흥미 있는 일은 15℃에서 위에 언급한 유산균들이 비교적 골고루 분포하는 특징이 관찰되고, 이 온도에서 숙성시킨 후 저온에서 보관할 경우 김치 맛이 좋아진다고 평가하므로 아마도 이 온도가 맛의 분기점이 되지 않을까 싶다. 따라서 각 온도마다 다르게 출현하는 유산균의 발효 정도에 의하여 맛을 예측할 수 있는 가능성이 충분히 있다고 볼 수 있고, 이를 활용하면 맛을 비롯한 김치의 전반적인 품질관리도 가능할 수 있을 것으로 본다. 연구는 더 계속해 봐야겠지만 희망적이다.

그런데 지표 유산균을 정하는 일은 전문지식이 필요하고 시간이 많이 소요되는 단점이 있다. 하루속히 일반인도 쉽게 사용할 수 있는 방법이 보급되기를 기대해 본다. 우선 김치공장에서 맛을 좋게 하는 유산균을 사용하여 만든 김치를 다량으로 공급해 주는 노력이 절실하다. 이는 중국산 김치와 차별화하는 효과도 있을 것으로 본다.

2004. 08. 04

유산균의 일생

김치가 "삭고, 익고, 숙성되고 또는 발효된다"라는 말은 모두가 같은 뜻이다. 김치를 이러한 상태로 만들어주는 주인공은 유산균이며, 우리에게 얼마나 유익한 존재인지도 잘 알려져 있다. 그러나 유산균이 우리와 같은 생물이고, 사람과 같이 자기의 일생을 갖고 있다는 사실을 간과하는 경우가 많은 것 같다. 우선 김치를 만드는 유산균의 일생을 보면 ① 새로운 환경에 적응하기 위하여 이에 필요한 물질을 만들어내는 유도기, ② 세포가 두 배씩 증가하는 지수기(exponential phase), ③ 영양이 고갈되고 환경이 산성화되어 세포수의 증감이 없이 당분간 일정하게 유지되는 정체기, 마지막으로 ④ 세포가 죽어가는 사멸기로 대별할 수 있다. 이를 성장곡선이라고 하며, 모든 생물의 세포에 공통적인 원리로 인정되고 있다. 특히 김치 유산균의 수명(life span)은 온도가 낮을수록 길어지고, 높을수록 짧아진다.

유산균 내지 미생물은 동식물과는 달리 주로 단세포로 되어 있다. 그리고 암수가 구별되어 있지 않으므로 생식을 할 때 세포 자체가 분열하여 자손을 번식시킨다. 이를 세포분열 또는 성장(成長, growth)이라고 부른다. 그 성장 방법을 보면 하나의 유산균 세포, 즉 한 마리가 영양소가 충분히 있는 조건 하에서 일정한 시간이 지나면 똑같은 유산균 두 마리가 생기고, 다시 이 두 마리는 네 마리가 되는 방식으로 세포분열(n)을 계속하여 2^n으로 그 수가 증가한다. 이를 지수기라고 한다. 이 과정을 거쳐 같은 종의 자손들이 모여 하나의 집단(集團, population)을 이룬다.

그러나 이 지수기가 끝나 영양분이 고갈되고 김치가 시어지면 이러한 환경에 생리적으로 적응하지 못하는 유산균들은 집단 내에서 서서히 죽게 된다. 이를 사멸기라 한다. 자손들은 비록 유전적으로 같으나 생리적으로 크게 다르므로 죽을 때 한꺼번에 다같이 죽지 않고 집단 중에서 일부 자손들만이 죽어가는 것이 특징이다. 사람도 생로병사(生老病死)라 하여 사고(四苦)가 있다고 하지 않는가. 아마도 이러한 현상은 모든 생물들이 갖고 있는 공통적인 일생이자 생활사(life cycle)일 것이다. 이렇게 유산균이 살고 죽는 생(生, to live)과 사(死, to die)의 두 과정은 신기하게도 일정한 규칙성이 있다. 즉, 생사를 지수함수로 나타낼 수 있다는 것이다.

지수기에서 $X = X_0 2^n$으로 증식하고, 사멸기에서 $X = -X_0 2^n$으로 죽는다. 여기서 X_0는 초기의 유산균 수, X는 최종 유산균 수, n은 세포분열 횟수이다. 세포분열(n)에 필요한 시간(t)을 세대시간(g)이라 하며 g=t/n로 나타낸다. 그러므로 성장의 식은 아래와 같이 된다.

$X = X_0 2^{t/g}$

이 식을 자연대수(ln)를 취하면(상용대수로 취해도 된다) 시간(t)에 대한 1차식이 되며, 직선함수를 얻을 수 있다.

$\ln X = (\ln 2/g)\ t + \ln X_0\ (y=ax+b)$

$\ln X = (0.693/g)\ t + \ln X_0$,

$\ln X = t + \ln X_0$

$\ln X_0$는 X축의 절편이 되고, 0.693/g은 직선의 기울기(slope)로 유산균 종에 따라 일정한 값을 가지므로 비성장률(μ, '뮤'라 발음한다)이라고 한다. 세균이 죽어가는 사멸기에서는 사멸률(decay-rate) k로 표시하고, 음의 함수를 적용하면 된다. 이 비성장률의 값을 가지고, 김치의 품질을 관리하는 데 매우 중요한 숙성에 필요한 시간과 유산균 수에 의한 저장기간을 예측하는 데 응용할 수 있다. 위의 식은 단일 종으로 이루어진 집단에만 적용되는 것으로 알려져 있다. 그러나 집단으로 구성된 군집에도 응용할 수 있다는 연구도 보고된 바가 있다. 그 예로 김치를 들 수 있다. 잘 알다시피 김치에는 20여 종의 유산균 집단이 생활하고 있으며, 이를 대별하면 3가지 종류의 군집으로 구분할 수 있다. 군집의 성장 또는 발달이 위 식에 적용될 수 있는 이유는 김치 유산균 모두가 물질대사가 같은 통성이형발효를 하기 때문인 것으로 해석된다.

2004. 11. 24

김치의 유산균 수

김치에는 살아 있는 유산균이 얼마나 있을까? 꼭 알아두어야 할 상식이긴 하지만 명쾌하게 답을 줄 수 없다. 그 이유는 생각보다 김치가 복잡하기 때문이다. 김치를 들여다보면 건더기와 국물로 나누어지므로 살아 있는 유산균, 즉 생균수를 측정하려면 건더기와 국물을 각각 따로 취급하거나, 그렇지 않으면 건더기와 국물을 합쳐서 처리해야 할 것이다. 그런데 유산균 수를 발표할 때 시료처리를 명시하지 않은 경우가 많기 때문에 그 수가 모호하고, 이로 인하여 혼동을 일으키고 있다.

예를 들면 김치 100g을 먹으면 유산균을 얼마나 먹는가가 실제적인 문제가 된다. 이럴 때 국물은 거의 먹지 않는 것이 보통이다. 그러니 건더기만 먹게 되므로 건더기의 생균수를 측정해야 타당성이 있다고 볼 수 있다. 그런데 이것도 엄밀히 말하면 건더기에는 이미 국물이 묻어 있기 때문에 정확하다고 볼 수 없다. 더욱이 이 국물량에 따라 유산균 수가 변동될 수 있으므로 부정확하기는 마찬가지다. 한편 국물만 마신다고 치면 건더기에 있는 유산균을 먹지 못하므로 이것도 부정확하다.

현재 사용되고 있는 공인된 시료처리는 김치를 거즈(gauze)로 짜낸 국물이거나 착즙기로 압착하여 얻은 착즙에 있는 유산균 수를 측정하도록 규정하고 있다. 이 방법도 위에서 언급한 바와 같이 똑같은 문제점을 안고 있다. 그러니 어쩔 수 없이 건더기와 국물을 별도로 측정하여 각각 명시하거나 둘 중에 하나만을 명시할 수밖에 없을 것 같다. 생균수를 측정하는 방법은 번거롭고, 판정 시간이 MRS 배지를 사용한 표준평판배양법(SPC, standard plate count)으로 3~4일이 소요되므로 정말 번거로운 일에 속한다. 이런 이유 때문인지는 몰라도 국물의 생균수를 측정하는 일이 일반화되어 있다.

거즈로 짠 국물이나 국물자체의 생균수(VC)는 김치가 충분히 숙성되었을 때 국물 1cc당 $5 \times 10^8 \leq$ 생균 수 $\leq 1 \times 10^9$ 범위 내에 있다. 즉, 5억 마리 이상 10억 마리 이하가 된다. 우리나라 인구가 0.46억이니까 대략 10~20배나 많은 수가 김치에 살고 있는 셈이다. 대조적으로 건더기는 단위 무게당 유산균 수는 국물보다 적은 수일 것으로 추산된다. 유산균 수를 따지는 이유는 장을 약산성화하여 유해균을 억제하고 유산균의 증식을 촉진시켜 주는 소위 말하는 정장효과 때문이다. 유산균이 김치는 물론 장내에서 이러한 생리적 기능을 발휘하려면 1cc당 최소한도 10^7마리가 있어야 가능하다.

김치 유산균은 pH가 2~3인 강산성 환경조건인 위액에서 2~3시간 정도는 생존할 수 있으므로 장까지 도달할 수는 있다고 가정할 수 있으나 이에 대한 임상실험은 많은 경비가 요구되는 관계로 현재까지 알려져 있지 않다. 그럼에도 불구하고 김치 유산균이 장까지 무사히 도달할 수 있는 가장 큰 이유 중의 하나는 배추의 도관(물관부, xylem)에 유산균이 국물보다 더 많이 숨어들어가 있어 위산으로부터 안전하게 보호를 받을 수가 있기 때문이다.

2004. 11. 24

적도산 김치

지난 9월에 싱가포르와 인도네시아를 다녀온 적이 있다. 서울에서 비행기 편으로 6시간 정도 떨어진 남쪽에 위치한 나라들이다. 낮 기온이 32℃ 정도로 무더운 편이었다. 위치는 대략 경도 125°, 위도가 5°로 적도에 가까웠다. 이 경도에 위치한 곳이 베이징·서울·동경·대만·홍콩·싱가포르·인도네시아 등이며 거의 일직선상에 놓여 있고, 위도에 따라 온도가 남쪽으로 내려갈수록 높아지는 지역에 속한다. 여기서 당연히 생각나는 것이 바로 김치였다. 이곳 교민들이 담근 김치의 유산균은 어떨까라는 것이 매우 궁금하였다. 김치를 손쉽게 구할 수 있는 방법이란 우리 관광객이 몰려드는 한식당이 안성맞춤이었다. 교민들 외에는 김치를 담그지 않으며 김치 담그는 방법은 우리식이고 고춧가루와 젓갈은 우리 재료를 사용하나 나머지 재료는 현지에서 생산된 것이라고 했다. 이것도 여의치 않을 때에는 현지 생산 재료만으로 담근다고 한다. 결국 적도에서 재배하여 생산된 재료를 갖고 우리식으로 김치를 만든 셈이다.

현지 생산, 정확히 말하면 '적도산(赤道産) 김치'라 부르는 것이 알맞은 표현일지 모르겠다. 가져온 김치는 막김치 형태였다. 알다시피 김치 냄새 때문에 현지에서 불과 이틀밖에 안 되었지만 조심스레 서울까지 운반하는 데 꽤나 애를 먹었다. 어쨌든 김치 냄새만큼은 꼭 없애도록 해야겠다는 생각을 절실하게 한 것은 그때가 처음인 것 같다.

귀국하여 바로 연구실로 가져와 분석에 임하였다. 결과는 젖산과 초산의
비가 높은 값을 갖는 것이 특징이고, 싱가포르 김치에는 락토바실루스 사케
이 아종 사케이가 100%로 신맛이 강하였고, 인도네시아 김치는 66%였다.
2003년 9월과 2004년 2월 베이징에서 가져온 김치가 각각 70%와 100%였
다. 더군다나 요즘 서울 김치도 이 유산균이 60% 정도로 이전보다 많이 차
지하고 있다. 다시 말하면 락토바실루스 사케이 아종 사케이가 위도에 관계
없이 김치에 주종을 이루
는 유산균이란 뜻이 된다.
불과 수년 전까지만 해도
우리나라는 물론 외국에
도 김치의 유산균이라고
널리 알려진 유산균은 류
코노스톡 메젠테로이데스
와 락토바실루스 플란타
룸이었다. 어찌된 일일까?
그 원인을 현재로선 알 길

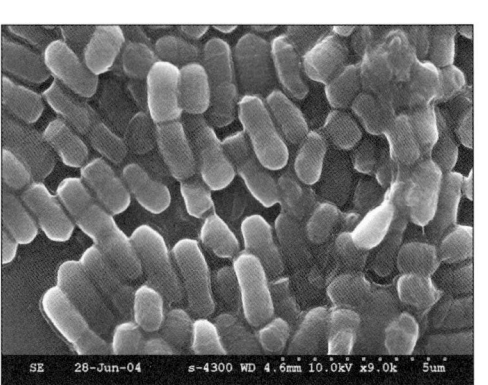

김치에 살고 있는 락토바실루스 사케이 유산균의 전자현미
경 사진.

이 없으나 앞으로 관심을 갖고 알아볼 일이다.

작년(2005년) 봄에 이 락토바실루스 사케이 아종 사케이 유산균이 사람에
게 유익한 신경신호전달물질인 가바를 생산한다는 연구결과가 발표되었고
또한 이 유산균이 국내특허를 획득했다고 하니 반가운 일이긴 하지만 이 유
산균은 여름 김치에 이미 존재하는 주종이므로 그 사용을 제한해서는 안 되
며, 김치 개발에 적극 활용할 수 있도록 개방해야 한다고 본다. 아마도 우리
김치에 이 유산균이 존재하고 있다는 사실을 모르고 특허를 내준 것이 아닌

가 싶다. 이미 여름 김치의 유산균이 락토바실루스 사케이 아종 사케이인 이상 이는 2004년부터는 김치가 '건강기능식품'이 될 수 있는 기회이기도 하다. 지금이 김장철이다. 올해 김치에는 과연 어떤 유산균이 나타날까?

2004. 11. 13

새로운 유산균, 류코노스톡 김치아이

김치 유산균이 조류독감을 퇴치한다는 기사가 2005년 신문에 보도된 바 있다.*

이 질병을 예방·치료할 수 있는 김치 유산균이 바로 류코노스톡 김치아이(*Leuconostoc kimchii*)이며, 게놈 분석까지 끝난 상태이다. 이것은 필자가 김치에서 찾아낸 우리 유산균의 이름이다. 정말 반가운 일이 아닐 수 없다. 우유에 있는 유산균은 광고나 매스컴을 통하여 익숙해져 있으나 이 김치 유산균은 세계인은 물론 우리 국민에게도 생소하게 들릴 것이다. 그러나 이제부터는 사정이 대역전될 것 같은 예감이 든다.

먼저 작명(생물학적으로 명명이라 한다)에 대하여 알아보자. 류코노스톡은 '성(속)'이고, 김치아이는 '이름(종)'에 해당한다. 김치아이의 '아이'는 성을 수식하는 어미이고 '김치의' 또는 '김치에 있는'이란 뜻이므로 우리말로 성명을 풀이하면 '김치에 있는 류코노스톡'이 된다. 이 '성'은 1878년 방 티겜 (van Tieghem)이 작명하여 주었으며, 설탕 10~15%에 과일을 저장하는 통조림에서 처음 분리되었다. 이 류코노스톡은 보통 세균이 성장할 수 없는 고농도의 설탕 용액에서 성장하여 끈적끈적한 점액질인 덱스트란이란 물질을 만들어낸다. 이 점액질이 과일 통조림을 망치기 때문에 부패균으로 알려

---

* "김치 유산균, 조류독감 퇴치한다", 《조선일보》, 2005.3.7.

김치 유산균 153

져 있었으나, 그 화학적 성질이 밝혀짐으로써 원유 채취, 혈장 보조제, 사진 감광제, 물질분리 및 정제, 식이섬유 등 그 산업적 응용분야가 방대하게 되었다.

이와 같은 성질을 가진 류코노스톡이 김치에 있다는 사실은 우리의 자랑거리이다. 여름철에 흔히 깍두기를 젓가락으로 집을 때 끈적끈적하게 따라 올라오는 모습을 볼 수 있는데 이것이 바로 덱스트란이다. 김치에 설탕을 넣으면 쉽게 이 현상을 관찰할 수 있다. 수천 년의 김치 역사를 가진 우리가 남에게 '성'을 빼앗겼다고 생각하니 류코노스톡이란 말만 들어도 원망스럽고 화가 치밀어오른다. 우리가 제일 먼저 발견할 수 있었을 텐데 생각하니 아쉽기만 하다. 어디 이렇게 아쉬운 일이 한두 가지인가. 남보다 앞서서 가려면 정말로 우리 생활이 과학화되어야 한다는

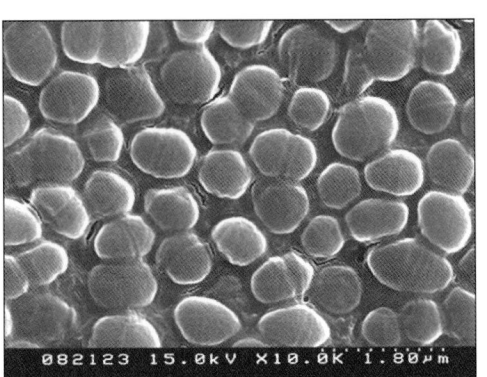

김치에 살고 있는 류코노스톡 김치아이 유산균의 전자현미경 사진. 필자가 최초로 발견한 유산균으로 씨앗 모양이고, 조류 인플루엔자(AI)를 퇴치하는 유산균으로 널리 알려져 있다.

것을 통감하지 않을 수 없다. '생활의 과학화'를 실감나게 해주는 사례라 할 수 있다.

류코노스톡이라는 성은 방 티겜이 붙여 준 '성'이라 치더라도 '이름'만은 자연계에서 최초로 분리한 사람이 작명을 할 수 있도록 세계적으로 약속되어 있다. 필자는 김치를 대대손손 세계에 알리기 위하여 '김치아이'라고 명명하였다. 한번 분류학 책에 이름이 오르면 족보처럼 사라지지 않기 때문이

다. 특히 이렇게 찾고 이름을 지어준 이 유산균을 필요에 의하여 사용하고자 할 때는 발견자의 허락을 받고 사용하게 되어 있어, 무단으로 사용하면 반칙이며 이 경우 곧바로 '레드카드'를 받게 된다. 프랑스의 그 유명한 파스퇴르 미생물 연구소에서 이 '김치아이'를 보내 달라고 수차례 요청했음에도 필자가 이를 보류하고 있는 이유도 우리의 김치에서 찾은 이 유산균을 함부로 줄 수 없다는 판단에서이다. 그 이유는 간단하다. 우리의 자원이요 재산이기 때문에 내가 발견했다고 해서 내 맘대로 줄 수 없다는 나의 자그마한 애국철학 때문이다.

류코노스톡에는 서로 다른 이름을 가진 유산균이 15종이나 된다. '김치아이'는 이 중 하나이고 또 하나가 더 있다. 김치에서 발견한 '류코노스톡 인하에(Leuconostoc inhae)'이다. 이 또한 인하대학교를 기리기 위하여 필자가 지은 이름이다. 127년 동안에 발견된 유산균이 고작 이 정도밖에 안 되나 하겠지만 그만큼 찾아내기 어렵고 귀하다. 얼마나 귀한 존재인가. 더 나아가 산업에 응용하거나 인류에게 유익하다면 더 말할 나위도 없는 일이다. 그런데 신기하게도 여태껏 알려진 이들 유산균이 김치에 거의 다 포함되어 있으니 얼마나 경이로운 일인가. 이 사실을 알고도 김치를 경시할 사람은 아무도 없을 것이다.

'류코노스톡 김치아이'가 조류독감 바이러스를 치사시킬 수 있다는 연구는 세계적인 경사라 할 수 있다. 현재까지 바이러스를 죽일 수 있는 세균의 발견은 거의 드문 일로 알려져 있다. 이 류코노스톡에 속하는 다른 종들도 조류독감 바이러스를 죽이지 못하라는 법칙은 없을 것이다. 족보로 따지면 같은 종씨요 김치란 같은 환경에서 태어난 같은 파에 속하기 때문에 그 성질을 닮았을 것이다. 한번 연구해 볼 만한 가치가 있다고 본다. 이번을 계기로 관심 있는 분들의 김치 연구가 더욱 활성화되어 미처 찾아내지 못한 새로운 기능성이 계속 밝혀져 인류에 공헌할 수 있는 김치가 되었으면 하는 마음이 누구보다 간절하다.

2005. 03. 10

9. 김치의 생리효과

physiological benefits

9. 김치의 생리효과 physiological benefits

김치와 슈퍼박테리아

2003년 12월 25일자 KBS 뉴스는 영국 BBC 방송에서 발표한 내용을 보도했다. 마늘 냄새의 주된 화학 성분인 알리신이 메시실린 내성인 슈퍼박테리아(superbacteria)의 감염치료에 효과적이라는 임상실험 결과였다. 알리신 크림과 알약을 2개월간 복용해서 효과를 보았다고 한다. 슈퍼박테리아는 수술환자, 노인, 신생아 등 면역력이 약한 사람에게 특히 위험하다. 영국 병원에서 매년 약 2,000명이 감염에 의해 사망하고 있다고 한다. 한 보고에 의하면 우리나라에서도 1996년에 8개 병원에서 분리한 700균주에서 슈퍼박테리아가 검출되지 않았으나 2002년도에는 100명 중에 2명꼴로 감염빈도가 증가했다고 한다. 다행히 마늘이 이런 감염균을 치료할 수 있다고 하니 기쁜 소식이 아닐 수 없다.

슈퍼박테리아는 항생제 내성 황색포도상구균이다. 영어로 항메티실린 스타필로코커스 오리우스(*methicillin-resistant Staphylococcus aureus*), 약자로 MRSA라 한다. 스타필로코커스는 그리스어로 '포도송이 같은 구형(grape-like coccus)'이란 뜻이며, 오리우스는 라틴어로 '금색의 또는 황색의(golden)'라는 뜻이다. 그래서 우리말로는 '황색포도상구균'이라고 부른다. 이 세균이 메시실린 항생제에 내성을 갖고 있다고 해서 MRSA라 부르고, 금세기의 세균치료에 마지막 항생제라고 부를 정도인 밴코마이신(vancomycin)에

158 김치, 위대한 유산

도 내성을 갖고 있으므로 VRSA라고도 부른다. 보통 피부에 부착되어 있거나 장내에도 있으며 공기나 음식을 통하여 쉽게 감염될 수 있다. 흙에서 일을 하다 손등에 상처가 나면 흔히 노랗게 곪는데 그 원인균이 황색포도상구균이요 슈퍼박테리아이다.

우리 선조들은 마늘의 톡 쏘는 고약한 냄새(알리신 성분)로 김치의 잡균을 죽일 수 있다고 믿었던지 김치에 항상 사용해 왔다. 김치에 마늘이 첨가되는 양은 불과 1~2%밖에 안 되지만 통계에 의하면 매일 평균 90그램씩 김치를 섭취하고 있고, 그것도 평생 먹고 있으니 대단히 놀라운 일로 그 약리효과를 무시할 수 없을 것이다. 오랫동안 물리지 않고 먹는다는 것은 건강식품이라는 의미가 있다. 슈퍼박테리아나 바이러스에 의한 사스(SARS, severe acute respiratory syndrome)의 감염빈도가 비교적 낮은 이유도 김치에 들어 있는 마늘 효과가 아닌가 싶다.

최근의 연구에 의하면 이 알리신은 물질대사에 관여하는 활성효소의 치올(thiol)기와 반응하여 효소를 불활성화시키기 때문에 미생물의 성장을 억제시킬 수 있으나 과다 투여하면 치올기를 갖고 있는 효소 내지는 단백질이 대부분 파괴되므로 치사하게 된다. 사람의 세포도 이와 유사하기 때문에 마늘이 좋다고 해서 일시에 많이 먹는 일은 피해야 할 것이다. 알리신은 체내에서 분해되지 않고 그대로 남아 있기 때문에 비록 적은 양일지라도 김치를 매일 먹으면 알리신이 어느 정도 축적되어 약리효과를 가질 가능성이 매우 높다. 김치를 먹는 습관은 건강을 지키기 위한 하나의 인생전략이다.

2003. 12. 25

김치를 알면 먹는다

삼척동자도 한마디씩 할 정도로 김치를 모르는 사람이 없다. 그런데 먹는 사람은 줄어들고 있다. 미국의 빌 클린턴(Bill Clinton) 전 대통령이 김치를 영어로 쓸 수 있느냐는 미국 기자들의 질문에 'kimchi'라고 정확히 말해서 박수를 받은 적이 있다. 세계인들이 모두 안다면 거짓말이겠지만 상당수 사람들이 알고 있는 편이다. 하와이 이민 시절부터 시작해서 수교를 맺은 국가가 199개국이 되고 거기서 교포들이 펼친 홍보활동이 큰 힘이 된 것이 아닌가 생각한다.

그런데 막상 국내에서만 김치가 인기를 잃어 가고 있다. 알다가도 모를 노릇이다. 한 사람의 1일 김치 섭취량이 200g(한 줌)에서 90g으로 뚝 떨어졌으니 말이다. 무언가 잘못되어도 크게 잘못되었으나 이유를 정확히 알 길이 없다. 김치 예찬론자의 반대 입장에서 김치의 가치를 깎아내리고 또 내려도 김치가 세계적 가치를 지녔다는 사실은 부인할 수 없다. 어떻게 하면 잘 먹게 할 수 있을까.

김치를 먹어서 어디 탈난 사람이 있단 말인가.

절대 없다. 수천 년의 세월을 거치는 동안 김치를 먹고 배탈이 났거나 심각한 질병을 앓았다는 소문은 단 한번이라도 들어본 적도 없지 않은가. 김치를 가지고 과학화가 됐니 안 됐니 하지만 이것이 문제가 아니고, 더 확실한 사실(facts)은 수천 년 동안 먹어오면서 임상실험이 이미 끝났다는 점이다. 이만큼 안전한 식품이 세계 어디에 또 있겠는가. 쥐를 대상으로 불과 몇 개월 동안 실험해서 효능이 있다며 '과학적'이라고 인정하는 것과는 그 신빙성이 하늘과 땅 차이다.

김치의 냄새 때문에 먹을 수 없다는 것인가.

너무나 사치스러운 사람들의 웅변이다. 이 냄새는 주로 마늘에 들어 있는 알리신이란 함유황화합물이다. 이 물질이 김치 위생을 지켜주고 저장성을 높여준다. 냄새가 안 나는 마늘과 김치는 한물간 것이라고 보면 정확하다. 해외를 여행하다 보면 우리에겐 아주 역겨운 별의별 냄새가 나는 음식을 맛보게 되는데 그에 비하면 김치 냄새는 양반이다. 서양 사람이 김치 냄새를 싫어한다 해서 우리 김치가 나쁘다고 생각하는 것은 잘못이다. 일본 사람들은 오히려 자기네들이 만든 분말 김치스프에 독특한 김치 냄새가 나지 않아 어떻게 하면 이 냄새를 재현할 수 있을까 부심하고 있는 형편이다.

김치에는 기능성이 없다는 말인가.

천만의 말씀이다. 그러나 어떤 획기적인 기능이 없기 때문에 매출이 늘지 않는다고 한다. 이것이 업자들이 자주하는 주장이고 불평이다. 이해가 가는 말이다. 요즘 건강기능식품이 인기를 끌고 있고 2003년도에 1조 5,000억 원의 매출을 올렸으니 김치업자로서는 화가 날 수밖에 없다. 김치가 일반식품이기 때문이다. 몰라서 그렇지 김치는 이미 기능성을 갖고 태어났다. 건강기능식품이라고 선전하는 성분을 김치가 거의 다 포함하고 있다는 것을 알면 신바람이 나지 않을까. 이것이 김치에 숨어 있는 마력(魔力)이다.

기능성 1. 저칼로리이다 – 권장량의 1%이다.

기능성 2. 젖산이 위·장관을 건강하게 한다.

기능성 3. 배추는 변비를 해소시킨다.

기능성 4. 혈액의 콜레스테롤을 저하시키고 혈전증과 동맥경화증을 예방한다.

기능성 5. 고춧가루는 지방을 분해하여 비만증을 예방한다.

기능성 6. 철분 흡수를 도와 빈혈증을 예방한다.

기능성 7. 배추는 암 발생을 예방한다 – 대장암

기능성 8. 비타민 A, 비타민 C, 미네랄을 공급한다.

기능성 9. 유산균이 식이섬유를 공급한다.

기능성 10. 식중독균의 성장을 억제한다.

기타 등등

위의 기능성은 김치를 매일 먹었을 때 적용된다. 이 말은 엉뚱한 광고가 아니다. 따질 것 없이 늘 먹기만 하면 된다. 그렇지만 김치는 치료용 약이 아님을 명심해야 한다. 김치는 법률상 일반식품으로 규정하였으나 그 태생이 다이어트 식품(diet food)이자 기능성 식품이다. 천연 건강식품(natural health food)으로써 식품 중의 식품이다. 그래서 '미래의 식품'으로 권장하는 학자들이 늘고 있다. 반가운 일이다.

2004. 02. 06

김치가 암을 유발한다니 웬 말인가

니트로자민(nitrosamine)이라는 화합물은 암을 유발하는 물질로 알려져 있다. 이 화합물은 질산염이 환원되어 생성된 아질산염과 2급 아민과 반응하여 니트로자민으로 전환된다. 발암의 원인물질인 이 질산염은 채소류에 모두 있으며 종류와 부위에 따라 그 함량이 다르다. 김치에 사용하는 재료에도 〈표 8〉에서 보는 바와 같이 질산염이 배추에 1,747mg/kg, 무에 1,878mg/kg으로 다량 함유되어 있는 반면에 마늘·생강·양파·고춧가루·파·젓갈류 각각에는 비교적 35mg/kg 이하로 적게 함유되어 있다. 그러므로 김치 재료 중에서는 배추가 문제시된다. 질산염이 많으면 그만큼 니트로자민이 생성될 수 있는 위험이 따르게 마련이므로 이를 두고 외국 식품학자들은 김치에 발암물질이 생성될 수 있다고 우려하고 있다.

| 표 8 | 채소류의 질산염, 아질산염, 아민의 함량

재료	성분(mg/kg)		
	질산염(NO_3^-)	아질산염(NO_2^-)	아민(amine)
배추	1,747	0.5	7
양념류	35	0.4	34
젓갈류	35	nil	41
무	1,878	0.6	–
시금치	4,259	0.6	–
쑥갓	5,150	0.6	–

주: 위의 값은 최대 량을 나타낸다.

그러나 국내 학자들의 연구보고에 의하면, 김치가 저온에서 발효할 때 질산염이 60~80% 감소되었으나, 이에 따라 환원되는 아질산염은 비례하여 생성되지 않았고 아예 검출조차 되지 않았다고 보고했다. 그 이유는 아래 반응식에서와 같이 설명할 수 있다. 김치 발효라는 조건하에서 ① 배추를 비롯한 채소류에 존재하는 질산염 환원효소(nitrate reductase, NR)에 의하여 질산염으로부터 아질산염으로 환원되고, ② 이 아질산염이 동화(assimilation)되어 암모늄염으로 전환되고, ③ 이어서 글루타민산이 합성되므로 아질산염이 검출되지 않았다고 볼 수 있다. 이 질산염 환원효소가 활성화되기 위해서는 리소좀(lysosome)이 파괴되어 그 안에 있는 환원효소가 세포질로 나와야 하는데, 이 에너지원은 김치의 소금 농도에 따른 삼투압이라고 볼 수 있다. 이것이 바로 김치를 소금에 절이고 장기간 발효시키는 이유 중 하나일 것이다.

1) $NO_3^- + NADH_2 \rightarrow NO_2^- + NAD^+ + H_2O$(nitrate reductase, NR)

2) $NO_2^- + 8H^+ \rightarrow NH_4^+ + 2H_2O$(nitrite reductase)

국가마다 질산염의 함량을 규제하고 있다. 호주는 배추에 2,500mg/kg,

김치의 생리효과 163

그리고 영국, 중국, EU 등은 채소류의 최대량을 3,100mg/kg/day로 규정하고 있으며, 채소 재배업자들은 질산염을 감소시킬 수 있는 영농법을 개발하고 있다고 한다. 여기에 비하면 김치에 사용하는 배추는 훨씬 적은 양이 함유되어 있을 뿐만 아니라 발효가 진행되는 중에 감소되어 500mg/kg 이하가 되며, 숙성이 진행되면 100mg/kg이 된다고 한다. 김치만이 가지고 있는 특혜라 할 수 있다. 삭힌 김치를 즐겨 드신 선조들의 지혜에 감탄하지 않을 수 없다.

샐러드용 채소류의 아질산염의 허용범위가 5~200mg/kg 정도이나, 배추·양념·젓갈들은 각각 0.6mg/kg 이하이고, 아민류도 41mg/kg 이하로 비교가 되지 않을 정도로 그 양이 적다. 아질산염으로부터 생성되는 니트로자민도 최대 0.04~6.9μg/kg이지만 검출되지 않는 경우도 많고 김치에서 검출된 양으로는 돌연변이나 암이 유발되지 않았다고 한다. 니트로자민에 메칠기($-(CH_3)_2$)가 결합할 때 휘발성인 디메칠니트로자민(dimethylni-trosamine, DMNA)이 생성되며 흡연 시 담배에서도 이와 같은 화합물이 생겨 폐암을 일으키는 것으로 알려져 있다.

$$NO_2^- + R=NH + H^+ \xrightarrow{\quad\text{비타민 C, E}\quad} R=N-N=O + H_2O$$
아질산염　　2급 아민　　　　　　　　　　　　　　　　니트로자민

이것뿐만이 아니다. 1970년경에 니트로자민의 형성을 억제하는 물질이 비타민 C라는 사실이 뜻밖의 실험을 통하여 알려지게 됨으로써 비타민 C를 육류에 550mg/kg을 첨가하여 그 생성을 억제하는 데 활용하고 있다. 그러나 비용 때문에 상업적으로 비타민 C의 이성체인 에리스로빈 산(erythrobic acid)을 대용하고 있으며, 또 다른 항산화제로 비타민 E(alpha-tocopherol)도

사용하고 있다. 그런데 배추에는 비타민 C가 600mg/kg, 고춧가루에는 비타민 E를 포함해서 광화합물(photo-chemicals) 등 항산화 물질 또는 환원물질이 풍부하게 함유되어 있다. 김치에서 니트로자민이 검출되지 않았다는 연구결과는 이러한 김치의 특성 때문이다. 그러므로 김치에서 '질산염 때문에 암이 유발될 가능성이 있다'고 본 외국 학자의 우려는 어디까지나 추정에 지나지 않으며 사실무근(事實無根)의 헛소문이다. 과연 김치는 천혜(天惠)의 식품이라 아니할 수 없다.

2004. 02. 18

김치가 잔류농약을 제거한다

야채 및 과일에서 주로 검출되는 유기인계 농약(有機燐系 農藥, organophosphorus pesticides)인 디클로보스(dichlorofos), 디아지논(diazinone), 메티다티온(methidathion)의 잔류농약이 물 세척, 세제 세척, 소금 절임, 소금 절임 후 양념절임 등의 방법으로 제거된다는 대전시 보건환경연구원 식품분석과의 분석 결과가 보도된 바 있다.*

그 결과를 보면, 소금에 절인 야채류에 마늘·파·고춧가루 등 양념을 첨가하고 5일간 숙성시켰더니, 유독 과일을 제외한 야채에서만 디아지논 성분이 100% 제거되었다고 한다. 그리고 소금에 절인 야채에 있어서도 농약성분의 제거 효과가 높았으며. 단지 물 세척만으로는 그 제거율이 24~78%에 불과했으며 과일류보다 야채류가 비교적 높았다고 한다. 어떻게 김치에서 디아지논 잔류농약이 100% 제거될 수 있을까?

실험에 사용한 방법은 ① 식염수 절임, ② 물 세척, ③ 소금 절임 후 양념

---

* 《한국경제신문》, 2003.6.3.

첨가, ④ 숙성 또는 발효로서 김치 제조의 각 공정과 거의 같다고 볼 수 있다. 환언하면 디아지논이 잔류농약일 경우 김치 발효 중에 완전히 제거될 수 있음이 제시되었다. 그러나 그 이유는 밝히지 않았다. 그렇다면 잔류농약이 제거될 수 있는 가능성은 무엇일까? 두 가지 이론으로 해석해 보면 다음과 같다.

첫째, 디아지논은 배추흰나비(2% 분제), 벼룩잎벌레(3% 입제)의 방제약제이며, 화학적 성질은 다른 농약과 달리 묽은 알칼리 용액에서 안정하나, 물이나 묽은 산에서 서서히 분해한다. 김치가 숙성되면 pH가 3.8~4.0으로 약산성이 되므로 산 분해(acid hydrolysis)가 일어날 수 있다는 해석이 가능하다. 둘째, 배추는 아릴하이드로카본(arylhydrocarbon, Ah)에 수산기(-OH)를 첨가할 수 있는 수산화효소(arylhydrocarbon hydroxylase, AHH)를 갖고 있다. 이 효소는 동물세포에도 있으며, 생체이물(生體異物, xenobiotic)을 동화시킬 수 있는 중요한 효소이다. 농약은 벤젠핵(C_6H_6)에 아릴기(알킬기)가 결합된 아릴하이드로카본(Ah)이며, 생물이 합성할 수 없을 뿐만 아니라 존재하지도 않는 유기합성물질로 생체이물의 하나이다. 난분해성 물질(recalcitrants)이라고도 부른다.

수산화효소는 잔류농약을 산화시켜 분해할 수 있는 첫 단계 화학반응을 유도하는 주요효소(key enzyme)이다. 그 예로 다음과 같이 탄화수소를 알콜기로 치환시켜 줄 수 있다.

$C_6H_6 \rightarrow C_6H_5OH$

또는

$R-CN(CH_2CH_3)_2 \rightarrow R-CN(CHOHCH_3)_2$

이 알콜 화합물(–OH)은 탈수소효소(dehydrogenase)와 NAD^+ 조효소에 의한 복잡한 대사과정을 통하여 알데히드기(–CHO), 카복실기(–COOH)를 포함하는 중간대사물질로 전환된 다음, TCA회로를 거쳐 CO_2로 산화될 수 있다고 해석할 수 있다.

요약하면 김치 발효에서 디아지논 잔류농약이 제거될 수 있는 원리는 ① 젖산 생성에 의한 김치의 산성화와 ② 배추에 AHH계가 있다는 사실에 근거를 둘 수 있다. 이 원리는 김치의 기능성을 규명하는 데 매우 중요하므로 집중적인 연구가 필요하다. 비록 이 원리가 김치에서 입증되지 않았지만, 잔류농약의 제거능력은 이미 기정사실로 되었다. 농약 중에서 유독 디아지논이 김치에서 제거된다는 결과만으로도 이는 김치 제조의 숙원 사업의 하나인 배추의 장기저장(long-term preservation)을 위한 목적에도 적용할 수 있다는 놀라운 발견이 아닐 수 없다. 이 비밀을 모르고 있었다니 아쉬움만 남는다. 김치는 정말 놀라운 식품이다.

2004. 05. 16

박테리오신의 무용설

박테리오신은 유산균의 대사물질 중 하나로서, 여러 종의 미생물이 생산하는 천연 항균성 단백질이며 항생제의 대체물질로 각광받고 있다. 그러나 아직 박테리오신을 이용한 의약품의 개발은 초기 단계에 있다고 한다.

박테리오신을 생산할 수 있는 유산균 시장 규모는 전 세계적으로 약 21조 원으로 추산되고 있다. 이는 발효유·유산균 이용 식품·건강보조식품·인체 의약품·동물 의약품 등에 사용되고 있다. 유산균을 생산하는 외국기업인 크리스챤·한센·로셀·로디아·모리시타 등이 대부분의 물량을 공급하고 있다. 이에 자극을 받아 국내에서는 일동제약·동국제약·한미약품·일양약품 및 쎌바이오텍에서 생산해 오고 있으나, 대부분은 쎌바이오텍이 생산하는 유산균을 이용하고 있다고 한다. 최근에 개발에 성공한 제품에는 '락토바이오신'과 '비데 물티슈'를 예로 들 수 있다. '락토바이오신'은 젖산, 박테리오신 등이 함유되어 있어 과잉 피지를 컨트롤하고 피부 트러블의 직접적인 원인인 피부 상재균들을 억제해 주는 화장품이고, '비데 물티슈'는 여성의 질염 및 비뇨기 질병을 예방할 수 있는 천연 항균물질이 들어간 여성전용 제품이다.

박테리오신은 분명히 도전할 만한 가치가 있고, 상업적 측면에서 희망적인 것만은 사실인 것 같다. 그러나 이들은 모두가 사람에게 유익한 제품이긴 하나 김치 유산균과는 거리가 먼 얘기들로 들릴 뿐이다. 그 이유는 김치 유산균을 이용한 제품이 아니기 때문이다. 그래서 그런지 최근 10여 년간 박테리오신을 생산하는 김치 유산균을 찾고자 많은 노력을 쏟고 있다. 그 결과 김치 유산균은 거의 대부분이 박테리오신을 생산하는 것으로 밝혀지고 있다. 이들 유산균에는 락토바실루스 커바투스, 락토바실루스 플란타룸, 락토바실루스 브레비스, 엔테로코커스 피시움(*Enterococcus faecium*), 류코노스톡 메젠테로이데스 아종 메젠테로이데스(*Leuconostoc mesenteroides* subsp. *mesenteroides*), 페디오코커스 애시디락티시(*Pediococcus acidilactici*), 바실루스 브레비스(*Bacillus brevis*), 락토고커스 락티스 아종 락티스(*Lactococcus lactis* subsp. *lactis*) 등이 알려졌고 앞으로 더 분리될 것으로 전망되고 있다. 여기에 보조를 맞추어 김치에 관한 몇 가지 문제점을 제시하려고 한다.

여기서 지적하고 싶은 것은 불행하게도 이 유산균들은 김치에 존재하기는 하나 김치 발효의 주된 역할을 하는 우점종도 아니고 보존기간 연장과는 무관하다는 것이다. 김치에 우점종은 류코노스톡 시트륨, 류코노스톡 가시코미타툼, 류코노스톡 겔리둠, 락토바실루스 사케이 아종 사케이, 바이쎌라 코리엔시스(hanii)로 아주 최근에 밝혀졌다. 그러므로 이미 분리된 이들 유산균은 김치에서의 증식이 불가능하고, 사용한들 박테리오신 자체를 생산할 수 없기 때문에 그 효능을 발휘할 수 없다는 것은 자명한 일이 아니겠는가. 예를 들면 락토고커스 락티스 아종 락티스는 김치가 발효를 시작하기 이전에 소수로 존재하다가 사라진다. 그렇다고 아무리 그 수를 증가시켜도 다시 말해 스타터로 사용해도 군락을 형성(colonization)하지 못한다. 스타터 대신에 이 유산균이 생성하는 박테리오신인 니신(nisin)을 김치에 첨가하면 류코노스톡 메젠테로이데스 아종 메젠테로이데스와 락토바실루스 플란타룸을 억제하여 발효를 지연시켜 보존기간을 연장하였다고 하는데 이것 또한 믿을 수 없는 얘기다. 니신은 1954년에 최초로 치즈와 빵 제품에 증식하는 부패균인 클로스트리디아(clostridia)를 억제할 수 있는 식품첨가제로 승인이 났다. 이 니신은 열처리를 하지 않은 산성식품은 물론 휴면하고 있는 세균 또는 유산균에는 효과가 없다는 것이 기정사실화되어 있다. 더욱이 김치에는 첨가한 박테리오신을 분해할 수 있는 아밀라아제, 단백질 분해효소, 펙틴 분해효소가 포함되어 있다. 김치가 바로 이러한 산성식품이라는 것을 잊어서는 안 되겠다.

또 하나 유념해야 할 점은 김치는 저온발효식품이다. 김치 유산균은 태생이 저온 환경, 즉 25℃부터 영하 2℃에 잘 적응된 세균들이다(cold cluster). 현재까지 김치에서 분리된 박테리오신 생성 유산균들은 김치 우점종들보다 높은 온도에 적응되어 있다. 아마도 분리 당시 온도가 37℃가 아니었나 싶다. 그렇기 때문에 이런 유산균들만 분리되었을 것이다. 그리고 박테리오신의 역가(力價, activity)도 이 온도에서 측정하면 김치환경과 아주 딴판이기 때문에 비현실적이다. 김치를 유산균을 포함하여 많은 미생물들이 상호작용으로 생활하는 작은 사회, 즉 생태계(ultramicro-ecosystem/microflora)로 볼 때, 박테리오신 생성 유산균들은 가을 날씨와 같이 서늘한 김치에서 맥을 못 추므로 무용지물(無用之物)이 될 수밖에 없을 것이다. 연구는 많이 되어 있으나 이렇다할 성공적인 상품이 출시되지 못하고 있는 것도 이러한 이유 때문이 아닐까 싶다. 더 나아가서 김치에 이미 박테리오신 생성 유산균이 존재한다고 증명된 이상 박테리오신과 이를 생성하는 유산균을 별도로 첨가할 필요가 없을 것이고, 오히려 이를 발현시킬 수 있는 환경조건을 탐색하는 일이 더욱 중요하다고 본다. 만에 하나 이들을 이용한다면 김치와 같은 환경에서 박테리오신의 효능을 점검해야 하고 박테리오신 생성도 우점하고 있는 유산균으로 시험해야 사리에 맞을 것이다.

2004. 07. 28

김치의 항암 효과

한 제자가 김치 유산균의 특허와 KBS TV 뉴스에 보도된 관련 자료를 필자가 관리하고 있는 홈페이지(www.kimchitech.com)의 〈김치정보〉란에 올려 주었다. 그 내용인즉 김치 유산균이 항암 효과가 있고, 유해 세균인 식중독균의 성장을 억제할 수 있다는 것이었다. 이와 때를 같이하여 내한한 세계적 요리학교 르 코르동 블루(Le Cordon Bleu)의 회장이 '프랑스 요리와의 퓨전으로 김치의 세계화'를 약속했다는 보도가 있어 우리 국민으로선 더욱 반가운 소식이 아닐 수 없다.

2004년은 '건강식품의 원년'이라고 한다. 2003년도의 김치 매출액을 1조 원으로 추산하고 있을 정도다. 이러한 매출액은 요즘 소비자들이 건강개선 또는 건강에 유익(health benefits)한 식품을 찾고 있다는 것을 반영한다. 건강식품을 기능식품이라고도 하며 기초영양 외에 건강개선을 위한 식품으로 정의하고 있다. 아직은 국제 사회에서 이 '기능성 식품'이라는 정의가 널리 인정받지 못하고 있으나 소비자들이 이를 찾는 욕구가 대단해서 언젠가는 합의를 도출할 것으로 보인다. 이미 일본과 한국은 법이 제정되어 실행되고 있다. 그러던 차에 이 기능식품 목록에 빠져 있던 김치도 이젠 한몫할 수 있는 기회가 온 듯하다.

우선 기능식품이란, 일설에 의하면 유익한 유산균(probiotics)이 있는 식품, 그리고 이들 유산균이 충분히 증식할 수 있고 동시에 사람에게 이로운 물질이 있는 식품, 마지막으로 양쪽을 모두 구비한(synbiotics) 식품으로 구분하고 있다. 프로바이오틱에는 유제품인 요구르트가 대표적이며, 세계적으로 인정받고 있음은 누구나 다 알고 있는 사실이다. 막상 김치에 다양한 유산균이 존재함에도 불구하고 그 효능이 입증되지 못하여 애를 태워 왔으나 김치도 유제품에 버금가는 제품으로 다시 태어나게 되었다. 진작 밝혔더라면 얼마나 좋았을까 생각해 본다.

항암효과와 식중독균의 억제효과가 김치에서 분리한 유산균들의 생리학적 작용에 의한다는 것이 몇 명의 교수와 연구자들에 의하여 입증되었다. 분자생물학적으로 입증된 이들 유산균은 바이쎌라 콘퓨사, 페디어코커스 펜토사세우스(*Pediococcus pentosaceus*), 그리고 락토바실루스 사케이 아종 사케이이다. 이들 김치 유산균은 공통적으로 위궤양(胃潰瘍, ulcer)과 위암(胃癌, stomach cancer)의 원인균인 헬리코박터피로리의 성장 억제, 여름철만 되면 발생하는 식중독균인 리스테리아 모노사이토제네스(*Listeria monocytogenes*)의 성장억제, 그리고 대장암 예방에도 효과가 있다. 김치는 암 예방은 물론 식품의 안전성까지 보장할 수 있게 되었으니 식품을 넘어 약 중의 명약(名藥)이다.

특히 요즘 여름 김치에는 락토바실루스 사케이 아종 사케이가 잘 증식하고 1cc당 10억 마리 정도가 들어 있으니 김치를 먹으면 육미(六味)도 즐기고, 필수영양소와 유익한 유산균도 많이 섭취하고, 암도 예방할 수 있으며, 더군다나 이들 유산균으로부터 인체에 무해한 새로운 항생제(抗生劑)를 생산할 수 있다니 일석오조(一石五鳥)의 이득을 얻을 수 있는 식품으로 승격하게 되었다. 바야흐로 김치는 세계적으로 프로바이오틱인 유제품을 제치고, 기능식품임은 물론 유제품보다 한 발 더 앞선 진바이오틱 식품으로 뜨게 되었다. 얼마나 기쁜 일인가. 앞으로 김치가 우리 옆에 더 가까이 있게 되길 바라며 세계 수출시장을 누비고 다니길 기대해 본다. 김치가 효자(孝子)란 말이 나올 만하다.

2004. 09. 11

가바(GABA)의 효능

최근에 김치에서 분리된 유산균이 중추신경계(central nerous system, CNS)의 억제적 신경전달물질(inhibitory neurotransmitter)인 가바를 합성할 수 있다는 사실이 알려지면서 김치에 대한 관심이 높아지고 있다. 현재 알려진 유산균은 락토바실루스 사케이 아종 사케이와 락토바실루스 힐가디아이(Lactobacillus hilgardii)이다. 그리고 가바란 아미노산의 유도체인 감마아미노부티르산(gamma-amino butyric acid)의 음절의 첫 자를 따서 만든 약자이다. 이를 감마아미노부티르산, 4-아미노부틸산, 감마아미노낙산(酪酸), 또는 피페리딘산이라고도 한다. 이 물질은 일반 곡류에 존재하는 아미노산의 일종으로 특히 포유류의 소뇌(cerebellum, 小腦)에 존재하는 것으로 알려져 있다. 분자량은 103.12로 물에 잘 녹는 성질을 갖고 있다. 1950년 미국의 생화학자 유진 로버츠(Eugene Roberts)가 발견한 물질이다.

몇 종의 아미노산 유도체는 신경계에 흥분 효과나 억제 효과를 갖고 있다. 그중에서 가바는 중추신경계와 망막(retina)에서 전접합 전달(presynaptic transmission)의 억제제이다. 가바는 신경전달 억제물질로서 최근 학계에서 널리 인정을 받고 있으며 건강에 미치는 영향을 활발히 연구하고 있는 중이다. 정상적으로는 뇌에서 우리가 필요한 가바를 내보내야 하나 부족한 식사, 환경 독소에 노출, 기타 인자 때문에 가바량이 고갈된다. 이 물질이 적어지면 불안, 흥분, 그리고 불면증(insomnia)이 생길 수 있고 가바가 결핍되면 우울증(depression)에 걸릴 수도 있다.

가바의 효능을 알아보면 첫째, 뇌기능을 향상시키고, 생리학적 노화를 감소시키는 능력이 있다. 임상적으로 입증된 이점을 열거하면 다음과 같다. 뇌기능은 물론 정신을 맑게 해주고, 신경전달물질의 기능을 증진시키고, 사람의 성장호르몬(human growth hormone, HGH)을 증가시키며, 심신의 긴장과 스트레스를 풀어주고, REM(rapid eye movement) 수면을 증진시키고 혈압을 안정시킨다. 이 외에 관절염(arthritis)과 근육통(lower back pain) 같은 만성 통증을 감소시킨다. 둘째, 근육이완을 도와주고, 긴장과 스트레스를 감소시켜 심신의 피로를 풀어준다. 그리고 셋째, 사람의 성장호르몬 생성을 증가시켜 거의 모든 생리적 기능을 개선시켜 준다. HGH 생성을 회복시켜 줌으로써 얻은 중요한 이점은 다음과 같다. 심장·신장·간·허파와 같은 기관의 재생, 면역계의 강화, 수면 개선, 신체 지방과 셀루라이트(cellulite, 노페물)의 감소, 주름 감소, 피부조직과 용모의 개선, 골밀도의 증가와 골다공증(osteoporosis)의 교정, 순수근육부피(lean muscle mass)의 증가, 웰빙(well-being, 참삶)의 기분과 감각의 증가, 성욕(libido)과 성생활(sexual performance)의 향상, 에너지의 증가, 콜레스테롤 프로파일 개선 등이 알려져 있다. 이러한 효능 때문에 건강보조식품(health supplements, health benefits)으로 각광을 받고 있다.

이외에도 뇌 속의 가바 함량이 감소되면 알콜성 뇌질환을 유발하고, 또한 간질환자 및 간경화증 환자의 경우 정상인보다 가바 함량이 낮은 것으로 보고되고 있다. 일반적으로 숙취 해소, 불안감 해소, 고혈압 강하, 인슐린 효과의 증대, 식욕 감퇴 및 우울증 등에 효과가 있고, 뇌세포 대사기능을 활발하게 함으로써 중풍 치매 예방, 정신집중력 강화, 기억력 증진, 불면 등에 효과를 인정받고 있다. 간 기능 활성화와 알코올 대사 촉진 기능이 있어 숙취제거 음료에 이용되기도 한다. 기타 비만해소 작용과 신장 기능 촉진 작용이 있다고 한다.

이와 같이 가바는 뇌의 기능과 생리적 기능을 상당히 향상시키는 물질임이 속속들이 밝혀지고 있다. 이러한 물질이 김치에 사는 유산균에서 합성되고 분비된다고 하니 경사스러운 일이 아닐 수 없다. 오랫동안 고대하던 김치의 기능성 유산균의 존재가 학술적으로 입증됨으로써 김치는 기능성 식품은 물론 건강식품의 시대를 맞이하고 있다. 더 많은 연구 결과가 나오길 기대해 본다.

2004. 12. 13

가바의 물질대사

가바는 중추신경계에 있는 중요한 억제성 신경전달물질이다. 글루탐산탈탄산효소(glutamic acid decarboxylase, GAD)의 활동에 의하여 형성된다. GAD는 뇌신경 말단은 물론 췌장의 β-세포에 있으며, 가바를 분비하는 신경세포(neurons)를 'GABAergic'이라고 한다.

1) 가바의 합성 GAD는 글루탐산으로부터 가바가 합성되도록 촉매작용을 하며, 가바의 합성은 Kreb 회로—TCA 회로 또는 구연산 회로(citric acid cycle)라 한다—와 연결되어 있다. GAD는 조인자로서 비타민 B_6(pyridoxal

174 김치, 위대한 유산

phosphate)를 필요로 하고, B_6는 가바의 양을 조절하는 데 사용된다. 가바는 혐기성 조건에서 많이 축적되고, 세포질이 산성(~pH 5.8)일 때 GAD의 활성을 촉진한다.

glutamate + H$^+$ → GABA + CO_2

이 반응은 양자(H^+)를 소비하여 세포질의 pH를 조절하는 적응반응이고, 약산성인 글루탐산이 GAD 효소에 의하여 가바로 전환된다. 이 가바는 가바 아민전이효소(GABAT, GABA transaminase)에 의하여 아민기(–NH_2)를 피루빈산에 전이시켜 알라닌 아미노산을 만들고 호박산세미알데히드를 생

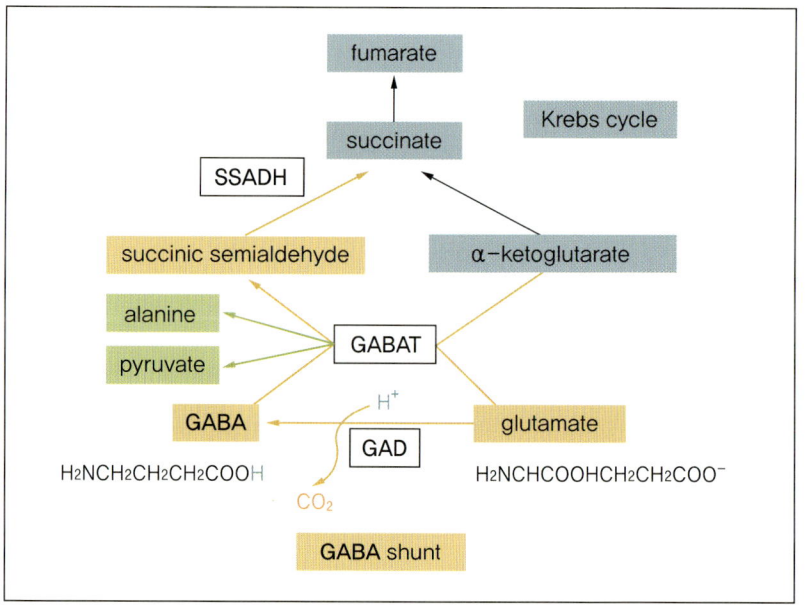

| 그림 1 |

GABA shunt of brain(orange) and plant(green)

GAD: glutamic acid decarboxylase

GABAT: gamma-aminobutyric acid trasaminase

SSADH: succinic semialdehyde dehydrogenase

성하며, 후자는 다시 호박산세미알데히드 탈수소효소(succinic semialdehyde dehydrogenase, SSADH)에 의하여 호박산으로 전환된다. SSDH는 미토콘드리아 내에 있고, 최적 pH가 염기성이므로 세포질이 산성일 때 가바가 축적되는 것은 GABAT 효소를 억제하기 때문이다. 이와 같이 GAD, GABAT, SSADH 등 세 효소에 의하여 글루탐산이 호박산으로 전환되는 대사경로를 'GABA shunt(가바 분로, 分路)'라 부르고, 글루탐산이 알파 케토산(α-keto acid)을 거치지 않고 TCA(Krebs) 회로에 들어가는 또 다른 대체경로가 된다(〈그림 1〉). 가바는 뇌세포에서 호박산으로 전환된 다음에 Kreb 회로를 거쳐 산화되어 없어지고, 가바의 일부는 가바 분로를 거쳐 글루탐산으로 전환된 다음에 GAD에 의하여 가바를 보충할 수 있다. 경쟁적 GAD 억제제인 알리글리신(allylglycine)은 가바의 형성을 억제하여 가바 활성이 없어지기 때문에 경련 또는 경기를 일으킨다.

2) 가바 수용체 가바는 이를 받아들이는 3개의 다른 수용체, 즉 GABA-A, GABA-B, GABA-C와 결합함으로써 그 효과를 발휘할 수 있다. GABA-A와 GABA-C 수용체는 리건드쪽(ligand-gated)의 이온통로이며, GABA-A 수용체는 염소이온(Cl^-) 통로를 만든다. 가바가 GABA-A 수용체와 결합하면 전접합 신경세포(presynaptic neurons)의 염소이온의 전도성(conductance)을 증가시킨다. 이와 같은 반응으로 벤조다이아제핀(benzodiazepine) 족의 불안완화제(anxiolytic drugs)는 진정효과(soothing effects)를 발휘한다. GABA-B 수용체는 세포 내 G-단백질(G-protein)에 결합되어 관련된 칼륨이온(K^+) 통로의 전도성을 증가시키도록 작용한다.

2004. 12. 14

술과 김치의 궁합

술자리에서 사람들과 어울리다 보면 술에 취해 자신도 모르는 사이에 술이 술을 마시게 되는 경우가 적지 않다. 이런 지경이 되면 여지없이 다음 날 숙취해소용 드링크제를 찾게 된다. 물론 의지를 갖고 술을 피하면 될 일이라고 하겠지만 술꾼에겐 어려운 일이다. 이런 사람을 위해서 술자리에서 꼭 준수해야 할 비법을 소개할까 한다. 결론부터 말하면 술안주로 신김치를 빠뜨리지 말라는 얘기다.

양주·포도주·소주·막걸리·민속주 등 어느 술이든 주성분이 에탄올 아니면 주정이다. 일반적으로 알코올이라고 부른다. 이 에탄올은 대뇌의 제어기능을 억제하여 흥분시키고, 중추신경을 마비시키며, 심하면 중독에 걸리기 쉬운 물질로 오래 전부터 알려져 있다. 술에 취하여 말수가 늘어나고 비틀거리는 모습은 에탄올의 성질 때문에 생기는 현상이다. 이런 행동을 사전에 막을 수 있는 민간요법이 김치를 안주로 먹는 방법이다. 신김치는 알코올을 중화시켜 해독시킨다.

신김치에는 산이나 또는 카복실산(carboxylic acid)이 풍부하기 때문에 알코올과 신김치가 입속에서 반응하면 에스테르(ester)로 전환되어 알코올 성분이 없어지게 된다. 그러니 술을 마시되 술이

김치의 젖산과 초산 같은 유기산은 술과 반응하여 술이 덜 취하게 하므로, 김치는 전통술·양주·포도주에 술안주로 안성맞춤이다.

김치의 생리효과 177

아닌 에스테르를 마시는 셈이 되어 자연히 덜 취하게 된다. 아래와 같이 반응식을 써보면 이해가 빠를 것이다.

입속의 술(알코올, −OH)＋김치(카복실산, −COOH)→에스테르(−CH₂OCO⁻)

누군가 이 비법을 가리켜 '얌체 주법'이라고 하였다. 옆 친구는 술이 거나하게 취해 횡설수설하고 있는데 김치를 먹은 자신은 정신이 말똥말똥하기 때문에 붙인 이름이라고 한다. 맞는 말이다. 나도 이 비법을 친구에게 자상히 설명해 준 적이 있다. 이 친구는 자기가 자주 들르는 한 양주집에서 이를 입증하기 위하여 주인에게 제안을 했다고 한다. 과일안주 대신 백김치를 안주로 내놓았는데 그날 손님의 반응이 아주 좋았고 심지어 매상이 배로 늘었다는 소식이었다. 이뿐만이 아니라 김치는 장을 풀어주는 해장(解腸)에도 효과적인 것으로 알려져 있다.

요즘에는 거의 볼 수 없지만, 시골에 가면 농사철에 농부들이 정겹게 둘러앉아 새참을 먹는 광경을 자주 목격하곤 했다. 아내가 준비해 온 새참에는 반드시 집에서 빚은 막걸리가 딸려왔다. 막걸리 한 사발을 쭉 들이키고는 길게 찢은 김치를 쓸어질 듯 고개를 뒤로 젖히고 먹고 나서 긴 트림을 하는 모습을 볼 수 있었다. 저렇게 많은 술을 마시고 어떻게 힘든 농사일을 할 수 있을까 하고 걱정했던 사람이 많을 것이다. 지금 돌이켜 생각하면 '그럴 수 있겠구나'라고 이해가 간다. 걱정했던 것보다는 오히려 기운을 돋우어 농사일을 단숨에 해낼 수 있었던 것이 바로 술과 신김치의 과학이다.

그런데 요즘은 어떤가? 휴대전화으로 중국집에 전화하면 배달원이 눈썹을 휘날리며 오토바이를 타고 '철가방'에 자장면, 탕수육에 소주 몇 병을 가져온다. 김치 대신에 단무지가 판치고, 설령 김치가 있다손 치더라도 젓가

락도 대지 않는다. 그러니 옛날 사람과는 달리 능률적으로 농사일을 못할 것은 자명한 일이다. 조상의 지혜를 이렇게 무시하고 사는 현대인은 말이 현대인이지 구석기 시대 사람이라 혹평해도 할 말이 없을 것이다. 세상을 거꾸로 사는 퇴화한 현대인이 어느 구석에서 또 난무하고 있을지.

김치가 술안주로 안성맞춤이란 얘기는 좀 우습게 들릴지 모르지만 의심이 가는 사람은 시험을 해보면 곧 터득하게 될 것이다. 김치 대신 신 음식을 들어도 마찬가지 효력을 갖게 된다. 전날 마신 그 집의 술이 좋고 순했다고 평하는 사람들은 분명 김치 아니면 신 음식을 먹었기 때문이라고 보면 정확할 것이다. 김치를 안주로 삼으면 술도 마시고, 필수영양소와 소화를 돕는 섬유질도 섭취하게 되니 일석삼조이다.

2004. 12. 27

달걀 껍데기의 중화효과

"달걀을 김치에 넣어두면 김치가 덜 시어지고 맛도 좋아진다"라는 속설이 오래 전부터 전수되어 오고 있다. 그 이유를 과학적으로 규명하고 있으나 이치를 설명하는 사람마다 단편적이어서 이해하는 데 만족스럽지 못한 면이 있다. 그래서 다시 한번 정리해 본다.

날달걀이나 삶은 달걀을 김치에 넣어두고 그 경과를 관찰하면 껍데기가 얇아지고 달걀이 퉁퉁 부어오르는 모습을 볼 수 있다. 그리고 달걀을 넣지 않은 김치보다 신맛이 약하고 가스가 많이 발생한다. 그러나 온도에 따라 다르지만 며칠 지나면 결국에는 시어지고 만다. 따라서 달걀로 인하여 김치가 시어지지 않는다는 말은 어느 기간 동안에만 유효하다. 통달걀 대신 달걀 껍데기를 사용하는 경우도 있는데 이때는 물에 끓이거나 깨끗이 씻은 후에 거즈에 싸서 넣어두는 방법을 택하고 있다. 달걀의 효과가 껍데기에 있다고 판단했기 때문일 것이다. '달걀 껍질'이라고 말하는 것은 틀리다고 한다. '껍질'은 양파, 귤, 사과 등의 겉을 싸고 있는 부드러운 층(켜)을 뜻하고, '껍데기'는 달걀, 조개 등의 겉을 싸고 있는 단단한 물질을 뜻하므로 달걀의 경우 '껍데기'가 맞는 것이다. 그래서 여기서는 '껍질'과 '껍데기'를 구별하여 쓰겠다.

달걀의 겉 구조는 속껍질과 겉껍데기로 이루어져 있다. 속껍질은 두 층으로 되어 붙어 있고 반 투과막이다. 그 성분은 주로 단백질이며, 불활성 탄산가스가 포함되어 있다. 그리고 겉껍데기는 탄산칼슘($CaCO_3$)으로 구성되고 성질이 염기성이다. 껍데기는 다공질(多空質)이며, 얇은 막으로 둘러싸여 있어 산란 시부터 형성된 불활성의 탄산가스가 날아가는

달걀 껍데기의 인산칼슘과 김치의 유기산과 반응하여 중화되므로 김치의 신맛을 약화시킨다.

것을 방지하므로 오랫동안 신선도를 유지할 수 있다고 한다. 그러나 달걀 겉에 묻은 오물을 제거하기 위하여 더운 물로 씻으면 이 막이 손상되어 탄산가스가 날아가 버려 신선도가 떨어진다고 한다. 뼈의 성분인 인산칼슘 [($Ca_5(PO_4)_3OH$, calcium hydroxyapatite]과 다르나 칼슘을 공통적으로 갖고 있어 산(신맛)을 중화시켜 주는 역할을 할 수 있다. 즉, 김치가 시는 걸 막아 줄 수 있다.

달걀 껍데기는 김치와 어떻게 반응하는 것일까? 김치는 살아 움직이고 있

기 때문에 계속 변하는 동적인 식품이다. 여기서 일어나는 큰 변화는 유기산
인 젖산과 초산(식초)이 점점 늘어나 최대 1%까지 생성될 수 있다. 이 유기산
은 물에 녹지 않는 달걀 껍데기의 탄산칼슘과 반응하여 칼슘염(pH 6.7~7.6)
을 만들어 물에 녹는다. 그리고 겉껍데기에 들어 있는 탄산칼슘은 물에는 녹
지 않으나 이산화탄소를 함유한 물에는 녹을 수 있으므로 중탄산칼슘
$[Ca(HCO_3)_2]$이 생성된다. 이러한 작용으로 김치 국물이 중성에서 약 알칼리
로 바뀌게 된다. 동시에 가스(CO_2)가 발생한다. 계속 반응이 일어나 달걀 껍
데기가 떨어져 나오게 되어 속껍질을 부분적으로 들어내게 된다. 속껍질은
반투막이므로 삼투압에 의하여 물이 달걀 속으로 침투되어 달걀이 부푼 상
태가 된다. 반응식은 아래와 같이 된다.

(1) 달걀 껍데기의 탄산칼슘($1CaCO_3$)+김치의 젖산($2RCOOH$)→칼슘염
$[1Ca(RCOO)_2]$+가스(CO_2)↑+H_2O

(2) 달걀 껍데기의 탄산칼슘($1CaCO_3$)+김치 내 CO_2+H_2O→$Ca(HCO_3)_2$

(3) 산→알칼리

(4) 100g+2x90g→218g+44g+18g(반응량)

그런데 실제로 젖산 또는 유기산이 1% 생성되므로 김치 1ℓ또는 1kg에
10g이 된다. 첨가해야 할 껍데기의 양(S)을 계산하면 $100:2\times90=S:10$,
$S=100\times10/2\times90≒5.6g$이 된다. 달걀 껍데기 5.6g을 넣으면 계산상 김치
가 시어지지 않을 것이다. 달걀 한 개의 무게는 48~65g 정도로 평균 무게
는 58g이며, 겉껍데기가 달걀 한 개에서 차지하는 비율은 약 11%이다. 그러
므로 겉껍데기의 무게는 6.38g이 된다. 그리고 겉껍데기의 탄산칼슘의 함
량이 96%나 되므로 달걀 한 개에는 탄산칼슘이 평균 6.12g이 들어 있는 셈

김치의 생리효과 181

이다.

따라서 김치 1kg에 달걀 한 개를 넣으면 충분하다는 결론이 나온다. 그러나 첨가할 껍데기의 양은 김치 종류와 담그는 방법에 따라 다를 수 있으므로 각자의 구미에 맞게 조절해야 한다는 것을 잊어서는 안 된다. 이런 계산 연습은 김치 연구에 필요한 생활과학이다.

2004. 12. 28

10. 김치 생태학

ecology

10. 김치 생태학 ecology

김치 생태계

김치는 배추, 무, 양념 등의 식물성 재료(채소류)를 가지고 만들며, 유산균들이 이들 재료에 포함되어 있는 영양분을 먹고 산을 생성하기 때문에 시어진다. 이러한 일반적인 사실을 통하여 김치는 '미생물들의 작은 생태계(microbial micro-ecosystem)'임을 유추(類推)할 수 있다. 그러나 김치를 '생태계'로 보는 견해는 어불성설이라고 반박하는 사람도 있다. 생태계라면 흔히 넓고 큰 환경만을 연상하게 되므로 김치와 같이 좁고 작은 식품을 보고 생태계라고 말할 수 없다는 것이다. 피상적으로 보면 타당한 말이나 생태계의 정의에 의하면 반드시 그렇지 않다. 생태계는 '생물과 물리화학적 환경과의 상호 관계'로 정의하고 있으므로, 정의에 따르면 김치의 생물 성분은 미생물과 식물이 되고, 이들과 상호작용을 하는 주된 환경요인은 공기 중의 산소, 온도, pH 등이므로 김치를 '작은 생태계'로 보아야 한다.

유산균들은 각각 증식하여 개체군 또는 집단을 형성하고, 물질대사(物質代謝, metabolism)가 서로 유사한 집단끼리 모인 길드(guild) 또는 유산균 조합(組合)을 구성하고 있다. 김치 유산균들은 통성이형발효를 하는 길드를 구성하고 있고, 이들 길드 간에 대사활동을 상보적으로 보충하여 하나의 큰 유산균 군집을 형성한다. 이들 유산균 군집 이외에 효모와 그람음성균으로 구성된 군집 간의 상호작용에 의하여 김치의 전체 생태계를 이룬다. 또 하나의

184 김치, 위대한 유산

생물 성분인 식물(채소류)도 영양 및 에너지 그리고 성장인자를 유산균에 제공함으로써 식물은 유산균과 상호작용을 하고 있다.

환경요인 중에서 온도와 산소는 유산균 집단의 발달을 좌우한다. 대체적으로 $10^{\circ}C$를 기준으로 이 온도 이하에서는 저온성 유산균 군집(psychrophiles)이, 그리고 그 이상에서는 중온성 유산균 군집(mesophiles)이 주로 증식한다. 그러나 $15^{\circ}C$에서 온도에 따른 이들 군집이 균형을 이루며 군집 크기가 최대에 도달한다. 유산균 집단은 미호기성(microaerophilic)이기 때문에 산소가 있어도 성장할 수 있으나 용존산소가 결핍된 혐기성 환경에서 비교적 잘 성장한다. 김치에서는 초기에 잠시 증식하고 소멸하는 그람음성균 군집이 산소를 모두 소비하여 유산균 군집에게 혐기성 환경을 제공해 준다. 김치 상층 표면에 있는 산소는 효모, 곰팡이, 그리고 그람음성균 군집들의 성장을 촉진하여 젖산과 배추의 펙친질을 분해시켜 pH를 상승시킴과 동시에 배추의 조직이 연화되어 김치가 부패되기 시작한다. 이러한 관계를 편리공생(偏利共生, commensalism)이라고 한다. 한편 유산균 군집과 식물은 프로피온산을 생성하여 효모와 곰팡이류 같은 진핵 미생물의 번식을 억제하기도 한다. 이를 편해작용(偏害作用, amensalism)이라 부른다. 이와 같이 유산균, 효모, 세균, 채소류 간에는 동적인 상호작용이 그물(network)처럼 얽혀 있다.

'김치는 하나의 생태계'라는 사실을 입증하기 위해서는 개방계(open system)인지를 증명해야 한다. 일반적으로 주위와의 경계(boundary)를 두고 물질(materials)의 유출입과 에너지(energy)의 교환이 어떻게 일어나느냐에 따라 계(system)로 정의하고 있다. 김치는 용기(경계)에 담겨 보관되고 있고, 발효열의 형태로 에너지를 외부 환경으로 발산하고 또한 주위의 온도 변화에 따라 김치 온도는 달라진다. 이렇게 물질이 유출입되지 않고 에너지만 교환되는 생태계를 폐쇄계(closed system)라 한다. 이는 김치를 외관상으로 볼 때 가능한 얘기지 사실은 이와 반대 현상이 일어나고 있다. 김치가 용기 속에 담겨 있을지라도 김치 재료로부터 유산균 성장에 필요한 영양이 시간에 따라 점진적으로 계속 공급(유입)되고 있고, 이에 따라 유산균은 생성된 발효열을 외부 환경으로 방출(유출)한다. 다시 말해서 김치는 용기 안에서 물질과 에너지가 어느 기간 동안 교환이 일어나는 개방계인 것이다.

김치에는 유산균이 다양하고(diverse) 안정하게(stable) 활동하는 극상(climax)이 관찰되지 않는다. 극상은 식물계에서 전형적으로 관찰할 수 있으나 김치에는 없다. 발효 시간이 경과함에 따라 유산균의 다양성이 점차 감소하고 마지막에는 유산균이 사멸되어 없어지는 무균 상태(sterile state)가 된다. 이 상태에 도달하는 기간은 상온에서 최장 1년이 소요되고 광물화되는 데는 약 2년이 걸린다. 극상이 없고 무균상태가 된다는 말은 김치를 장기보존할 수 있다는 뜻이다. 필자의 연구실에는 이 상태로 있는 김치가 상온에서 5년간 보관되어 있다. 맛이야 변했겠지만 김치 연구에 중대한 자료가 될 것으로 기대하면서 계속 관찰하고 있다.

자연은 수없이 많은 생태계로 구성되어 있는데, 김치도 그 중의 하나이며 단지 아주 작은 생태계일 뿐이다. 우리는 김치로부터 대자연에서 일어나고 있는, 알지 못하거나 이해하지 못하고 있는 현상들의 원리를 알아낼 수 있다고 본다. 김치는 우리가 생각하듯이 단순한 음식이 아니고 자연을 탐구할 수 있는 생태계의 축소판이며, 자연을 비교적 쉽게 접근할 수 있는 연구 모델 시스템(model system)인 것이다. 이러한 생태계를 연구하는 학문을 미생물 생태학(microbial ecology)이라고 말하며 그 목적은 약술한 바와 같이 미생물의 다양성 유지, 군집 내 길드 간의 상호작용, 미생물 대사활동(metabolic activities)의 측정 등 생태계를 감시(monitor)하는 데 목적이 있다. 김치도 이러한 개념으로 연구하는 데 사명감을 두어야 한다.

2004. 05. 26

김치 생태학에 위배되는 연구

김치 생태학이란 유산균들이 김치에서 어떻게 생활하는지를 알아내는 응용 학문이다. 마치 우리의 사회생활과 같다. 이를 알기 위하여 제일 먼저 김치에 어떤 유산균이 살고 있고, 이들끼리는 서로 무슨 관계를 맺고 있으며, 어떻게 발전해 가는지(천이 과정), 그리고 환경인자와는 어떤 상호작용을 하고 있는지를 알아야 한다. 따라서 생태계는 김치 환경과 유산균 간의 관계로 폭넓게 정의할 수 있다. 김치 입장에서는 중요한 의미를 내포하고 있음에도 불구하고 이 연구는 왕초보 단계에 지나지 않는다. 어떻게 하면 관심을 끌 수 있을지 까마득하다. 이 연구는 정말 어렵다. 그런 이유에서인지 선뜻 이 연구에 접근하려고 들지 않는다. 그러나 김치 생태학은 김치를 위하여, 그리고 우리를 위하여 누군가는 반드시 해야만 하는 연구 과제이고 우리의 의무이며 권리라고 본다.

'김치가 생태계라니' 하고 의아하게 생각하는 사람도 더러 있을 것이다. 이런 사람들은 아주 미세한 생태계가 존재하고 있다는 사실을 미처 모르기 때문일 것이다. 실제로 10여 년 전에 국제 심포지엄에 '김치의 생태학'이란 주제로 발표를 한 적이 있는데, 이때 "김치를 생태계로 보다니, 웃기네"라고 모 김치 박사가 핀잔을 주어 여러 사람 앞에서 무안을 당한 적도 있다. 내용을 잘 모르는 외국 학자들로선 충분히 의문을 가졌을 것으로 생각했다. 정말 한심한 일이었다. 지금은 이런 말에 반문하는 사람이 없을 것으로 믿는다. 다시 한 번 강조하지만 진정 김치를 초미세 생태계(ultramicro ecosystem)로 보아야만 김치를 제대로 이해할 수 있다.

김치 생태학 187

김치는 김치 자체의 생태학적 특성을 가지고 있다. 그래서 "김치는 김치다"라는 말을 김치를 연구하면서 실패를 거듭하는 사람들에게 입버릇처럼 말한다. 제대로 김치를 알아야 한다는 뜻에서 하는 말이다. 예를 들면 근간에 김치 유산균이 이러이러한 효력이 있다고 하면 바로 김치도 곁달아 '대단한 것'처럼 생각하게끔 만드는 기사를 자주 접하고 있으나 이는 사실과는 거리가 멀다. 김치로부터 분리된 개개의 유산균이 김치라는 복잡한 생태계 내에서 똑같은 효력을 갖거나 역할을 한다고 볼 수 없고 입증된 바도 없기 때문이다. 따라서 김치 안에서 반드시 입증해야 한다. 이와 유사한 연구가 헤아릴 수 없이 발표되고 있는 것이 현실이다. 수백억 원을 쓰는 연구인데도 기초적인 '김치 생태학'에 대한 연구는 씨알마저 보이지 않는 경우도 있다. 그러니 김치의 문제점을 해결하는 연구가 지지부진한 것이다. 현재 떠들썩하게 발표하는 김치 유산균들은 김치에서는 그 역할이 아주 미미한 존재들임을 미리 알아야 한다. 그렇지 않고서는 국민을 현혹시키는 처사밖에 되지 않을 것이다.

김치는 그 자체가 독립적이고, 웬만한 변화를 강제로 주어도 끄떡하지 않는 대자연만큼이나 안정된 식품이기 때문에 올바른 판단이 필요하다. 그래서인지 김치를 사람 욕심대로 만들지 못하고 있다. 그래도 누구나 사철 '맛있게 오래 먹을 수 있는 김치'를 원하고 있으니 이 소망이 언제 성취될지 아무도 예측할 수 없다. 특허 출원과 공고에서 보듯이 사람 욕심대로 이 욕망을 해소시킬 수 있다며 별의별 비법이 등장하고 있다. 예를 들면 열 및 가압 처리, 스타터와 박테리오신의 사용, 그리고 중화제·완충제·환원제·염화칼슘·향신료·한약제의 첨가, 그리고 오존 처리 등이다. 이들 특허에 사용된 방법들은 유산균에 작용하는 스트레스이며 환경인자라 부른다. 그리고 어떻게 된 영문인지 한결같이 김치에 있는 유산균을 살게 하지 않으면, 죽이

생김치를 장기간 먹을 수 있도록 한 김치 통조림.

는 방법들만 등장한다. 그런데도 그 어느 것 하나 산업화된 김치가 눈에 띄지 않는 실정이다. '왜 김치 유산균을 죽이려고 마음을 먹는 것일까?'라고 반문하지 않을 수 없다.

불행하게도 이들 비법(특허)에는 어처구니없는 모순점들이 있다. 우리 김치를 정확히 알지 못하거나, 김치에 대한 연구 부족으로 김치 자체를 모독하는 행위로 생각되어 분개하지 않을 수 없다. 세계만방에 '김치는 세계 유일의 발효식품'이라고 개인이나 정부 차원에서 홍보하면서 정작 국내에서는 발효의 주인공인 유산균을 죽여 없애버리고 있다니 이런 어처구니없는 일이 어디 있겠는가! 더군다나 특허까지 획득할 기회를 주었으니 할 말을 잃을 지경이다. 이런 처사가 지속된다면 김치의 운명은 어떻게 될지 자명한 일이다. 이 모든 일들은 김치의 유산균에 대한 생태학을 모르는 무지의 소치라고 단언한다.

김치 생태학 **189**

김치를 제대로 연구해야만 김치를 알 수 있다. 어쩌다가 주변에서 이렇게 어처구니없는 일들이 다반사로 일어나고 있는지? 이왕이면 특허다운 특허가 나와야 한다. 유산균을 죽이지 않고 우리 전통의 김장김치를 유지할 수 있는 비법을 담은 특허 말이다. 일전에 한 대학 김치연구소에서 맛있게 담근 생김치를 장기간 먹을 수 있도록 통조림 만드는 데 성공했다는 보도를 보았다. 이것이야말로 '진짜 특허'의 한 본보기가 될 것이다. 그러나 그 결과는 어떤지? 하루속히 '맛있게 오래 먹을 수 있는 김치'를 만들기 위해서라도, 그리고 세계인이 우리 김치를 세계 식품으로 인정하게 하기 위해서라도 이를 뒷받침할 수 있는 연구와 지혜를 더 많이 모아야 할 것이다.

2005. 04. 04

다상분류학

김치 또는 김치 생태계를 이해하려면 일차적으로 김치에 살고 있는 유산균의 종명(種名, species)과 그 수를 알아내는 일이 필수적이다. 그런데도 이 유산균들을 알고자 하는 사람은 많지 않다. 그럴 수밖에 없는 것이 종명을 알아내는 일이 워낙 어렵고, 어떻게 보면 지루하며 많은 시간이 소요되기 때문이다. 일종의 3D 현상이랄까. 어쨌든 이 일을 기피하는 경향이 뚜렷하다. 이 일을 하려는 사람들은 이를 극복할 수 있는 인내심이 강하고 극기 훈련을 통과한 사람만이 가능한 일이다. 정말 마음을 단단히 먹어야 한다. 더군다나 이토록 어렵게 종명을 알아낸들 '돈'이 생기는 것도 아니니 누가 이런 일에 선뜻 나서겠는가. 결국 수지타산이 맞지 않으니 덤벼들 사람이 없을 수밖에 없다.

지난날의 경험에 의하면 전 발효과정의 유산균을 알아내는 데 2년이 걸린 적이 있다. 예를 들어 김치를 15℃에서 발효시킨다고 가정하면 다 시어빠질 때까지 10일 정도 걸린다. 여기서 12시간 간격으로 시료를 채취하면 잠도 제대로 못 자고 이 일을 20번 해야 하며, 한 번 시료 채취에 종명도 모른 채 40~50마리의 균체를 분리하게 된다. 이러다 보면 동정해야 할 균체가 800~1,000마리나 된다. 이때부터가 문제다. 이 모두를 밤을 새며 동정해야 한다고 생각하면 끔찍한 일이다. 자그마치 2년이란 시간이 지나간다. 김치를 먹는 사람이라면 이 일을 하는 사람에게 박수갈채를 보내어 용기를 북돋아주어야 마땅하다.

우리나라 사람이 김치 유산균을 모르고 설령 알려주어도 믿지 않는 이유도 이 때문일 것이다. 생각해 보라. 김치를 다 먹어치운 지가 2년 전 일인데 이제 와서 그 김치에 있는 유산균이 이렇다저렇다 한들 무슨 소용이 있겠는가! 정말 말도 안 되는 소리라고 하는 경우도 많다. 그래도 '그때 그 시절'에는 다른 묘안이 없었다. 위에 얘기한 동정은 『버기 지침서』에 의하여 이루어진 것이다. 이 방법은 유산균의 성질을 생화학적으로 시험하여 얻은 결과를 이 책에 수록된 기존의 유산균과 비교하여 같은 성질을 가진 유산균을 찾아내어 종명을 결정하는 것이다(이를 생화학적 분류법이라 부른다). 균체마다 대략 40종의 시험을 해야 하니 도합 32,000~40,000번 실험을 해야 하는 운명인 셈이다. 그런데 불행하게도 성질이 같은 유산균이 선택되지 않을 때는 '어떤 유산균일까?' 하고 가슴이 답답하고 앞이 난감해진다. 해보지 않은 사람은 그 심정을 모를 것이다.

더 심각한 문제는 김치 유산균이 김치마다 바뀐다는 사실이다. 이것은 김치를 담그는 '어머니 솜씨'가 사람마다 다른 데 기인하는 것으로 추정된다. 그러니 이 동정을 경우에 맞추어 매번 해야 한다고 생각하면 끔찍하다 못해 절망이다. 이런 일을 20여 년간 한 사람을 무어라 말하겠는가? 아마도 미련퉁이다 못해 멍텅구리라고 표현할 것이다. 지금 생각해도 화가 나는 일이 있다. 이렇게 고생 고생해서 찾아낸 유산균을 어느 양심 없는 학자가 도용한다면 이를 순순히 용납할 수 있겠는가? 한마디로 천인공노(天人共怒)할 일이다. 그러지 말아야 한다.

말을 바꾸어, 자주 바뀌는 김치 유산균 때문에 겪는 고통은 고사하고 이 분류법의 신빙성이 떨어진다는 것이다. 그 예로 김치에 가장 많이 출현하는 유산균이 류코노스톡 메젠테로이데스라고 동정했는데 다른 시험을 해보면 엉뚱하게 락토바실루스 콘퓨사(현재 바이쎌라 콘퓨사로 종명이 변경)가 되기도 한다. 그러나 이것도 신빙성이 떨어지기는 마찬가지다. 이렇게 오류가 발생하다 보니 당사자도 동정을 해놓고 안심을 하지 못하는 경우가 다반사이다. 형편이 이렇다 보니 자신 있게 공표를 못하게 되고, 그만 그 많은 자료들은 사장되고 만다. 이런 일은 해본 사람이면 누구나 수긍이 갈 것이다.

이렇게 누적된 동정의 문제점들을 해결해 주는 분류법이 다상분류학이다. '다상분류학'이란 필자가 쉽게 이해할 수 있도록 붙인 용어이며 학자들 간에 합의된 용어가 아님을 일러둔다. 이 분류법은 위에서 언급한 '생화학 또는 생리학적 분류법'에 추가해서 생물 정보 분자인 DNA, RNA, 그리고

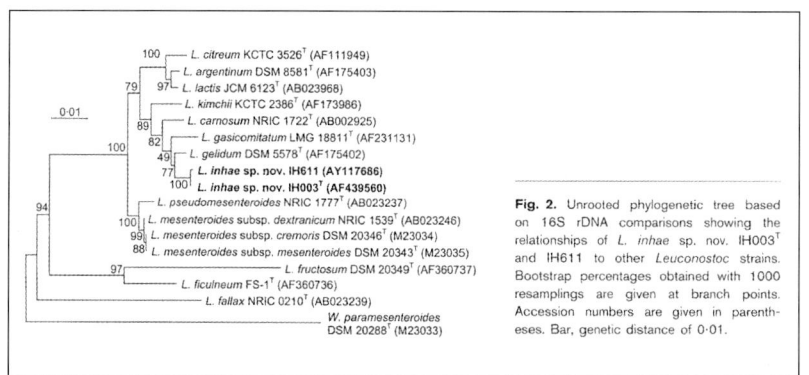

Fig. 2. Unrooted phylogenetic tree based on 16S rDNA comparisons showing the relationships of *L. inhae* sp. nov. IH003^T and IH611 to other *Leuconostoc* strains. Bootstrap percentages obtained with 1000 resamplings are given at branch points. Accession numbers are given in parentheses. Bar, genetic distance of 0·01.

김치 유산균의 유전자를 분석하여 기존의 유산균과의 유연관계 또는 유사성을 비교하여 종을 확인한다.

단백질 분석을 통하여 다각적으로 분류하도록 되어 있다. 정확도가 높으므로 신빙성 또한 100%라 할 수 있다. 얼마나 반가운 일인가.

이 방법은 일리노이 대학교의 칼 우즈(Carl Woese)가 1970년대 초에 개척하였고, 이를 시작으로 현재 전 세계적으로 사용하고 있으며, RNA를 구성하는 작은 분자인 16S rRNA의 염기서열을 분석하여 종명을 결정한다. 16S rRNA 분자는 생명의 근원이 되는 핵산이며 모든 세균이 공통적으로 소유하고 있으며 세균마다 이 염기서열이 다르기 때문에 비교적 용이하게 종명을 판별할 수 있다. 현재 각 세균의 염기서열을 분석한 DB(database)가 5,000여 종에 달하며 인터넷을 통하여 누구나 접근할 수 있도록 공개되어 있다.*

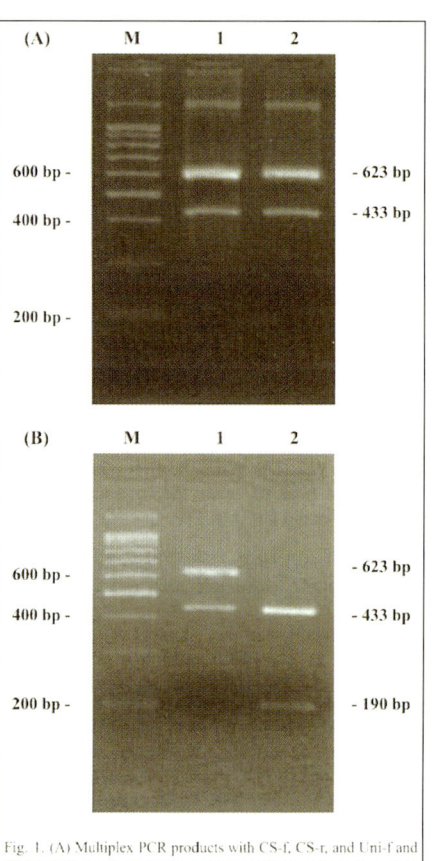

Fig. 1. (A) Multiplex PCR products with CS-f, CS-r, and Uni-f and (B) *Hind* III digestion patterns of multiplex PCR products. Lane 1, *L. sakei* DSM 20017[T]; lane 2, *L. curvatus* DSM 20019[T]; lane M, 100-bp Ladder DNA (iNtRON Biotechnology, Gyeonggi, South Korea).

김치 유산균의 유전자를 여러 개의 제한효소로 절단한 후 전기영동을 하여 생긴 유전자 절편의 양상을 보고 종을 동정한다. 약칭하여 RFLP법이라 한다(RiFLiP, '리프립'이라 발음한다).

---

* http://rdp.cme.msu.edu/html/

이 작은 핵산 분자인 16S rRNA의 염기서열을 분석함으로써 유산균의 동정에 대한 정확도를 높일 뿐만 아니라 시간도 단축시킬 수 있다. 유감스럽게도 이 방법이 우리나라에 도입된 것은 칼 우즈보다 20여 년이 지난 1990년대 말경이고, 본격화된 것은 새천년부터라고 할 수 있다. 이렇게 늦어지게 된 가장 큰 이유는, 핑계인지 몰라도 국내 형편상 분류학자가 가뭄에 콩 나듯 양성되기 때문이다. 어쨌든 이 방법에 따르면 김치에서 분리된 균체 하나를 동정하기 위해서는 배양에 사흘, 분석에 하루 해서 모두 나흘이 걸린다. 분석 장비를 충분히 구비하고 한 사람이 부지런히 분석한다면 30마리의 균체도 마찬가지로 나흘이면 동정을 끝낼 수 있다. 생화학적 방법에 비하면 깜짝 놀랄 일이며 신바람 나는 일이 아닐 수 없다. 이 방법이라면 자신만만하게 종명을 만인에게 공개해도 손색이 없을 것이다. 실제로 새천년부터 이렇게 하고 있다.

또 다른 문제는 김치업체가 옛날 생각에 사로잡혀 자기네 김치에 살고 있는 유산균이 무엇인지 알려고 들지 않는 것이다. 지금도 마찬가지다. 설령 '이젠 되는구나' 하고 알고 있다손 치더라도, 돈(분석 비용) 때문에 뒤로 나자빠질 것이다. 계산해 보면 균체 한 마리를 동정하는 데 드는 비용이 3만 원 정도이다. 김치 한 종류를 갖고 유산균의 발효과정을 파악하려면 1,000여 개의 균체를 분리하게 되므로 3,000만 원이라는 막대한 비용을 투자해야 한다. 이래서 김치업체는 엄두도 못 낼 것이고, 또 대학에서 연구를 하고 싶어도 할 수 없는 꼴이 되고 만다. 다시 말해서 아무리 정확하고 편리한 방법이 있다 할지라도 다량을 취급할 경우 비용 때문에 시행할 수 없게 된다. 다상분류는 다량으로 유산균을 분석할 경우에 정확하고 편리하며 시간이 줄어들지만 비용이 엄청나게 많이 든다는 결점이 있다.

비용 때문에 김치를 전체적으로 파악한다는 것은 현단계에서는 불가능하고 단지 부분적으로 김치를 분석할 수밖에 없으므로 보다 효율적인 방법이 개발되어야만 김치를 개선하고 원하는 방향으로 발전시킬 수 있을 것이다. 지금은 묘안이 없으나 앞으로 돈이 덜 들고 시간을 줄일 수 있는 방법을 고안해 내야 할 것이다. 말은 이렇게 해도 분류를 기피하는 우리나라 현실에 비추어볼 때 이 어려운 문제를 거들떠볼 사람을 찾을 수 없으니 좀 비관적이다. 한편 정부 차원에서 이런 일을 맡으면 얼마나 좋을까 하고 기대해 보곤 한다. 이런 현실 속에서도 ㈜위니아만도의 '딤채'는 앞장서서 막대한 연구 투자를 하여 상품을 개발하려는 끈질긴 노력을 하고 있으며, 이는 50년 김치 연구사에 처음 있는 일로서 큰 업적을 남길 것으로 기대한다.

2005. 04. 06

유산균 퍼레이드

김치에는 미생물이 다양하게 존재하고 있다. 이들의 분류학적 위치는 다음과 같다. 아래 문단은 관심 있는 분만 보고 넘어가면 된다.

김치 유산균의 족보를 보면 세균 영역(domain)→문8, 그람양성균→24절, 간균과 유산균→간균강 1→유산균목 2→유산균과 1에 락토바실루스속, 그리고 류코노스톡과 2에 류코노스톡속과 바이쎌라속에 속한다. 유산균목(目) 유산균 9과(科) 35속 중에서 락토바실루스, 류코노스톡, 바이쎌라 3속만이 김치에서 집중적으로 발견된다. 〈표 9〉은 필자의 연구진에 의하여 10여 년에 걸쳐 0~25℃ 사이에서 담근 김치로부터 다상분류학적 방법으로 확인한 김치의 유산균이며 위에 언급한 3속에 23종이 분리되었다.

지금까지의 연구를 통하여 보면 김치 제조에 가장 중요한 요인은 발효와 저장 중에 온도를 관리하는 일이다. 이에 따라 주된 유산균(우점종)이 김치마다 다르게 출현하고, 이로 인하여 김치 맛도 집집마다, 공장마다 다르게

| 표 9 | 김치 유산균의 목록

종명(species)	비고
류코노스톡(*Leuconostoc*)속	
1. 류코노스톡 카노슘(*Leuconostoc carnosum*)	
2. 류코노스톡 시트륨(*Leuconostoc citreum*)	주종
3. 류코노스톡 가시코미타툼(*Leuconostoc gasicomitatum*)	주종
4. 류코노스톡 겔리둠(*Leuconostoc gellidum*)	주종
5. 류코노스톡 인하에(*Leuconostoc inhae*)(신종)	
6. 류코노스톡 김치아이(*Leuconostoc kimchii*)(신종)	주종
7. 류코노스톡 락티스(*Leuconostoc lactis*) = 류코노스톡 아르젠티눔(*Leuconostoc argentinum*)	
8. 류코노스톡 메젠테로이데스 아종 메젠테로이데스	
(*Leuconostoc mesenteroides* subsp. *mesenteroides*)	
9. 류코노스톡 파라메젠데로이데스(*Leuconostoc paramesenteroides*)	
락토바실루스(*Lactobacillus*)속	
1. 락토바실루스 알지두스(*Lactobacillus algidus*)	
2. 락토바실루스 브레비스(*Lactobacillus brevis*)	
3. 락토바실루스 커바투스 아종 커바투스(*Lactobacillus curvatus* subsp. *curvatus*)	
4. 락토바실루스 김치아이(*Lactobacillus kimchii*)(신종)	
5. 락토바실루스 말리(*Lactobacillus mali*)	
6. 락토바실루스 파라플란타룸(*Lactobacillus paraplantarum*)	
7. 락토바실루스 펜토수스(*Lactobacillus pentosus*)	주종
8. 락토바실루스 플란타룸(*Lactobacillus plantarum*)	
9. 락토바실루스 사케이 아종 사케이(*Lactobacillus sakei* subsp. *sakei*)	주종
바이쎌라(*Weissella*)속	
1. 바이쎌라 사이바리아(*Weissella cibaria*) = 바이쎌라 김치아이(*Weissella kimchii*)	주종
2. 바이쎌라 콘퓨사(*Weissella confusa*)	
3. 바이쎌라 코리엔시스(*Weissella koreensis*) 신종 = 바이쎌라 하니아이(*Weissella hanii*)	주종
4. 바이쎌라 솔리(*Weissella soli*)	
5. 바이쎌라 비리데센스(*Weissella viridescens*)	

1) 비고란에 '주종'이라 표시함은 온도에 따라 주종이 될 수 있다는 의미이다. 〈표 9〉에 수록한 유산균은 필자의 연구진이 10년간 25℃ 이하에서 담근 김치에서 분리된 종들이다.

2) 과거 10년간 학술지에 발표된 논문을 근거로 조사하면 김치는 유산균을 비롯하여 일반 세균과 효모들로 구성되어 있다. 분리된 종들을 정리하면 아래와 같다.

• 유산균: 엔테로코커스 피시움, 락토고커스 락티스 아종 락티스, 락토바실루스 호모히오키아이(*Lactobacillus homohiochii*), 락토바실루스 퍼멘탄스(*Lactobacillus fermentans*), 페디오코커스 애시디락티시, 페디어코커스 펜토

196 김치, 위대한 유산

사세우스(6종). 이들 유산균의 성질을 살펴보면 이형발효를 하는 락토바실루스 퍼멘탄스 종을 제외하고 나머지 종들은 동형발효를 하는 것이 특징이다. 이는 〈표 9〉에 기록한 유산균들이 거의 대부분 이형발효균임을 감안할 때 김치 발효의 상한 온도인 20℃ 이상에서 잘 성장하고 김치 발효에 큰 영향을 주지 못하는 유산균으로 판단된다. 그리고 이들은 단백질 항생제인 박테리오신을 생산할 목적으로 김치에서 분리된 유산균들이다.

- 세균: 바실루스 브레비스(1종).

- 효모: 데바리오마이세스 쿠데르티아이(*Debaryomyces coudertii*), 클루이베로마이세스 프라질리스(*Kluyveromyces fragilis*), 피키아 메디아(*Pichia media*), 피키아 캄바디아이(*Pichia chambardii*), 피키아 할로필리아(*Pichia halophilia*), 사카로마이세스 퍼멘타티(*Saccharomyces fermentati*), 사카로마이세스 세레비지애(*Saccharomyces cerevisiae*), 사카로마이세스 사이토아누스(*Saccharomyces saitoanus*), 사카로마이세스 사펜시스(*Saccharomyces capensis*), 사카로마이세스 쉬발릴리(*Saccharomyces chevalieli*), 토루롭시스 칸디다(*Torulopsis candida*)(11종). 이들은 저온에서 분리되었으며, 젖산과 초산을 탄소 및 에너지원으로 이용할 수 있는 효모들이다.

느껴진다. 거듭 설명한 바와 같이 이렇게 김치 맛이 다른 이유는 발효에 의하여 생성된 물질이 다르기 때문이다. 온도관리가 그만큼 중요함에도 불구하고 요즘 김치 담그는 방법을 김장김치와 비교해 보면 온도관리 면에서 큰 차이를 발견할 수 있다. 김장김치를 포함해서 네 가지 방법이 주를 이루고 있다.

1) 김장철인 초겨울의 대기온도는 대략 밤에는 5℃이고 낮에는 15℃로 오르락내리락하며 이 온도 변화가 봄철까지 서서히 올라 밤에는 10℃, 낮에는 20℃로 변하는 게 일반적이다. 이러한 온도 변화는 김치에 바로 반영되어 김치 온도(품온)도 낮은 온도에서 높은 온도로 변화되기 마련이다.

2) 요즘 아파트 생활을 하는 일반가정에서 김장김치를 담그지 못할 경우 흔히 사용하는 방법이 베란다나 다용도실에서 김치를 적당히 익힌 다음 바로 냉장고에 보관해 두고 먹는 것이다. 이 방법은 높은 온도에서 낮은 온도로

낮추는 방식으로 김장김치의 온도관리와 반대이다.

3) 공장마다 온도 관리 방식이 다르겠지만 김치 공장에서는 실온에서 김치를 담근 후 바로 −3℃의 저장실에 출고 전까지 보관한다.

4) 연구실에서 연구를 위해 김치 담그는 방법은 위의 방법과 전혀 다르다. 이는 온도가 올라가는 김장김치, 온도를 내리는 가정 김치나 공장 김치와는 달리 보통 5℃에서 5℃ 간격으로 30℃까지 각 온도에서 일정하게 김치를 보관하는 방법이다.

천태만상은 아니지만 온도 관리 실태가 제각기 다른 것만은 사실이다. 그러니 김치 맛이 제각기 다른 이유를 이젠 이해할 수 있을 것이다. 그래도 이렇게 담근 김치를 자기 나름대로 '제일 맛있다'고 우겨대지 않는가! 어떤 과학적 해설도 달지 않고 말하니 누가 곧바로 믿겠는가. 어느 김치가 맛있다고 주장하거나 그 비법을 인간문화재인 양 공개하지 않고, 툭하면 모두가 앞다투어 비법이랍시고 특허신청을 하니 그 특허를 누가 믿을지 궁금할 뿐이다.

어쨌든 〈표 9〉의 김치에서 찾아낸 유산균들을 보면 얼마나 김치의 유산균이 각양각색인가를 이해할 수 있을 것이다. 김치에서만 일어날 수 있는 볼거리요 유산균 퍼레이드(parade)다. 이들 중에서 주종을 이루는 유산균은 전체적으로 8종 정도로 파악되었다. 그러나 김치에 주종이 될 수 있는 유산균은 단순화되어 2~3종에 불과하고, 이들이 김치를 만드는 주인공이며, 김치마다 그 종류가 바뀔 수 있다. 어떤 유산균이 김치를 맛있게 만들 수 있는지는 앞으로 연구해야 할 과제에 속한다.

2005. 07. 27

옛날 김치 유산균

모든 식품은 국제적으로 미생물에 의한 안전성이 확보되어야만 믿고 먹을 수 있다고 인정받는다. 그런데 요사이 김치 연구자들 간에는 김치를 발효시키는 유산균이 어떤 종이냐가 뒤늦게 고민거리가 되고 있다. 이유인즉 그간 연구·발표된 유산균들이 제각기 다르기 때문이다. 나름대로 소견을 제시해 본다.

김치는 특정한 미생물을 사용하지 않고 자연발효(自然醱酵, natural fermentation)에 의하여 제조되기 때문에 공인된 식품으로 인정받기 위해서는 반드시 어떤 미생물이 김치에 관여하는지를 진작 밝혔어야 했다. 지금에 와서 이렇게 설왕설래하면 어쩌자는 것인가? 우리 자신도 김치를 만드는 미생물이 무엇인지를 잘 모르거나 확신이 서지 않으면 외국인들이야 오죽하겠는가 말이다. 혹자는 김치 미생물을 밝히든 안 밝히든 무슨 상관이냐고들 말할 것이다. 김치가 이미 세계적으로 수출되고 있는 마당에 긁어서 부스럼 만드는 일을 왜 하느냐고 하겠지만 천만의 말씀이다. 수출도 수출 나름이지 현지에 가보면 수출된 김치는 거의 우리 교포가 구매할 뿐 외국인이 사는 것이 아니라는 사실을 알게 된다. 그러니 언젠가는 김치에 어떤 유산균이 들어 있는지를 제품에 명시해 달라는 요청이 올 것이다. 그러나 이러는 사이에 누군가가 김치의 특정 유산균을 찾아내어 국제특허를 획득하는 날에 우리는 어떻게 대처할 것인가? 현재로선 준비가 되어 있지 않으니 막막하다. 천하태평으로 마음을 놓을 때가 아니다.

더욱 안타까운 일은 김치의 역사가 3,000년이니 1,000년이니 하고 말로만 으스대고 있지만, 이런 유구한 역사 속에서 김치 미생물 하나라도 밝히지 못했는가라고 묻는다면 민망할 따름이다. 1676년 인류가 미생물을 최초로 알게 된 지 330여 년이 지나도 우리는 그대로 답습하고 있지 않는가. 왜 서양의 문명을 빨리 받아들이지 못했을까 자문해본다. 어쨌든 지금으로서는 어떠한 질타(叱咤)도 감내하지 않을 수 없게 되었다.

우리가 김치 미생물에 손을 대기 시작한 시기는 1950년 6·25전쟁 이후 1956경부터라고 할 수 있다. 이를 기점으로 현재까지 거의 50년 동안 김치 미생물을 조사한 셈인데, 실질적으로 이 일에 참여하고 있는 전문가는 손으로 꼽을 정도다. 미생물을 알아내는 동정은 앞에서 말한 바와 같이 너무 힘들다. 게다가 얻어낸 결과조차도 자신이 확신하기 어렵기 때문에, 이 일을 하려고 들지 않는 것이 현실이다. 그래서 이 분야의 연구 실적은 아주 미흡하다. 아쉬운 대로 몇몇 전문가들이 그동안 고생해서 발표한 믿을 만한 연구 결과만을 간추려 김치 미생물을 정의할 수밖에 다른 도리가 없을 것 같다

| 표 10 | **김치 발효 시 주된 유산균들의 변천**

유산균	유산균의 변천		
속명	1989년도 이전	1994~2000년	2000년도 이후
류코노스톡	류코노스톡 메젠테로이데스	류코노스톡 메젠테로이데스 아종 메젠테로이데스	류코노스톡 시트룸
	—	—	류코노스톡 가시코미타툼
			류코노스톡 겔리둠
락토바실루스	락토바실루스 플란타룸	락토바실루스 플란타룸	—
	락토바실루스 브레비스	락토바실루스 브레비스	—
	—	락토바실루스 사케이 아종 사케이	락토바실루스 사케이 아종 사케이
바이쎌라	—	—	바이쎌라 코리엔시스
엔테로코커스	엔테로코커스 피칼리스	엔테로코커스 피칼리스	—
	—	엔테로코커스 피시움	—
페디오코커스	페디오코커스 세레비지애	페디오코커스 펜토사세우스	—
동정법	생화학적 방법		분자생물학적 방법

유산균이 바뀐 가장 큰 이유는 미생물의 이름을 알아내는 동정법의 기준이 완전히 변경되었기 때문이다(〈표 10〉). 분자생물학적 방법이 학술적으로 신빙성이 인정되면서 1980년대 이후부터 이 방법이 도입되어 DB를 구축한 다음, 2003년도부터 이 방법이 하나의 표준으로 확정되었으며, 모든 동정은 이에 준하여 시행하도록 되어 있고, 이 방법이 아니면 인정받을 수 없게 되어 있다. 이전에 사용하던 생화학적 성질은 주어진 환경 조건 또는 연구자에 따라 상당히 변화될 수 있다는 결점 때문에 참조용으로만 사용하고 있다.

이렇게 보면, 김치 유산균이 일단 바뀐 것이나 다름이 없다. 대략적으로 볼 때 2000년도 이전에 믿어 왔던 류코노스톡 메젠테로이데스, 락토바실루스 플란타룸, 락토바실루스 브레비스가 김치의 권좌에서 물러나고, 그 대신 이 자리를 류코노스톡 시트룸, 류코노스톡 가시코미타툼, 류코노스톡 겔리둠, 락토바실루스 사케이 아종 사케이, 바이쎌라 코리엔시스 등이 차지하게 되었다고 볼 수 있다. 그러면 옛날 김치 유산균(대략 2000년도 이전)들은 김치에서 없어진 것인가? 그게 아니고 지금도 김치에 살고 있으며, 다만 김치에서의 역할이 역전되어 축소되었을 뿐이다. 이러한 현상은 배추의 재배 시기, 품종의 변이, 발효 및 보관의 시대적 변화에 기인되는 것으로 추정하고 있다. 한편으로는 명명 시 오류를 범했을 가능성도 배제할 수 없다. 이를 계기로 앞으로 또 나타날지 모르는 유산균의 탐색을 게을리 하지 말고, 계속 추진해 나가야만 우리들이 우려하고 있는 김치의 지적 재산권이나 산업 재산권을 우리의 손으로 확보하게 될 것이다. '유산균이 김치의 생명이다'라는 표어가 혼자 외치는 함성이 아니길 바랄 뿐이다.

2004. 05. 21

옛날 김치 유산균이 안 보이는 이유

포기김치를 만드는 주된 유산균이 지난 40여 년간 이구동성으로 류코노스톡 메젠테로이데스(Lm)와 락토바실루스 플란타룸(Lp)이라고 말해 왔다. 그런데 어찌된 일인지 공교롭게도 새천년을 맞이하여 이 두 종의 유산균이 김치에서 보이질 않는다.

이들 유산균은 이미 세계적으로 홍보가 되어 있는데, 형편이 이렇게 되다 보니 어떻게 변명해야 할지 망설이게 된다. 누구 하나 거들떠보는 이 없으니 어찌된 영문인지 알다가도 모를 일이다. 정부 연구비를 받고 김치 사업단에 참여한 연구자들이 무려 500여 명이나 된다고 호들갑을 떨던 때가 불과 몇 년 전 일인데 말이다. 진작 학자들 간에 논쟁이 벌어졌어야 마땅한 데도 묵묵부답이다. 막상 일이 터지면 앞에 나서지 않는 것이 우리들의 인지상정이다. 이를 모르는 바는 아니지만 도대체 어떻게 된 일일까 하고 신경을 쓰는 사람이 그 많은 연구자들 중에 한 사람도 나타나지 않으니 씁쓸하다. 혼자 안달이 날 뿐이다.

김치에 한두 종의 유산균이 있고 없고가 뭐 대단한 일이라고 야단법석을 떠느냐고 나무랄 것이다. 그렇지 않다. 우리 김치의 정통성과 정체성에 흠집이 나서 좋을 것이 뭐가 있겠는가. 오비이락(烏飛梨落) 격으로 김치에 대한 신용도 땅바닥에 떨어지고 말 것이 뻔하다. 반세기 동안 발표한 600여 편의 논문들은 모두 휴지조각이 되고 말 것이다. 그래도 태연히 앉아만 있을 것인가?

이 문제에 대해 필자도 책임을 회피할 생각은 추호도 없다. 어쨌든 그 원인을 밝혀야 마땅하다. 그 가능성을 여기에 간략하게 제시해 본다. 〈표 11〉은 Lp, Lb 그리고 Lm의 성장 조건이다. 〈표 11〉에 따르면 포도당과 소금의

| 표 11 | MRS 배지에서 락토바실루스 플란타룸과 락토바실루스 브레비스의 성장 조건

유산균명	포도당 농도			온도			pH			NaCl 농도		
락토바실루스 플란타룸(Lp)	5%	10%	15%	10℃	15℃	45℃	3.0	3.5	4.0	5%	10%	15%
락토바실루스 브레비스(Lb)	+	+	억제	−	+	−	−	−	+	+	억제	−
류코노스톡 메젠테로이데스	+	억제	억제	−	+	−	−	+	+	+	+	−
(Lm)	ND	ND	ND	+	+	−	−	−	+	+	+	−

농도는 실제적으로 영향을 주지 않고, 10℃ 이하 온도에서는 Lm만 먼저 자라고 나머지 유산균은 성장하지 않는다. 김치 발효에서 초기의 pH가 5.8 부근이므로 Lm이 먼저 자라서 pH가 낮아지면 Lm 다음에 Lp가 자라고, 뒤이어 Lb의 순서로 증식한다. Lp와 Lb는 10℃ 이하의 낮은 온도에서 성장하지 못한다는 결과에 주목할 필요가 있다. 따라서 10℃ 이하 온도에서 김치를 발효시키거나 저장할 때는 Lp와 Lb 모두가 자라지 않으므로 이들 두 유산균을 관찰할 수 없으나 15℃ 이상부터는 관찰이 가능해진다. 이러한 온도에 따른 김치 유산균의 천이현상 때문에 옛날 김치 유산균이 안 보이는 것이다.

여기에 첨언하면 발효온도를 5℃ 이하로 낮출 때에는 Lm을 포함해서 류코노스톡 여러 종들의 성장이 느려지고, 대신 Lp, Lb와 전혀 다른 락토바실루스 사케이 군의 유산균이 출현하기 시작한다. 이러한 결과는 우리 김치는 물론 수입한 중국산 김치에서 흔히 발견되고 있다.

김치에 있어서 온도가 그만큼 중요한 요인이 된다는 뜻이다. 거꾸로 출현한 유산균으로 김치의 발효는 물론, 저장 상태를 예견할 수도 있다는 말이기도 하다. 다시 강조하면 사람이 도저히 판단할 수 없는 복잡한 김치 상태를 유산균이 대신하여 그 상태를 결정적으로 읽어 주는 충실한 심복이 되어 준다. 즉, 지표생물이란 말이다. 이를 알고 나면 김치의 유산균이 매번 다르다고 걱정하고 당황할 필요가 없다. 그러니 모든 게 자기 멋대로 김치를 담근 탓이요 각자의 책임이지 김치의 잘못이 아니다. 온도가 높을수록 그리고 다를수록 김치에서는 별의별 유산균이 다 나오나 이들은 김치를 만드는 유산균이 아니라는 것도 명심해야 할 중요한 사항이다. 김치에서 찾아낸 유산균이라 해서 모두가 김치를 만드는 유산균이 아니지 않겠는가. 요즘 갑자기 이런 일들이 마구 벌어지고 있다. 여기에 붙인 해설은 개인적인 제안에 불과하며 그동안 고생해 온 500여 명의 연구자가 주눅이 든 어깨를 펴고, 그나마 애써 축적한 600여 편의 학술 논문이 다시 빛을 보기를 기대해 본다.

2004. 09. 03

김치 유산균이 달라진다

최근 해외에 발표된 논문을 보면 김치를 만드는 주된 유산균(주균)이 바이쎌라 코리엔시스라고 한다. 이는 여태껏 류코노스톡 메젠테로이데스와 락토바실루스 플란타룸이 주균이라던 정설(定說)을 뒤집는 얘기다. 바뀐 것은 사실이지만 '바이쎌라 코리엔시스가 과연 주균이냐'에 대해서 몇 가지 토를 붙여 본다.

예를 들면 전라남도 광주의 한 공장의 봄 김치에는 류코노스톡 겔리둠, 류코노스톡 가시코미타툼, 락토바실루스 펜토수스 3종이 균등하게 분포되어 있는가 하면 충북 진천의 봄 김치, 중국 베이징, 싱가포르, 인도네시아 지역의 여름 김치에는 락토바실루스 사케이 아종 사케이가 70~100%를 점유하였고 다만 겨울철에 김치를 담그자마자 저온에 보관할 때 바이쎌라 코리엔시스가 주균이 될 수 있었다. 이러고 보면 주균이라고 하기에는 좀 무리가 있음을 알 수 있을 것이다.

여기서 강조하고 싶은 점은 우리가 여태껏 믿어온 정설이 50년도 채 안되어 옛말이 되었다는 것이다. 김치 유산균이 달라졌다는 것은 수년 전부터 알고 있던 사실이라 놀라운 일은 아니지만, 이번 발표를 통하여 무려 수천 년의 김치 역사가 탈바꿈하게 되었다. 이것은 김치에 일어난 대변혁이다.

이렇게 된 가장 두드러진 변화에는 주거 문화가 변천하면서 김장김치의 보관이 김칫독에서 냉장고로 바뀌고, 배추 재배지역이 중부에서 남쪽으로 이동한 결과라고 해석할 수 있다. 이런 변화는 이젠 피할 수 없는 현실이 되어 버렸으니 속수무책이다. 우선 겨울에서 봄, 여름, 가을로 갈수록 바로 담근 김치에서는 가장 높았던 류코노스톡속의 빈도가 감소하는 반면에 락토바실루스속의 빈도가 증가하고, 바이쎌라속은 거의 검출이 되지 않는 경향성이 해마다 공통적으로 나타난다. 이를 군집발달이라 부른다. 이러한 군집발달은 이전의 자료가 없어 정확히 알 수 없으나 배추의 70% 이상을 공급하는 '해남 배추'에서 잘 나타난다.

문제는 어느 시기에 김치를 담그느냐에 따라 유산균의 운명이 결정된다. 주거 문화의 변천에 대한 한 예로 이 김치를 냉장고에 보관하면 류코노스톡과 락토바실루스속들은 서서히 사라지고 검출되지 않았던 바이쎌라가 높은 빈도를 차지하고, 후자 중에서 바이쎌라 코리엔시스를 중심으로 하여 저온에 잘 적응하는 류코노스톡 가시코미타툼, 류코노스톡 겔리둠, 바이쎌라 사이바리아(바이쎌라 김치아이는 삭제됨), 락토바실루스 사케이 아종 사케이, 락토바실루스 펜토수스 들이 김치 종류에 따라 각각 높은 빈도를 점유한다. 이를 개체군동태(個體群動態, population dynamics)라 부른다. 이렇게 실온에서 냉장고 온도로 내리는 저장법(저온발효)이 우리가 모르는 사이에 보편화되어 버렸다. 요즘 김치의 대다수가 이러한 유산균으로 구성되어 있으니 이전의 '김장김치'와는 맛이 다를 수밖에 없지 않는가.

김치 유산균이 달라진 것만은 사실로 받아들여야겠다. 누구의 잘못인지 알 수 없으나 김장김치의 특성을 알아보기도 전에 김치 유산균이 바뀌었다 그렇구나, "강정같이 깊은 곳에 명예보다 생수가 느껴진다."

2005. 09. 30

11. 김치 유산균의 생리학

physiology of lactics

11. 김치 유산균의 생리학
physiology of lactics

잠재성장

김치 연구에 있어서 가장 골치 덩어리가 신맛을 맘대로 조절하지 못하는 일일 것이다. 신맛은 유산균의 발효에 의하여 생기므로 유산균의 성장 정도에 따라 달라진다. 그리고 신맛의 생성은 어느 시점에서 중단되는 것이 아니고 발효 중에 계속 진행되는 것이 김치의 특징이다. 그래서 신맛을 조절하려면 유산균의 성장을 통제할 수밖에 없다. 여기에 착안하여 별 방법을 다 처방해 보지만 이렇다 할 묘책이 아직도 나오지 않고 있다. 김치 연구는 정말 어렵다. 이 문제를 해결하는 사람은 "노벨상감이다"라고 실토한 어떤 교수의 말이 실감난다.

김치가 시는 과정은 유산균이 성장하는 과정과 관계가 깊다. 유산균의 성장은 유도기(유아기/소아기), 지수성장기(청년기/장년기), 정체기(노년기), 그리고 사멸기(쇠퇴기)를 거치는 생활사(life cycle)로 나타낸다. 유도기는 새로운 환경에 대해 적응하는 시기이며, 지수성장기는 왕성하게 성장하는 시기고, 그 후 먹을 영양분이 부족하거나 결핍되면 성장률이 떨어져 정체기에 접어들고, 이 상태가 지속되면 서서히 죽어가는 사멸기에 처하게 된다. 그러나 이것으로 운명이 끝나지 않는다. 유산균 집단 내에 있는 대부분의 개체(또는 세포)는 정체기와 사멸기라는 혹독한 환경변화로 인하여 희생되지만 그래도 끈질기게 살아남는 개체가 1% 정도 생기기 때문이다. 그 이유는 생존을 위

208 김치, 위대한 유산

한 유전자가 발현되기 때문이라고 보고 있다. 이러한 개체들은 영양분이 풍부한 새로운 환경에 접하면 다시 이에 적응하여 성장하는 것이 일반적이다. 그러면 나머지 사멸된 99%의 개체는 정말 죽었다고 할 수 있을까? 이들도 알맞은 환경이 만들어지면 부활할 수 있다는 증거가 많이 제시되고 있다. 즉, 죽지 않고 휴면상태(dormant state)로 있으며, 이 중에는 '살아 있으나 배양할 수 없는 개체(viable but non-culturable cells, VBNC)'가 존재하고 있다는 것이다.

이와 같이 미생물의 생활사 중에서 정체기와 사멸기는 생리학적 측면에서 중요한 의미를 갖고 있다고 볼 수 있다. '휴면상태'에 있다는 말은 잠재성장(潛在成長, cryptic growth)을 한다는 의미를 내포하고 있다. 그러면 잠재성장이란 무엇인가? 'cryptic'이란 말은 conceal, camouflage, secret, having hidden meaning, mystifying의 뜻을 갖고 있다. 그래서 '숨어서 자란다' 또는 '자라는 과정을 보여주지 않는다'로 풀이하여 '잠재(潛在)' 외에 '위장(僞裝)', 또는 '은폐(隱蔽)'성장이라고도 부를 수 있다. 이 잠재성장은 정체기에서 잘 관찰된다. 이 시기에는 영양 결핍, 노폐물의 축적으로 성장이 억제 또는 저해되지만 개체 수의 증감이 거의 균형을 이루고 있고, 비록 성장이나 세포분열을 하지 않을지라도 에너지 대사나 생합성 과정이 계속 일어날 수 있다. 이러한 현상을 잠재성장이라고 말한다.

산은 바로 잠재성장하는 정체기부터 생성되기 시작한다. 따라서 정상적인 성장은 지수성장기에서 하고, 산 생성은 정체기에서 하므로 성장과 산 생성은 시간적으로 엄연히 분리되어 있는 것이 김치 발효이다. 성장이 완료되었다 해서 산 생성이 중단되었다고 생각하면 큰 오산이다. 명심해야 할 김치 발효의 원리이다. 예를 들면 김치가 시는 이유를 근 30여 년간 락토바실루스 플란타룸 유산균 탓으로 돌려왔다. 그 이유는 기껏 김치의 신맛을 알맞게 조절해 놓으면 뒤늦게 이 유산균이 출현하여 김치 맛을 망쳐 놓기 때문이라는 것이다. 그래서 이 유산균을 제거하기 위하여 박테리오신, 세균파지(phage), 열처리, 가압처리 등을 사용하고 있으나 효과를 거두지 못하고 있다. 얼마 전에 한 연구논문을 보니 락토바실루스 플란타룸의 출현 시기와 신맛의 형성관계가 시기적으로 반드시 일치하지 않거나 무관하다고 한다. 옳은 말이다. 발효 후기에 나타나는 유산균은 이 균만이 아니고 여러 종류가 있고, 불행인지 다행인지 몰라도 이 유산균은 4~5년 전부터 김치에서 보이지 않고 있다. 이젠 요즘 김치가 시는 이유는 어떻게 설명하려는지 자못 궁금해진다. 소위 말하는 김치의 산패는 락토바실루스 플란타룸 때문이라고 보는 기존의 잘못된 개념을 버리고 새로운 개념을 도입해야 해결될 것으로 본다.

2004. 08. 06

성장인자

미생물 중에서 자기 성장에 필요한 모든 유기화합물을 스스로 합성할 수 없는 종이 있다. 그 대표적인 미생물이 유산균이며, 그렇기 때문에 이에 필요한 어떤 유기화합물을 외부로부터 공급해 주어야만 유산균은 성장을 할 수 있다. 이 유기화합물을 성장인자라 한다. 이 인자들은 3가지 군으로 조합할 수 있다. 즉, ① 비타민이나 이와 관련된 성분, ② 아미노산, ③ DNA와 같은 핵산(nucleotides)의 염기성분이 그것이다. 이들 중에 어느 한 성분만 없어도 성장할 수 없다는 것을 꼭 기억해야 한다.

미생물은 성장에 필요로 하는 인자를 기준으로, 탄소 및 에너지원, 주로 당분과 소량의 무기염만 있으면 성장할 수 있는 야생형 또는 원영양(原營養, prototrophs) 미생물과 성장인자가 필요한 영양요구(營養要求, auxotrophs) 미생물로 분류된다. 넓게 보면 채소류를 포함한 식물은 전자에 속하고, 유산균을 비롯하여 사람과 동물은 후자에 속한다. 그러면 미생물은 도대체 어디에 속한단 말인가? 유산균을 포함한 미생물은 분해자(decomposer) 또는 재순환자(再巡環者, recycler)로서, 영양 면에서 식물과 동물을 연결시켜 주는 필수적인 역할을 담당한다. 덧붙여 미생물이 없다면 우리가 향유하고 있는 이 대자연은 어김없이 파멸될 것이다.

김치에 사는 유산균의 대부분은 이산화탄소를 생성하는 이형발효란 면에서 공통점을 갖고 있다. 현재까지 주된 유산균 종류는 류코노스톡, 락토바실루스, 그리고 바이쎌라의 3속이 알려져 있다. 유산균은 성장인자를 요구하기 때문에 이 성장인자를 포함하여 영양이 풍부한 서식처에서 흔히 발견된다. 그 패러다임이 바로 김치, 더 넓게 보면 채소류 내지는 식물체이며, 그다음이 사람과 온혈동물의 대장(大腸)인데, 이들도 역시 식물체를 먹기 때문에 유산균의 번식이 가능한 것이다. 그러나 자연계에서 빈영양환경(貧營養環境, oligotrophic environments)으로 알려진 냇물, 호수, 연못, 바닷물에서는 이들을 찾아보기 힘들다.

유산균은 태어날 때부터 대장균의 물질대사(metabolism) 능력에 비하여 반밖에 되지 않는다. 환언하면 해당과정(glycolysis)과 구연산 회로의 효소반응이 부분적이거나 거의 존재하지 않기 때문에 이로부터 합성되는 아미노산과 핵산의 염기성분이 많이 결핍되어 있다. 따라서 김치 유산균들이 요구하는 성장인자는 종에 따라 매우 다양하게 나타난다. 이들을 배양(증식)하기 위하여 일일이 성장인자를 각 종에 맞게 공급해 주는 일은 매우 번거롭고, 때에 따라서는 불가능할 때가 있으므로, 성장인자를 함유하고 있는 재료(배지)를 사용하는 것이 통례로 되어 있다. 아미노산원은 우유 단백질을 효소로 가수분해시킨 카제인 분해물(casein hydrolysate, casitone)을, 비타민과 염기원은 맥주 효모를 알콜로 추출한 효모 추출물(yeast extract)을 사용한다. 김치재료는 이들 성장인자를 종합적으로 포함하고 있어 김치 유산균의 성장에는 안성맞춤이다.

여기서 강조하고 싶은 것은 김치 유산균들은 이형발효를 하기 때문에 나이어신(niacin or nicotinic acid), 디아민(thiamin, B₁), 판토센산(pantothenic acid)과 같은 비타민이 공통적으로 필요하며, 아미노산은 방향족 아미노산에 속하는 페닐알라닌(phenylalanine), 타이로신(tyrosine), 트립토판(tryptophan), 그리고 환원형의 시스테인이 필수적이다. 김치 유산균들은 트립토판 하나만 없어도 전혀 성장을 못한다. 특히 산가수분해물은 환원형 시스테인이 산화형 시스틴(cystine)으로 전환될 수 있으므로 이것 대신에 효소가수분해물의 사용을 권장한다. 흔히 사용하는 펩톤(peptone)과 육류 추출물(beef extract)에는 트립토판이 없는 경우도 있으므로 주의를 요한다. 김치에 젓갈을 첨가하는 방법도 아미노산 공급의 한 예이나, 김치 재료에도 이미 충분히 함유되어 있다. 디아민은 이형발효 유산균에는 각별히 필요한 비타민이다. 이형발효의 효소반응에 없어서는 안 될 효소인 포스포케토라제(phosphoketolase)의 TPP(thiamin pyrophosphate) 보결군에 B₁이 결합하여야 정상적인 효소작용을 하기 때문이다. 이 비타민이 없으면 발효가 될 수 없다.

이들 성장인자에는 리비히의 최소의 법칙(Justus Liebig, Law of Minimum)이 적용된다. 즉, 다른 영양이 충분히 존재하는 조건일지라도 성장인자 중에서 '어떤 인자'를 필요로 하는 미생물이 있다면 그 미생물의 성장수율은 '어떤 인자'의 농도가 결정한다는 뜻이다. 다시 말해서 '어떤 인자'는 한계영양인자(limiting nutritional factor)가 된다. 요약하면 성장인자가 있을 지라도 그 농도에 따라 성장이 결정된다고 할 수 있다.

예를 들면 왜 김치에는 유산균 군집만이 번식하는가? 이 중에서 어떤 종이 선점(preoccupation)하는가? 이 답은 성장인자의 '최소의 법칙'에 준한다.

성장인자가 있으면 성장한다는 것은 성장인자가 없으면 휴지(resting) 또는 휴면상태(dormant)에 있다는 말이다. 또한 성장인자를 외부에서 공급할 경우에는 성장인자 합성 미생물보다 상대적으로 성장인자 불합성 유산균은 합성시간이 필요 없기 때문에 더 빨리 증식할 수 있게 된다. 그래서 김치 속에는 유산균들이 선점하게 되고 군락을 형성(colonization)하므로 다른 미생물이 얼씬거리지 못한다. 그래도 늘 걱정거리가 있다. 식중독균인 리스테리아 모노사이토제네스는 생리학적 면에서 유산균과 매우 유사하다. 그래서 김치 유산균이 정신 못 차리고 한눈팔면 여지없이 이 식중독균이 김치에 침투할 수 있다. 겉절이 김치가 그 취약점을 갖고 있다. 나머지 식중독균들은 침투할 만한 신예 무기가 없어 다행이다.

이상과 같이 성장인자는 김치에 있어서 결정적 위치에 있으며. 리비히의 최소의 법칙이 적용된다. 따라서 어떻게 해서든지 성장인자를 선별적으로 파괴시킬 수 있는 신예 생물미사일(bio-missiles)을 개발한다면, 특정한 유산균의 번식을 사전에 막을 수 있으므로 그 어떤 개발보다 훨씬 값어치가 있을 것이다. 그 목표는 잠재성장을 하는 유산균이 될 것이다.

2004. 08. 06

저온성 세균

김치 유산균은 어떤 온도에서 잘 자랄 수 있을까? 김치를 담그는 온도는 대다수가 알고 있다. 김장김치를 초겨울에 담그기 때문에 막연하나마 추운 날씨 또는 낮은 온도라고는 알고 있다. 그러나 김치에 사는 유산균은 몇 도에서 잘 사는가에 대해서는 대답하기가 망설여질 때가 많다. 김치의 발효온도와 유산균의 성장온도가 일치하는지 아닌지 의문이 생기기 때문이다. 어떤 온도든 그 온도에서 김치가 익고 그 온도에서 유산균이 살고 있다는 것은 확실한 사실이다. 자료를 종합해 보면 초겨울 땅속에 묻어둔 김장독의 김치 온도는 지방마다 다르지만 대략 5~14℃라고 조사되어 있다. 한편 김치에 관한 전문학술지의 논문을 살펴보면 연구 목적에 따라 다소 차이는 있겠지 만 김치 발효의 실험 온도가 주로 5~30℃이고, 심지어는 35℃인 경우도 있 다. 이쯤 되면 김치의 최적 발효온도가 몇 도인지 분간하기 어렵게 된다. 실 제로 김치의 최적 발효온도는 알려져 있지 않다.

김치온도와 별도로 김치 유산균이 잘 사는 온도는 종에 따라 다르다. 류 코노스톡속이 20℃와 30℃ 사이이고, 락토바실루스와 바이쎌라속이 35℃ 이다. 놀랍게도 이 유산균들은 공통적으로 0~5℃에서 성장할 수 있는 능력 을 갖는다. 그래서 김치라는 특수한 환경에서 살 수 있다. 미생물이 온도에 대한 반응을 나타내는 기본온도(基本溫度, cardinal temperature)란 말이 있 다. 모든 생물과 마찬가지로 김치 유산균도 자기가 살기에 알맞은 최적온도 가 있다. 위에 언급한 온도들이 여기에 해당한다. 보통 성장온도라고 하면 최적온도를 의미한다. 이 온도에서 5℃가 올라가면 어느 미생물이든 성장을 못하고 치사(致死, lethal)하게 된다. 이 온도를 최고온도라 한다. 그러나 최 고온도 이하에서는 치사, 즉 죽지 않고 살아 있으며, 다만 성장률이 점진적 으로 감소하여 성장이 느려질 따름이다. 최하로 성장할 수 있는 온도를 최저 온도라 한다. 김치 유산균은 이 최저온도가 0~5℃ 부근이다.

이 온도에서 성장할 수 있는 미생물을 총칭하여 저온성균(低溫性菌, psy-chrotrophs)이라고 하고, 최적온도는 의견이 분분하여 정의를 내리지 못하고 있다. 그러나 대체로 20℃ 이상과 35℃ 이하에서 최적온도를 나타내고, 0~7℃ 부근인 냉장고 온도에서 자랄 수 있는 미생물로 정의하고 있다. 그러 나 중온성균(中溫性菌, mesophiles)과 차별화되지 않아 타당성이 좀 떨어진 다. 이 용어는 1960년 에디(Eddy, B. P.)가 사용하였으며, 'psychros'는

'cold'의 뜻이고, 'trephein'은 'to nourish upon' 또는 'to develop'의 뜻이다. 유사용어로서 호냉성균(好冷性菌, psychrophiles; phileo, 'to love')이 있으며, 이들은 최적온도가 15℃, 최고온도가 20℃이므로 저온성균과 구별하여 사용되고 있다. 따라서 김치 유산균은 전형적인 저온성균이며 호냉성균일 수도 있다.

호냉성균에는 주로 그람음성균이 많으며 슈도모나스류(pseudomonads), 장내세균(enteric bacteria), 그리고 몇몇 병원성 균이 알려져 있다. 이외에 칸디다(Candida)류 효모가 보고되고 있다. 반대로 요구르트를 만드는 유산균들은 모두가 15℃ 이하에서 성장할 수 없고, 최적온도가 45℃인 호열성균(好熱性菌, thermophiles)에 속한다. 이들 미생물들은 성질상 김치 환경에서 거의 자랄 수 없다. 이렇게 보면 김치란 매우 특수하고 선택적인 환경을 보존하고 있다.

김치를 저온에서 발효·저장시키는 방법은 식품보존법의 하나로 출발하였으나 전반적인 식품보존에 중요한 의미를 부여한다. 김치 유산균들은 저온에 적응하여 잘 자랄 수 있기 때문에 저온에서 성장과 활성을 나타내게 하는 분자생물학적 기전(mechanism)을 알 수 있고, 이를 변경하거나 제어하므로 미지의 김치 저장과 보존의 원리를 규명할 수 있다. 저온 발효는 최종 대사물질 생성의 유도, 생리적 기전에 미치는 영향, 그리고 저온에 대한 내성, 생존과 소생 등 이론적 배경이 내재되어 있다. 그래서 실온 이상에서 김치 발효를 연구하는 노력이야말로 헛수고가 되기 쉽다.

김치는 15℃ 이하에서 담그는 것이 유리하다. 공교롭게도 이 온도는 김장독의 김치 발효온도와 일치하니 선조들의 지혜와 이에 따른 과학성에 감탄하지 않을 수 없다. 이 온도 이상은 어정쩡한 김치가 되고 만다. 김치 유산균을 페디오코커스(*Pediococcus*), 엔테로코커스(*Enterococcus*), 락토코커스

(*Lactococcus*), 호열성 락토바실루스라 함은 한참 왜곡된 주장이다. 후손들이 강 건너 불구경하듯이 수수방관하면 요즘 대(?) 중국이 우리의 고구려 역사를 도적질하는 꼴을 또다시 볼 것 같아 걱정스럽다.

2004. 08. 09

온도감수성 유산균

김치를 연구하는 중에 흥미 있는 현상이 관찰된 적이 있다. 5℃에서 발효시킨 김치에서 유산균을 분리하기 위해 김치 국물을 생리식염수로 10배수씩 희석했다. 그리고 평판배지에 도말하여 25℃ 부란기로 옮겨 배양하였는데, 이상하게도 집락(集落, colony)이 전혀 형성되지 않았다. 김치 자체에서는 유산균이 충분히 증식했음에도 불구하고 집락이 형성(성장)되지 않아 연구자들을 당혹케 하였다. 당연히 평판배지에서 집락이 형성되어야 하는데 정반대의 결과가 나왔기 때문이다. 이후 반복된 실험에서도 이 현상은 김치 종류에 따라 관찰되기도 하고 그렇지 않기도 하였다.

그런데 25℃에 놓아두었던 평판배지를 우연히 꺼내어 5℃로 옮긴 후 며칠이 지나고 보니 집락이 형성되지 않았겠는가! 위대한 '발견'을 한 것처럼 기쁨을 감출 수가 없었다. 이로써 김치 유산균들은 5℃ 저온에서는 성장을 하지만, 이들의 최적온도인 25℃ 중온에서는 성장할 수 없는 표현형(表現型, phenotype)으로 전환될 수 있다는 사실을 깨달았다. 또 5℃에서 분리된 분리균주(分離菌株, isolates) 또는 돌연변이주(突然變異株, mutants)들은 거듭된 계대배양(繼代培養, serial transfer)에서 생존하지 못하고 죽거나 다시 중온에서 살 수 있는 야생형(野生型, wild type)으로 회복되기도 하였다.

이 현상을 온도감수성 돌연변이체(溫度感收性 突然變異體, temperature-sensitive mutants)가 생성되었다고 하며, 조건부 치사(條件附 致死, conditionally lethal)라고도 부른다. 야생형은 양쪽 온도에서 모두 성장할 수 있지만, 돌연변이체들은 한 조건에서는 자랄 수 있으나 다른 조건에서는 자랄 수 없기 때문이다. 돌연변이체의 단백질은 낮은 온도에서 그 정확한 형태를 유지할 수 있으나 높은 온도에서 부분적으로 변성되기 때문에 온도감수성 표현형은 흔히 일어난다. 이 돌연변이 유발(mutation)은 한 개 또는 몇 개 염기쌍의 변이 때문에 생긴다. 이를 점돌연변이(点突然變異, point mutations)라 부르며, 이는 DNA상의 염기쌍 치환 또는 염기쌍의 삽입 혹은 결실 때문에 생긴다. 점돌연변이 때문에 생긴 표현형 변화는 정확하게 돌연변이가 유전자의 어디에서 일어났고, 어떤 서열이 변화되었고, 그리고 유전자가 어떤 단백질을 해독했는지에 따라 다르다.

단백질을 해독하는 유전자의 암호역(暗號域, coding region) 내에서 점돌연변이가 일어난다면 세포의 표현형에 일어난 어떠한 변화는 모두가 생성된 단백질의 아미노산 배열(sequence)의 변화 때문이다. 이 암호역의 염기쌍 치환에 의하여 잘못된 '3염기 암호(triplet code)' 혹은 유전암호(遺傳暗號, codon, genetic code)는 DNA 복제·전사, 그리고 번역을 거쳐 잘못된 단백질을 만든다. 그 결과로 '3염기 암호'의 첫 번째나 두 번째 염기 변화에 의한 '결함된' 단백질(mis-sense mutation), 정지 코돈에 의한 '미완성' 단백질(nonsense mutation), 그리고 2종류 정상 단백질, 즉 코돈의 세 번째 염기변화에 의한 '정상' 단백질(silent mutation), 그리고 원래의 정상 단백질(야생종)이 만들어진다.

온도감수성 돌연변이체는 '미스센스' 돌연변이 유발기작(mis-sense mutation)에 의하여 발생한다. 한 가닥의 폴리펩티드(polypeptide) 내 중요한 염기에 변화가 일어난다면 단백질이 불활성화되거나 활성이 저하된다. '미스센스' 돌연변이는 온도감수성 효소를 만들게 한다. 그러면 어떻게 저온(5℃)에서 분리된 온도감수성 분리균주들은 중온(25℃)에서 살 수 있는 야생종으로 회복(回復, recovery)될 수 있는가? 점돌연변이는 가역적(reversible)이다. 이를 귀선주(歸先株) 혹은 복귀돌연변이(復歸突然變異, revertants)라 하고, 돌연변이체에서 상실된 야생종의 표현형이 부활·복구되는 균주로서 정의한다. 두 가지 형의 귀선주가 있을 수 있는데 하나는 동일부위 귀선주(同一部位, same-site revertants)이고, 다른 하나는 이차부위 귀선주(二次部位, second-site revertants)이다. 동일부위 귀선주는 최초의 변이가 일어났던 같은 위치에 활성을 복구시키는 돌연변이이다. 그리고 이차부위 귀선주는 DNA상에 다른 위치에서 일어나는 돌연변이이며, 이 이차부위 돌연변이는 최초의 표현형을 복구하는 억제유전자 돌연변이(suppressor mutations)들 때문에 야생종의 표현형으로 복구될 수 있다. 따라서 억제유전자 돌연변이는 최초의 돌연변이의 효과를 보상하는 새로운 돌연변이에 속한다. 그 복구는 ① 동일 유전자 내의 다른 곳에서 변이가 일어나 효소기능이 복구되고, ② 다른 유전자 내에서 변이가 일어나 최초에 변이된 유전자의 기능과 야생종의 표현형이 복구되며, ③ 다른 유전자에서 변이가 일어나 돌연변이의 효소를 대신할 수 있는 전혀 다른 효소를 생산하는 방법이 있다.

마지막으로 온도감수성 유산균으로 변이시키는 돌연변이 유발물질(mutagens)이 김치에 있는 것인가? 그 가능성은 배제할 수 없다. 이 돌연변이는 어떤 유전자의 염기치환을 전제로 하기 때문에 유전자 변이에 영향을 미칠 수 있는 물질이 반드시 존재해야 한다. 무엇일까? 현재 연구가 활발히 진행되고 있다니 기대해 볼 만하다. 또한 이 연구는 여태껏 문제시되어 온 실질적인 김치의 품질 관리, 김치의 차별화, 특히 위생관리(hygienics) 분야에 새로운 장을 열게 될 것으로 본다.

2004. 08. 10

대사적 손상균

미생물이 죽지 않을 정도로 어떤 환경 스트레스(stress) 혹은 스트레서 (stressor)를 받을 때, 정상 세포라면 견디어낼 수 있는 선택배지(選擇培地, se-lective media)에서 집락을 형성하는 능력을 상실하는 대사적 손상(代謝的 損傷, metabolic injury)을 받는다. 비선택배지(非選擇培地, nonselective media) 와 선택배지에서 각각 따로 평판 배양을 하면 대사적 손상을 입은 개체 수와 정상 개체 수를 측정할 수 있다. 비선택배지에서는 대사적 손상 개체와 정상 개체 둘 다 증식하고, 선택배지(스트레스 배지, stress medium)에서는 정상 개체만이 증식한다. 그러므로 두 배지에서 증식한 집락 수의 차이를 보면 집단 내의 손상된 개체 수를 측정할 수 있다.

대사적 손상균을 검출하는 실험의 예를 보면,

1. 실험균에 치사 이하의 손상을 입힌다.
2. 고체 비선택배지와 선택배지에 도말한다. 선택배지에 알고자 하는 스트레서를 첨가하면 비선택배지에서는 집락수가 약간 감소하지만, 선택배지에서는 그 수가 상당히 감소한다.
3. 손상균을 수리(repair)하기 위하여 액체 회복배지(liquid recovery medium)에 옮긴다.
4. 회복배지의 일정량을 일정한 시간 간격을 두고 다시 선택배지에 도말한다. 손상균은 스트레서에 대하여 내성을 갖는 능력을 회복한다.

스트레서에 의하여 대사적으로 손상을 입은 개체(세포)들은 다시 회복될 수 있다. 죽은 상태에서 다시 소생할 수 있기 때문에 이를 '불사조 현상(不死

鳥, phoenix phenomenon)'이라고 부른다. 이 사실은 병원균뿐만 아니라 부패균일 경우 매우 심각한 문제를 야기할 수 있다.

김치에서 예상되는 스트레서들은 온도·산소·아질산염(NO_2^-)·항생제·페놀화합물(phenol derivatives)·농약(pesticides)·소금·식품 보존제(preservatives) 등이며, 이외에도 다양한 물리·화학적 환경인자들이 존재할 수 있다. 이들 스트레서는 김치 유산균이 죽지 않을 정도의 낮은 선량, 즉 치사 이하의 선량(致死以下 線量, sublethal dose)만 존재해도 대사적으로 손상을 받을 수 있다. 김치에서 유산균으로부터 생길 수 있는 손상균을 검출할 수 있다면, 이 손상균을 김치에 부정적인 스트레서 또는 환경인자가 있다는 지표(指標, indicator organism)로 사용할 수 있을 것이다.

스트레스가 미생물에 미치는 효과에 대해 1943년 넬슨(Nelson, F. E.)은 손상균의 영양요구(nutritional requirement)가 증가한다고 하였다. 환언하면 성장인자 내지는 성장과 연관된 물질을 요구하는 잠정적 변이가 생기고, 성장인자가 풍부하게(rich) 존재하는 환경 혹은 서식지에 노출되면 원상태로 복구·부활하여 다시 증식할 수 있다는 것이다. 이러한 영양적 성질에 부가하여, 손상균은 휴지기의 증가, 환경 인자에 대한 감수성의 증가, 세포막과 TCA 회로에 반응하는 효소의 상해, 그리고 리보솜(ribosomes)의 파괴 등을 나타내는 것으로 보고 있다.

위에서 '영양요구가 증가한다'는 말은 손상균이 영양요구체(營養要求體, auxotrophs)라는 말과 같다. 이들은 성장인자가 존재하지 않는 한, 세포분열이 정지한 휴지 상태(resting state)로 유지된다. 이것은 일반적으로 미생물이 역환경에 대하여 생존하기 위한 전략이라고 해석할 수 있다. 휴지 세포(resting cells)는 외적 환경변화에 거의 영향을 받지 않기 때문에 성장하는 세포(growing cells)보다 생존이 연장될 수 있다. 그 예로 페니실린 항생제가 성장

중인 미생물에만 작용하여 치사시킬 수 있다는 결과는 잘 알려진 사실이다. 그리고 김치 유산균이 정체기에 잠재성장하는 것과 온도감수성 유산균이 발생하는 것도 생존을 위한 수단으로서 대사적 영양요구체로 전환되는 것이다. 손상균 또는 일시적 영양요구체를 수리하여 부활시키는 최선의 방법은 20종의 아미노산을 풍부하게 공급해 주는 것이다.

2004. 08. 12

pH 스트레스와 산내성

눈에 보이지 않지만 김치 유산균들은 김치통이란 제한된 공간에 갇혀서 생활하고 있다. 이를 폐쇄 생태계(closed ecosystem), 더 정확히 천이적인 개방계(transient open ecosystem)라 부른다. 김치 유산균은 발효를 통하여 젖산을 만들어 내고 이산화탄소를 방출한다. 따라서 밀폐된 공간에서는 처음의 환경과는 달리 주위에 젖산이 축적되어 산성화되고, 산소가 소진(消盡)되어 이산화탄소가 가득 찬 무산소(無酸素) 상태로 바뀌게 된다. 그러나 실제로 밀폐 용기를 거의 사용하지 않으므로 부분적으로 무산소 상태가 형성되는 것이 보통이다.

여기서 뚜렷하게 변화되는 환경인자는 pH이다. 김치의 pH는 대략 초기에 5.6~5.8이 되나 발효가 진행되면서 서서히 낮아져 발효가 끝날 때쯤이면 3.8~4 정도가 된다. 김치가 이렇게 산성화되면 유산균은 성장이 느려지거나 멈추게 되어 죽게 된다. 그러나 모든 유산균이 이렇게 되는 것이 아니고 낮은 pH에서도 생존하는 내산성 유산균이 많이 발생하고 있다. 최근에 이런 현상을 설명할 수 있는 이론이 제시되고 있다.

이는 미생물이 산성 환경에서 적응과정(adaptive transition)을 거치면 어떠한 산성 환경에서도 생존할 수 있는 능력을 가질 수 있다는 이론이다. 그 이유는 미생물이 산성 pH에 반응할 때 산성 물질을 중성으로, 중성물질을 알칼리성으로 전환시킬 수 있는 효소를 생성하기 때문인 것으로 알려져 있다. 즉, 미생물이 세포 내 pH를 조절하여 성장 범위를 벗어난 pH 조건에서도 생존할 수 있다는 말이 된다. 낮은 pH에서도 생존할 수 있는 이유는 대장균이 글루탐산탈탄산효소(GAD)를 갖고 있기 때문이다. 이 효소는 글루탐산(glu) 또는 염(mono-sodium glutamat, MSG)을 감마아미노부티르산으로 전환시켜 준다.

glu 또는 MSG + H$^+$(세포 내) → GABA(세포 외) + CO$_2$

이 효소반응에 의하여 합성된 가바 물질은 세포 내 수소이온(H$^+$) 또는 프로톤(proton)을 갖고 세포 밖으로 빠져나가 역수송(逆輸送, antiporter)되기 때문에 세포 내에는 수소이온이 감소하여 중성으로 변한다. 따라서 외부 환경이 산성화되더라도 대장균은 생존한다. 이를 초기 수소이온 또는 양자 배출(primary proton pump)이라 하며, 이 외에도 K$^+$/H$^+$, Na$^+$/H$^+$ 역수송이 알려져 있다. 이 개념을 pH 항상성(homeostasis)이라 하고, 대장균에서 처음으로 입증되었다.

그리고 대장균이 죽지 않을 정도의 산성 pH인 5~6에 노출되고 나면 설령 대장균이 죽게 되는 pH인 4~2 조건에서도 자신을 보호할 수 있는 유전자들을 유도하게 된다. 이와 같이 유전자의 유도계(inducible system)를 사용하여 'pH 항상성 기작'이 유도되어 외부 pH에서도 자신을 보호하게 된다.

이상에서와 같이 세포 내에서 일어나는 유전적(유전자 유도)이고 생리적(pH 항상성)인 변화를 산내성 반응(acid tolerance response, ATR)이라고 한다. 대장균은 ATR의 유도로 인하여 50여 개의 새로 합성된 산 충격 단백질(acid shock proteins)들이 발현되어 산성 환경에서도 살 수 있게 된다. 즉, 다음과 같이 정리할 수 있다.

pH 항상성 + 유전자의 유도계 → 산내성 반응

김치 유산균인 락토바실루스 사케이 아종 사케이에서도 이러한 pH 항상성 현상이 있다는 것이 밝혀졌다. 이로써 김치 유산균들은 위산 장벽(gastric acid barrier)을 뚫고 장내로 갈 수 있는 기회를 갖게 되었다. 또한 음식에 첨가하는 조미료인 MSG가 내산성 반응을 하는 데 중요한 역할을 하고, 이 조미료로부터 억제성 신경전달물질인 가바가 만들어지는 것이 규명된 일은 김치 역사의 쾌거라고 하지 않을 수 없다. 더군다나 요리할 때 MSG 조미료를 첨가하는 행위가 금지되다시피 하고 있는데, 역설적으로 오히려 첨가 쪽으로 권장할 날이 멀지 않은 것 같다. 특히, 염가(廉價) 전술로 우리의 김치 산업계를 주눅 들게 하는 중국산 김치를 따돌릴 수 있는 절호의 기회이기도 하다. 이렇다 보니 미생물 과학의 힘이 얼마나 큰지 새삼스럽게 느껴진다. 우리 김치를 끝까지 지켜 나가야 한다는 각오를 다질 때가 바로 지금이다.

2004. 12. 18

호박산 대사

김치에서 유별나게 연구되지 않는 분야가 유산균의 발효 또는 생리학이다. 김치를 발효식품이라고 못을 박아 놓고도 정작 이 분야는 감감 무소식이다. 김치에 있어서 최대의 관심사인 장기 보존, 신맛의 조절, 가스제거 등도 사실상 발효와 직결되어 있으므로 이 골치 아픈 난제들을 치유할 수 있는 묘책도 생리학의 연구로부터 나오지 않을까 싶다. 그러니 한번쯤은 이 분야에 관심을 갖는 척이라도 해야 할 것이다.

미생물 생리학의 관심 분야는 미생물이 어떤 물질을 먹고 얻은 에너지로 활동하면서 그 나머지 찌꺼기를 몸 밖으로 배설할 때 그 과정에서 일어나는 화학반응의 경로를 밝히는 일이라 보면 될 것이다. 그 결과 유산균의 성질을 파악할 수 있게 된다. 예를 들면 김치가 산패되고, 가스가 생기는 문제를 해결한다면 우리가 알아낸 유산균의 성질에 맞추어 그에 합당한 처방을 찾아낼 수 있다는 말이 된다.

여기서 김치에 사는 유산균이 '먹는 물질'이란 포도당·과당·5탄당, 그리고 사람이 넣어 준 설탕이고, '나머지 찌꺼기'란 젖산·초산·이산화탄소(소위 가스) 등 김치 국물에 분비되는 여러 가지 부산물들이다. 그러나 이러한 부산물들은 김치를 담그는 사람이나 비법에 따라 그 양이 들쑥날쑥하므로 맛도 엄청 달라질 수 있다. 이는 분명히 사람 잘못이지 절대 유산균이 저지른 일이 아니라는 것을 명심해야 한다. 유산균이 눈에 보이지 않는다고 함부로 그들을 탓해서는 안 된다. 유산균은 거짓말을 못하는 존재이다. 이 말은 김치를 담그는 사람이 유산균의 성질을 잘 알수록 최고의 김치를 만들 수 있다는 이치이다.

실제로 김치를 담그자마자 유기산을 분석하면 호박산이란 물질이 검출되지 않지만, 1970년대 논문에서는 흔히 검출되는 것으로 보고되어 있다. 호박산을 중요하게 여기는 이유는, 우리가 통상 알고 있는 발효에서는 호박산을 구경할 수 없기 때문에 혹시 옛날 김치와 요즘 김치 간에 어떤 차이점을 발견할 수 있지 않을까 해서이고, 다른 하나는 이 산이 화학 성질상 김치의 맛과 보존에 깊은 관계가 있을 것으로 보기 때문이다. 따라서 어떤 유산균이 이 산을 합성할 수 있는지의 여부를 규명하는 것은 매우 중요하다.

최근에 연구내용을 요약하면 〈그림 2〉에서 보는 바와 같이 김치 유산균이 포도당을 먹으면 호박산을 만들어낸다는 사실을 찾아냈다. 이런 결과는 세계적인 발견으로 우리 김치에 자긍심을 갖게 해주고, 선조의 지혜를 새삼 일

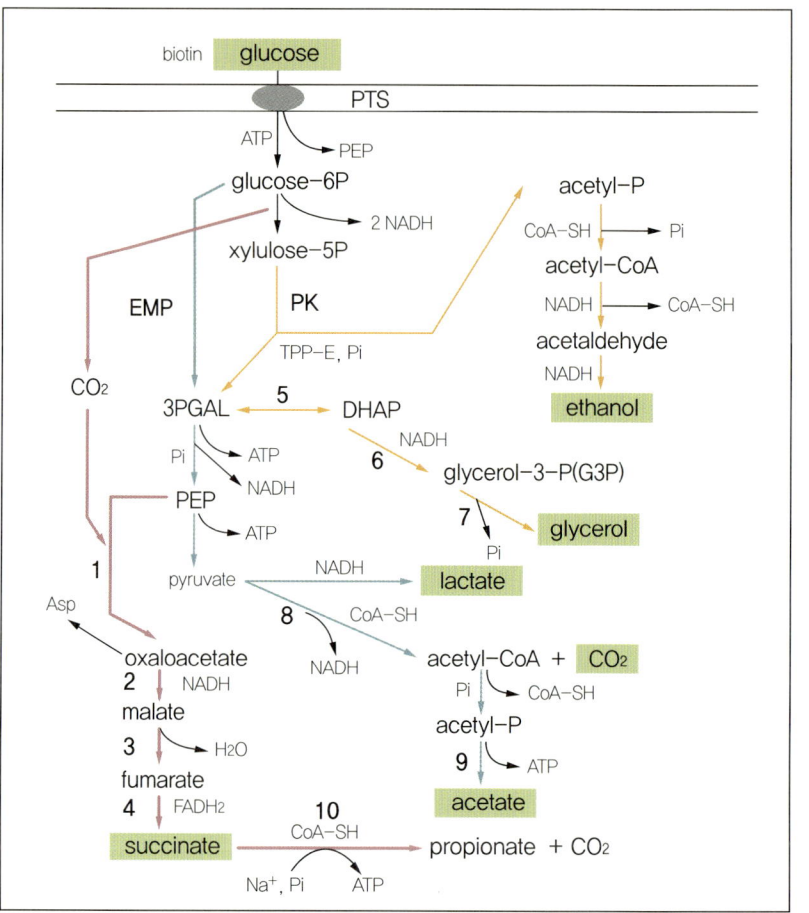

| 그림 2 |

$3glucose \rightarrow 2lactate + acetate + succinate + glycerol + ethanol + CO_2$

그림 2. Schematic diagram of the speculative reductive tricarboxylic acid(TCA) route and regulation of glucose metabolism in some lactic acid bacteria isolated from kimchi.
1. PEP carboxylase; 2. malate dehydrogenase; 3. fumarase; 4. fumarate reductase; 5. triosephosphate isomerase; 6. G3P dehydrogenase; 7. G3P phosphatase; 8. pyruvate dehydrogenase; 9. acetate kinase; 10. CoA-SH transferase.

G6P, glucose-6-phosphate; 3PGAL, 3-phosphoglyceraldehyde; GAP, glyceraldehyde-3-phosphate; DHAP, dihydroxyacetonephosphate; PK, phosphoketolase pathway; EMP, Embden-Meyerhof pathway; PK, phosphoketolase; TPP-E, thiamin pyrophosphate enzyme; CoA-SH, coenzyme A

김치 유산균의 생리학 225

깨워 주는 쾌거라 하지 않을 수 없다.

이 호박산 대사과정은 다른 미생물에서 일부가 알려져 있는데 사람이 갖고 있는 구연산 산화회로의 반쪽짜리고, 그것도 사람과 반대되는 역대사 경로를 갖고 있다고 해서 이를 구연산 환원경로(reductive citric acid route 1)라 부른다. 〈그림 2〉에서와 같이 유산균 세포 내에서 생성된 이산화탄소를 비오틴(biotin)이 운반해 오면 탄산고정효소가 인산에놀피루브산염(phosphoenolpyruvate, PEP) 또는 피루빈산(pyruvate)에 고정한 후, 이 환원적 경로를 거쳐 호박산이 합성된다. 이 호박산은 환경조건에 따라 탈탄산효소에 의해 프로피온산으로 전환될 수 있다. 따라서 탄산고정효소와 탈탄산효소는 산소가 없는 혐기성 상태에서 활성화될 수 있고, 호박산만 만들 때는 이산화탄소(가스)가 발생되지

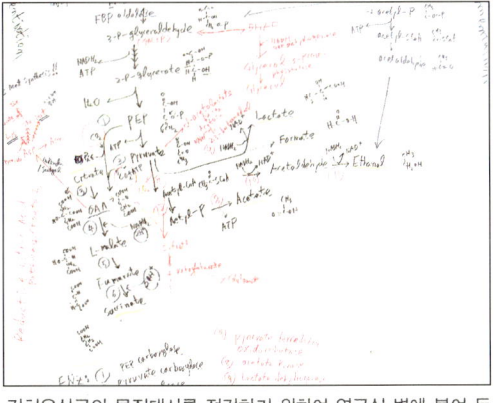

김치유산균의 물질대사를 점검하기 위하여 연구실 벽에 붙여 둔 연구원들의 커다란 실험노트이다.

않으며, 푸말산을 첨가하면 성장이 억제된다.

구연산 산화회로는 사람을 포함하여 호흡하는 모든 동물의 활동 에너지를 생산한다. 그런데 발효 미생물에서 이 환원경로가 알려지면서 산소가 없는 원시 시대에 살았던 미생물의 구연산 환원경로로부터 진화되었다고 보고 있다. 구연산 환원경로는 이산화탄소를 고정시키므로 지구의 온실화 속도를 감소시킬 수 있는 역할을 한다.

이토록 중요한 호박산 대사과정을 무시하는 요즘 김치의 폐단은 당연히

① 보존성이 떨어지고, ② 호박산이 생성되지 않으며, ③ 가스가 많이 발생하고, ④ 맛이 없고, ⑤ 신맛이 강하다고 충분히 예측할 수 있을 것이다. 이상을 해결하기 위해서는 호박산 대사가 활발히 일어날 수 있도록 김치를 담그는 길밖에 없다. 이를 통해 근간에 벌어지고 있는 김치의 걱정거리를 타개해 나갈 수 있을 것이다.

매번 감탄하는 일이지만 우리 선조들은 통찰력을 가지고 이 비법을 훌륭히 전수하여 왔으나 후손들은 건성으로 겉만 전수하였다는 결과밖에 되지 않는다. 김치가 주는 또 하나의 교훈이다.

2005. 02. 23

만니톨 합성과 이용

김치가 발효를 시작하면 김치에 없었던 물질이 유산균에 의하여 생성된다. 젖산·초산·이산화탄소(가스)·주정이 일반적이고 이외에 만니톨이란 물질이 생성된다. 이 만니톨은 유산균 말고도 과일과 채소에 함유되어 있으며, 다가 당알콜(polyol)로서 자일리톨(xylitol), 솔비톨(sorbitol)과 함께 대체 감미료로 사용된다. 또 수분을 흡수하지 않는 성질(humectant, 습윤제)을 이용하여 껌을 딱딱하게 만들기 위해 껌에 바르는 분말제로 사용된다. 성질은 무색·무취이며, 칼로리와 단맛은 설탕의 절반 정도이고, 충치를 예방할 수 있다. 솔비톨의 이성체로서 화학식은 같으나 모양이 다르다. 식물 삼출액 만나(manna)에 많이 들어 있고 헥산헥솔(hexanehexol), 만나 당, 만닛트라고도 부른다. 산업적으로 미생물을 이용하여 다량으로 생산되고 있다.

김치에서는 유산균이 재료 속의 포도당을 먹고 만니톨로 전환시켜 주는데, 설탕을 첨가해 주면 그 생성량이 증가한다. 알려진 유산균으로는 락토바실루스와 류코노스톡이 있으며, 최근에 밝혀진 바이쎌라는 그 합성 여부가 확인되어 있지 않다. 지금까지 알려진 만니톨의 생합성과 분해대사 경로를 〈그림 3〉에 요약하였다.

만니톨은 과당과 설탕으로부터 합성되고 포도당은 성장하는 데 사용된다. 설탕으로부터 만니톨이 합성될 수 있는 이유는, 세포막에 있는 덱스트란슈크라제(dextransucrase) 효소에 의하여 유산균 몸 밖에서 생성된 포도당은 덱스트란을, 과당은 만니톨을 합성하기 때문이다. 이와는 달리 몸 안으로 들어온 설탕은 설탕 포스포릴라제(sucrose phosphorylase) 효소에 의하여 생성된 포도당이 덱스트란을 만들지 않고 성장하는 데 사용되고, 과당은 모두 만니톨로 전환된다. 이상과 같이 포도당은 성장에 필요한 에너지를, 설탕은 에너지·덱스트란·만니톨을, 과당은 전량 만니톨을 합성하는 데 사용되고 있다.

만니톨의 합성은 ① 과당이 직접 환원되거나 ② 만니톨-1-인산으로 산화된 다음에 합성되는 두 가지 경로가 있다. 합성된 만니톨은 몸 밖으로 배출되므로 체외(김치 국물)에 축적된다. 김치 유산균 중에서 류코노스톡은 과당과 설탕을 거의 동시에 먹고 만니톨을 만드는 반면에 락토바실루스는 과당으로부터 만니톨을 만드는 도중에는 설탕을 이용하지 않고 있다가 과당이 모두 소진된 후에야 비로소 이용한다. 그리고 이때는 NADH 조효소가 주정(에탄올)보다 만니톨 합성에 사용되므로 주정을 만들 수 없다는 것이 특징이다(〈그림 3〉의 ×표). 특히 락토바실루스는 생성된 만니톨을 서서히 재이용하는 것이 류코노스톡과 다르다. 재이용은 합성의 역경로가 되며 주로 만니톨-1-인산으로 전환된 후 정상적인 발효과정을 거친다.

이와 같이 만니톨 대사가 중요한 이유는 우리 건강과 직접적인 관계를 맺고 있기 때문이다. 김치에는 으레 포도당, 과당, 설탕이 들어 있기 마련이므로(혼합영양, mixotroph) 생김치나 겉절이를 먹을 경우 당뇨 질환에는 적합하

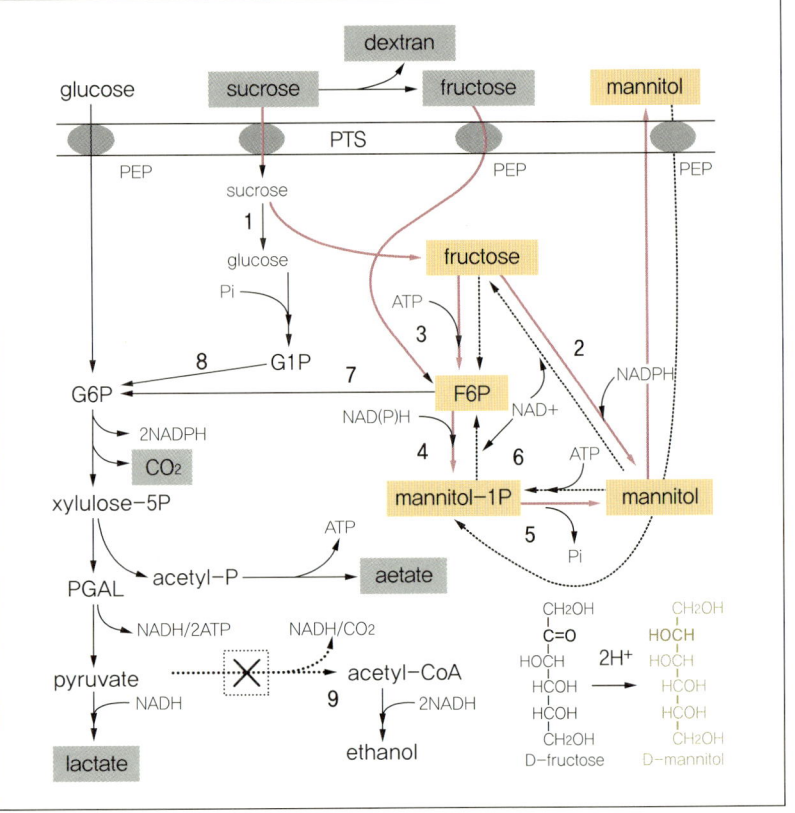

| 그림 3 |

3 fructose → 1 lactate + 1 acetate + 2 mannitol +1 CO_2

1 glucose + 2 fructose → 1 lactate + 1 acetate + 2 mannitol +1 CO_2

그림 3. Schematic diagram of the biosynthesis and utilization(dot line) of mannitol by lactic acid bacteria isolated from kimchi. G1P, glucose-1-phosphate; Pi, inorganic phosphate; F6P, fructose-6-phosphate; G6P, glucose-6-phosphate; mannitol-1-p, mannitol-1-phosphate. Dot lines and bald lines represent two possible routes of mannitol utilization, and the pathway of mannitol biosynthesis, respectively.

1. sucrose phosphorylase; 2. mannitol dehydrogenase;
3. fructokinase; 4.mannitol-1-phosphate dehydrogenase;
5. mannitol-1-phosphatase;
6. mannitol kinase(mannito 1-phosphotransferase);
7. glucose-6-phosphate isomerase; 8. phosphoglucomutase;
9. alcohol dehydrogenase; PTS, phosphotransferase system.

김치 유산균의 생리학 229

지 않는 식품으로 오인받기 쉽다. 그러나 익은 김치 또는 발효김치는 이들 당분이 소진되고 대신 식이섬유로 알려진 덱스트란과 비소화성 만니톨로 전환되기 때문에 건강식품이다. 만니톨 대사는 이를 입증하는 과학적 근거를 제시한 셈이다. 그러나 락토바실루스 유산균은 생성된 만니톨을 재이용하므로 김치에는 달갑지 않은 손님이 될 수 있다. 김치의 기능성을 위해 유산균을 첨가할 때는 이런 락토바실루스의 성질을 고려하여 신중히 해야 할 것이다.

2005. 02. 23

펙틴 분해

배추김치를 보관할 때 어느 정도 시간이 지나면 물러지고 질겨지는 연부현상을 흔히 관찰할 수 있다. 김치를 담그기 시작한 이래 수천 년 동안 내려온 김치의 취약점이라고 할 수 있다. 그런데도 이를 해결할 이렇다 할 묘책이 아직 없는 것으로 보아 난제 중의 난제인 것 같다. 심지어 이를 포기하고 있는 인상마저 주고 있다.

연부현상이란 배추 조직에 효모, 곰팡이, 세균과 같은 미생물이 공격하여 증식하기 때문에 물러지고 나중에는 썩는 질병의 하나이다. 그 원인은 조직의 주된 화학성분인 펙틴질이 분해(分解)되기 때문이며, 김치에서는 골마지나 효모가 원인균으로 알려져 있다. 그러나 펙틴을 분해하는 효소는 효모뿐만 아니라 배추와 양념 자체에도 함유되어 있다. 이렇게 보면 김치에는 온통펙틴 분해효소가 복병으로 숨어 있는 셈이다. 그러니 연부를 막는 일은 생각만큼 쉬운 일이 아니다.

펙틴은 화학적으로 갈락트론산(galactronic acid)이 수천 개가 연결되어 이루어진 긴 사슬이다. 이 갈락트론산에 메탄올과 초산이 부분적으로 결합되어 있고, 갈락트론산들 사이에 군데군데 끼어 있는 람노스(rhamnose) 당에

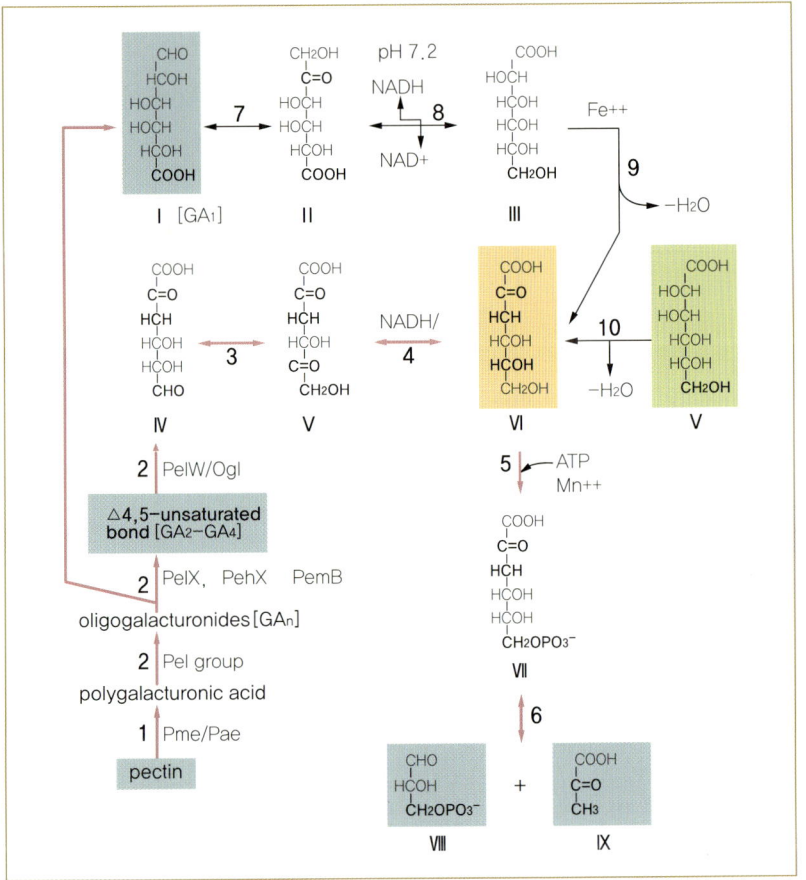

| 그림 4 |

Proposed pectin and hexuronic acid catabolism.

Chemical names: I. D-galacturonate; II. D-tagaturonate; III. D-altronate; IV. 5-keto-4-de-oxy-gluconate(KduI); V. 2,5-diketo-3-deoxy-gluconate(KduD); VI. 2-keto-3-deoxy-glu-conate(Kdg); VII. 2-keto-3-deoxy-6-phosphogluconate(Kdpg); VIII. 3PGAL; IX. pyruvate; X. D-mannonate

Enzymes: 1. pectin methylesterase(Pem)/pectin acetylesterase(Pae); 2. pectate lyase(PeL)/polygalacturonase(Peh); 3. 5-keto-4-deoxygluconate(kdul) isomerase; 4. NAD(P)H-linked dehydrogenase; 5. kdg kinase; 6. kdpg aldorase; 7. uronic acid iso-merase; 8. keturonic acid reductase; 9. D-altonic acid dehydrase; 10. D-mannoic acid dehydrase.

김치 유산균의 생리학   231

아라비노스(arabinose)와 갈락토오스(galactose) 당이 결합되어 있는 측쇄 구조를 갖고 있다. 이 구조는 마치 벽돌로 쌓은 담장에 비유할 수 있다. 펙틴은 이렇게 길고 단단한 큰 분자이므로 배추의 조직을 지탱할 수 있는 것이다. 배추를 씹을 때 아삭아삭한 촉각도 이 때문이다.

펙틴 분해 경로를 〈그림 4〉에 정리하여 두었다. 그림에서 보는 바와 같이 펙틴 분해는 단번에 일어나는 반응이 아니고 10여 단계를 거쳐 일어나며 마지막 생성물은 젖산과 초산이다. 펙틴은 큰 분자이므로 바로 먹지 못하고 몸 밖에서 잘게 잘라져야만 한다. 펙틴을 자르는 효소는 Pme, Pae, Pel, Peh 4 종류가 알려져 있고, 이들 효소가 차례로 공격하면 중간 생성물로서 갈라트론산이 2~10여 개가 결합된 올리고갈락트론산(oligogalactronides)으로 전환된다. 이때에야 비로소 먹게 된다.

제일 먼저 공격하는 효소는 펙틴에 붙어 있는 메칠기를 떼어내어 메탄올을 만드는 Pme 효소다. 이 반응을 거쳐야만 다음 효소들이 작용할 수 있게 된다. 따라서 이 Pme 효소의 작용을 억제할 수 있다면 펙틴 분해는 덜 일어날 것이므로 배추도 그만큼 덜 물러질 것이라고 예상할 수 있다. 이 효소는 약산성이고 소금이 존재할 때 더욱 활성화되어 연화(softening)가 촉진된다. 배추의 절임과정은 이 조건에 안성맞춤이다. 절인 배추가 연해지는 것은 소금에 의한 것이기도 하지만, 배추 소의 효소에 의한 것이기도 하다. 양념을 첨가한 후 며칠이 지나면 절일 때보다 더 물러지는 것도 양념에 들어 있는 효소의 작용 때문이라고 해석할 수 있다.

펙틴이 미생물에 의하여 분해되는 생화학적 경로는 외국의 경우 1950년대에 거의 완성되었고 최근 10여 년 동안은 효소의 유전자와 이들 간의 조절 기작을 연구하고 있다. 50년이 지난 지금 늦은 감이 있으나 우리도 이 대열에 동참할 수 있도록 노력을 경주한다면 김치의 연부현상이 밝혀질 날이 멀지 않을 것이다.

2005. 08. 19

능금산-젖산발효

발효시키지 않은 김치에는 능금산(malic acid, 사과산)이 소량으로 검출되나 발효가 진행되면서 사라지는 현상을 관찰할 수 있다. 따라서 이 능금산이 소멸되는 대사과정을 이해할 필요가 있다. 능금산은 L-형과 D-형 이성체가 있으나 대체로 미생물은 이 중에서 L-능금산만을 이용한다. 지금까지 알려진 L-능금산 대사를 보면 ① 능금산-젖산효소(malolactic enzyme, MLE), ② 능금산효소(malic enzyme), 그리고 ③ 능금산 탈수소효소(malate dehydrogenase)의 작용에 의하여 L-능금산이 L-젖산으로 전환된다(〈그림 5〉). 김치 유산균의 경우 능금산-젖산효소에 의한 발효를 하고, 나머지 두 대사는 일어나지 않는 것으로 확인되었다. 따라서 김치 유산균은 L-능금산/L-젖산 발효를 하는 것이 특징이라고 할 수 있다. 이 발효는 에너지원으로 포도당이 존재할 때에만 가능하므로 포도당과 능금산 간에 공대사(共代謝, cometabolism)를 한다고 말한다.

한편 김치 유산균 중에서 류코노스톡에 속하는 모든 종과 바이쎌라에 속하는 몇 종은 포도당으로부터 D-젖산을, 그리고 락토바실루스는 DL-형 젖산을 생성하는 성질을 갖고 있으므로 김치에는 실제로 능금산-젖산발효에 의한 L-형을 비롯하여 D-형과 DL-형 젖산이 모두 존재하는 셈이다. 대조적으로 우유에 관련된 유산균은 D-형 젖산을 생성하지 못하므로 우유 제품에 D-형 젖산은 없기 마련이다. 특히 류코노스톡 메젠테로이데스는 능금산이 포도당과 함께 존재할 때 포도당으로부터 D-젖산을 L-젖산으로 전환하는 젖산 이성체의 생성을 조절하고, 포도당은 주로 에너지원이 된다.

김치 유산균의 생리학 233

능금산은 NAD와 연결된 L-LDH(lactate dehydrogenase, 젖산 탈수소효소)를 6.5배, D-LDH를 3.2배 비활성을 증가시키므로 양쪽 효소의 합성을 촉진하는 효과가 있다. 그 이유는 능금산이 D-LDH 단백질의 구조를 재정렬하기 때문에 이로 인하여 D-LDH 효소를 억제하고 L-LDH 효소의 합성과 활성을 촉진하는 것으로 해석되고 있다. 그러나 김치에서 분리된 이 유산

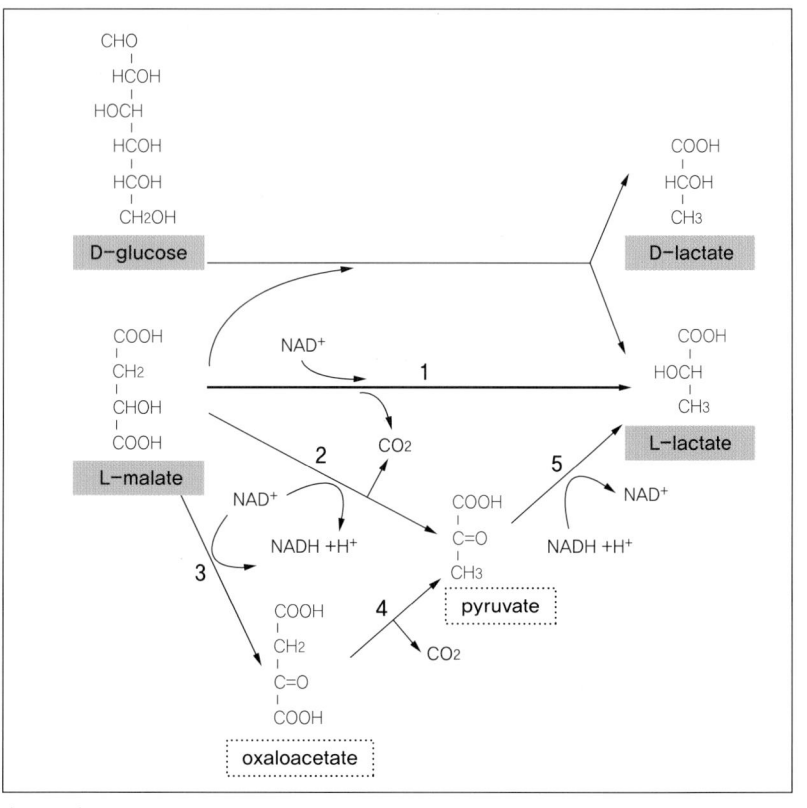

| 그림 5 |

그림 5. Three possible metabolic pathways for the utilization of malic acid to lactic acid by lactic acid bacteria isolated from kimchi. 1. malolactic enzyme(MLE in malolactic fermentation)); 2. NAD-linked malic enzyme; 3. NAD-dependant malate dehydrogenase; 4. oxalacetate decarboxylase; 5. NAD-dependant L-lactate dehydrogenase.

균에는 이러한 반응이 관찰되지 않는다.

그러면 김치에는 어떤 젖산 이성체가 유리할까? 위에서 지적했듯이 일반적으로 미생물들은 L-형 젖산을 잘 이용하고 D-형 젖산은 거의 이용할 수 없다. 따라서 김치는 발효 후기에 가서 다시 탄소 및 에너지원으로서 L-젖산을 이용할 수 있는 미생물이 증식할 수 있는 기회를 제공하게 된다. 김치 표면에 골마지(주로 효모임)가 형성되는 이유도 L-젖산을 이용하기 때문이다. 이로 인하여 김치의 산도가 감소하고 반대로 pH가 10까지 증가하여 펙틴 분해효소를 활성화시켜 배추의 조직을 지탱하는 펙틴을 분해함으로써 김치가 물러지고 군내가 나는 결과를 초래하게 된다. 이런 면에서 본다면

능금산이 들어있는 사과

L-젖산보다 D-젖산을 많이 생성하는 발효가 김치에는 유익하다고 할 수 있다. 실제로 김치에는 D-젖산과 DL-젖산이 각각 반반씩 함유되어 있으므로 D-젖산이 75% 정도에 해당된다. 이에 따라 D-젖산이 인체에 어떤 영향을 주는지는 앞으로 연구할 가치가 충분히 있다고 볼 수 있다

능금산은 김치에서 어떤 역할을 하는가? 최근의 연구보고에 따르면 pH 항상성(homeostasis)을 유지시켜 줌으로써 생존을 증가시키는 효과가 있다고 알려져 있다. 능금산(2가 음이온)을 유산균이 섭취할 때 2개의 수소이온($2H^+$)이 세포 내로 들어오고 대신 젖산(1가 음이온)을 균체 밖으로 분비하므로 1개 수소이온($1H^+$)이 국물로 나온다. 그 결과 국물의 pH는 상대적으로 알칼리

화되며 이러한 대사활동은 휴지세포에서도 계속될 수 있다. 따라서 사과를 갈아서 김치에 혼합하면 풍미가 향상되고 pH를 유지시키는 효과를 기대할 수 있을 것으로 본다.

2005. 09. 06

구연산-젖산발효

김치에서 항상 검출되는 유기산은 구연산과 능금산이다. 이들 유기산은 유산균에 의하여 생성되지 않기 때문에 김치 재료로부터 유래하는 것으로 보이며, 그 양은 가을김치와 겨울김치에 0.3%, 봄김치와 여름김치에 0.15% 정도가 보통이나 발효가 진행되면서 소멸되는 것이 특징이다. 구연산은 식품 첨가물로서 용도가 매우 다양하다. pH 조절·신맛 제공·풍미 향상·식품보존제의 효과 증진·지방산화의 지연·탈색 및 향의 변질 방지·당 전환의 촉진·단맛의 감소·효소와 미생물의 불활성화 등 식품과 음료 분야에 널리 사용되고 있다. 구연산은 식물에서 추출하여 산업에 사용하였으나 요즘은 주로 곰팡이에 의하여 다량으로 생산하고 있다.

구연산은 구연산 회로에 의하여 합성되며 1953년 노벨상 수상자인 한스 크렙스(Hans Krebs)가 최초로 발견한 물질대사로 우리나라 고등학교 생물 교과과정에도 포함되어 있을 정도로 보편화되어 있다. 이 구연산 회로는 호흡을 하는 모든 생물이 갖고 있으며 특히 식물은 빛이 없을 때 작동한다. 이 회로는 우리가 활동하는 데 필요한 에너지를 합성할 뿐만 아니라 탄수화물·아미노산·단백질·유전자의 핵산·지방, 그리고 비타민 등을 합성한다. 그런데 김치 유산균들은 구연산 회로가 없이 해당작용만 할 수 있도록 태어났기 때문에 이러한 성분을 대부분 합성할 수 없으므로 외부로부터 아미노산, 비타민 등과 같은 성장인자를 필히 공급받아야만 살 수 있다. 이는 사람

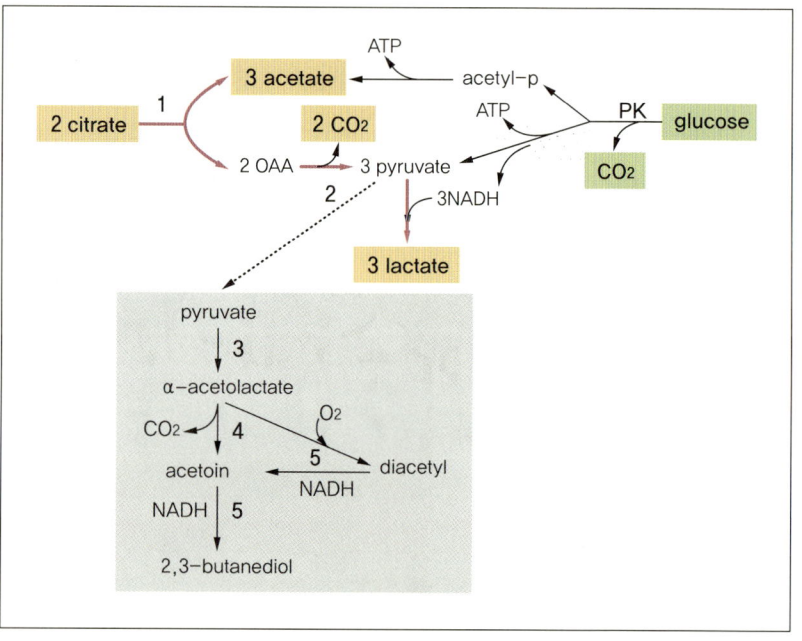

| 그림 6 |

glucose + 2 · citrate → 3 · lactate + 3 · acetate + 3 · CO$_2$

그림 6. Proposed scheme for the cometabolism of citrate and glucose or xylose (citrolactate fermentation). The reactions indicated are catalyzed by the following enzymes:
1. citrate lyase; 2. oxalacetic acid(OAA) carboxylase; 3. α-acetolactate synthase;
4. α-acetolactate decarboxylase; 5. 2,3-butanediol dehydrogenase;
PK, phosphoketolase pathway.

이 필수 아미노산을 반드시 섭취해야 하는 이유와 같다.

구연산 회로는 구연산을 합성하는 과정인 데 반하여 구연산-젖산발효는 이를 분해하는 과정이다. 이 발효가 미생물 분야에 알려진 것은 꽤 오래 전 이지만 김치 유산균의 일부가 이 발효를 한다는 사실은 불과 2004년의 일 이다. 즉, 구연산이 분해하여 먼저 옥살아세트산(oxaloactate)과 초산이 생성 되고 이산화탄소를 방출한 다음에 나머지 옥살아세트산이 다시 분해하여 젖산으로 전환된다. 그러나 김치 유산균은 구연산을 직접 이용할 수 없기 때문에 이를 이용할 수 있는 에너지를 포도당이나 과당 같은 당류로부터 얻어야만 그 이용이 가능해진다(〈그림 6〉). 이들 당도 역시 김치의 재료로부터 얻는다. 그러나 구연산-젖산발효에 관여하는 물질이 김치의 재료에서 오는 것은 분명하나 구체적으로 어느 재료에서 어느 정도가 오는지는 알려져 있지 않다. 이는 김치 재료의 배합 비에 상당한 영향을 미칠 것이므로 세부적인 연구가 필요하다.

김치에서 구연산-젖산발효가 갖는 의의는 pH를 높이고 신맛을 낮추는 데 있다. 그 이유는 2가 이온인 구연산이 1가 이온인 젖산으로 전환하여 수소이온 농도(H^+)를 감소시켜 주기 때문이다. 부가해서 구연산 농도를 적절히 조절한다면 김치의 pH를 높일 수 있으므로 김치 유산균의 생존력(生存力, via-bility)을 증가시킬 수 있는 유

구연산이 들어있는 오렌지.

리한 점도 있다. 이와 같이 김치 발효에서 구연산-젖산발효가 알려지면서부터 재료에서 오는 당분과 유기산의 관계, 이들 성분의 소재지와 그 함량, 김치를 만드는 유산균의 선택, 양념에 의한 성장인자의 보충, 풍미 등에 관한 품질연구에 새 바람이 일 것으로 예상한다.

2005. 09. 11

12. 김치의
최적화 방향

optimization

12. 김치의 최적화 방향 optimization

개요

수천 년 전부터 김치는 발효식품이라고 알려져 왔다. 이는 김치가 미생물에 의하여 만들어진다는 말과 같다. "어떻게 미생물이 김치를 만들 수 있을까?" 이 의문을 풀기 위해선 우선 김치에 있는 미생물을 분리하는 일이 중요하다. 그런데 김치는 자연발효식품이기 때문에 재료에 붙어 있거나 주위 환경으로부터 옮겨온 수많은 미생물들이 다양하게 존재할 수 있다. 그래서 이들 중에서 김치를 만드는 미생물만을 찾아내는 일은 사실상 쉽지 않다.

그럼에도 불구하고 많은 사람들이 과거 50여 년 동안 시행착오를 거듭하면서 그 많은 미생물 중에서 유산균만이 김치를 만든다는 사실을 알아내게 되었다. 나머지 미생물들은 김치 발효에 직접 관여하지 않지만 억제된 상태로 살아남아 있을 것이고, 그중에는 죽은 미생물도 있을 것이다. 따라서 김치에는 유산균 외에도 다른 미생물들이 함께 존재하고 있다고 보는 것이 타당하다.

김치에 있는 유산균과 기타 미생물들의 종류와 수는 김치를 담그는 재료의 종류와 양, 담글 때와 보관할 때 당시의 환경조건에 따라 상당히 달라진다. 말인즉 담글 때마다 달라진다는 것이다. 매번 김치 맛을 같게 하려고 아무리 시도해도 잘 안 되고, 집집마다 김치 맛이 다른 이유도 이러한 조건들을 일정하게 만들어 줄 수 없기 때문이다. 그래서 김치 맛과 품질을 균일하고 일정하게 만든다는 것은 거의 불가능하다. 유산균과 기타 미생물들이 김치를 만들 때의 조건에 따라 예민하게 반응하기 때문이다.

그렇기 때문에 한번 '맛있는 김치'를 담갔다고 하더라도 그 맛을 재현한다는 것은 기대하기 어렵다. 요즘같이 배추와 양념거리를 사철 재배하는 경우는 더욱 그렇다. 이 때문에 여러 전문가들이 주장해 온 '김치의 표준화'를 아직도 실천에 옮기지 못하고 있고, 앞으로도 그 실천 여부가 불투명한 실정이다. 그렇지만 김치의 표준화를 위한 준비는 해야 하므로 그 첫 단계로서 먼저 '김치의 최적화(optimization)'에 대한 조건들을 검토해 보는 것도 바람직한 일일 것이다.

2005. 01. 16

배양 특성

김치를 연구하는 사람마저도 김치에서 찾아낸 유산균들을 키울 수 없다고 호소하는 경우가 많다. 키울 줄 모르면 연구도 할 수 없기 때문에 마땅히 각 유산균들을 키울 수 있는 방법을 알아야 할 것이다. 김치 유산균을 찾아내거나 키우기 힘든 것은 각 유산균마다 나름대로의 특수성을 갖고 있기 때문이다.

김치 유산균은 어떻게 키울까? 이 문제는 어떻게 보면 김치 종주국으로서 우리 국민들도 가져야 할 관심사가 될 수 있을 것이다. 동식물을 키우는 광경을 흔히 보고 있으나 미생물을 키우는 것은 좀처럼 보기 힘들 것이다. 우선 알아두어야 할 지식은 유산균은 동식물이 아닌 미생물이며 생물이란 것이다.

'키우다'라는 뜻은 대상에 따라 다르게 사용한다. 동물은 사육(飼育, breed), 식물은 재배(栽培, cultivate), 사람은 양육(養育, bring up)한다고 하지 않는가. 이에 대하여 김치 유산균은 더 나아가 동물의 조직 또는 세포는 배양(培養, culture)한다고 말한다. 모두가 생물학적으로 '성장시킨다(grow)'는 의미를 갖고 있으나 이렇게 표현만 다르게 사용하고 있을 뿐이다. 생물이 성장하려면 먹을 거리가 있어야 한다. 이것도 마찬가지로 동물은 사료(飼料, feed), 식물은 비료(肥料, fertilizer), 사람은 음식(meal)이라고 하듯이 미생물은 배지(培地, culture medium)라고 한다.

김치 유산균은 배양하기가 까다로운 미생물에 속한다. 먹성이 까다롭기 때문이다. 아마도 지구상에서 제일 키우기 힘든 생물이라고 해도 과언이 아닐 것이다. 그래서 배양하려면 먹성에 알맞은 배지를 만들어 주어야 한다. 배지를 만드는 성분 중에서 어느 한 성분만 없어도 성장을 못한다. 필수 성분으로는 아미노산과 비타민류들이 있다. 이들을 배지에 보충해 주기 위해서 보통 효모로부터 얻어내어 건조시킨 분말상태의 효모 추출물을 비타민 공급원으로, 육류로부터 얻은 육류 추출물을 아미노산 공급원으로 사용하고 있다. 그리고 다른 아미노산원으로 단백질을 효소나 산으로 가수분해하여 얻어낸 펩톤을 사용한다. 이러한 성분이 들어 있는 유산균 배지가 MRS(Difco사 MRS lactobacilli)이며, 세계적으로 가장 널리 사용하고 있는 배양배지다. 대부분의 유산균들 특히 요구르트 유산균들은 이 정도면 무난히 배양할 수 있으나, 김치 유산균은 잘 자라지 않는다. 여러 사람이 김치 유산균을 키우기 어렵다고 호소하는 이유는 이 배지를 사용하기 때문이다.

도대체 이들 성분 중에 어떤 성분이 결핍되어 있기에 이들 배지에서는 김치 유산균이 성장하지 못하는가? 바로 20종의 아미노산 중에서 트립토판이라는 방향족 아미노산이 결핍되어 있기 때문이다. 김치 유산균은 타고날 때부터 편식을 하는 셈이다. 그래서 이 아미노산을 보충해 주면 신나게 자란다. 그러므로 보통 우유의 단백질인 카제인(케이지인)을 췌장의 효소들로 가

수분해시켜 얻어낸 분해물, 즉 시약 판매상에서 구입할 수 있는 카지톤(ca-sitone, Difco사 제조)을 대신 사용하면 만사형통이다. 잊지 말아야겠다. 원인을 알고 나면 그 대책 마련은 쉽기 마련이지만 매사가 생각대로 되는 것은 아니지 않는가.

역으로 생각해 보면 배양배지(MRS)와는 달리 김치 내에서는 유산균이 탈 없이 잘 자란다. 이미 김치에는 트립토판이 있다는 결론이 내려진다. 더욱이 김치 유산균들은 이 아미노산을 서로 주거니 받거니 하면서 상생하고 있다는 사실도 알려져 있다. 이러한 김치의 영양 환경을 미리 파악할 수 있었더라면 이런 말은 나오지 않았을 것이다. 아무리 게놈 시대에 살고 있다고 자랑한들 김치 유산균도 키울 줄 모른다면 다 무슨 소용이 있겠는가. 김치 유산균 배양에 더욱더 가깝게 접근하려는 노력이 필요하다. 선진국도 미생물 배양을 중시하고, 게놈 연구만큼 배지를 계속 개발하고 있다는 것을 명심해야겠다.

2005. 12. 14

배양배지

김치에는 유산균 외에도 수많은 미생물이 살 수 있다는 것을 앞에서 설명했다. 김치에는 미생물이 얼마나 있을까? 미생물 종류는 무엇일까? 여기에는 큰 장벽이 놓여 있다. 미생물의 수를 측정하려면 먼저 김치 미생물이 모두 성장할 수 있는 배지와 배양법을 선택해야 한다. 배지의 종류, 더 정확히 말하면 배지에 들어 있는 성분과 배양법에 따라 미생물이 성장할 수도 있고 그렇지 않을 수도 있기 때문이다.

그러나 이들의 선택에는 어려운 점이 많다. 일반적으로 미생물들의 성분과 배양법을 정확히 파악할 수 없는 불확실성 때문이다. 그러므로 김치에 존재하는 모든 미생물에 적합한 배지를 배합하여 조제한다는 것은 불가능하다. 그 예로 최근 연구에 의하면 현재 사용 중인 배지와 배양법으로는 실제 존재하는 미생물 수의 10% 이하밖에 알아낼 수 없다고 한다. 그러니 자연 서식처에 있는 미생물의 대다수를 모르고 있다는 얘기가 된다. 김치라고 해서 예외는 아닐 것이다.

이러한 난관에도 불구하고 미생물 연구를 수행하고 있는 것이 전 세계적으로 공통적인 현실이다. 김치의 역사는 길지만 이에 관한 과학적 연구는 상대적으로 짧은 편이다. 이런 이유 때문인지는 몰라도 아직도 김치와 유사한 서양의 전통 식품이며 양배추로 만드는 사우어크라우트의 연구를 많이 참고하고 있는 실정을 벗어나지 못하고 있다.

사우어크라우트의 연구에 사용하고 있는 배지가 TGY(펩톤, 포도당, 효모 추출물을 배합함)와 MRS 배지이다. 요즘 연구에는 주로 후자를 사용하고 있다. MRS 배지는 드만(de Man, JC), 로고사(Rogosa, M), 샤프(Sharpe, ME) 세 사람의 이름의 첫 자를 따서 붙인 배지명이며, 1960년에 유산균의 일종인 락토바실루스를 키우기 위해서 고안해 냈다.

이 배지는 일반적인 유산균의 성장에 필요한 성분인 아미노산과 비타민이 풍부하게 함유된 카제인 펩톤, 육류 추출물, 효모 추출물을 배합해서 만든 것이다. 원래 목적인 락토바실루스 유산균 말고도 다른 유산균 배양에 대해서도 비교적 비선택적인 배지라 해서 유산균 배지로 널리 사용하고 있다. 그러나 이 배지도 알려진 모든 유산균이 성장할 수 없는 결함을 갖기는 다른 배지와 마찬가지다. 특히 MRS 배지는 자연계에 흔히 있는 바실루스, 효모, 그람음성균이 성장하지 못하는 장점을 갖고 있다. 따라서 현재로선 MRS는 그동안의 연구를 통하여 김치 유산균을 검출하는 최선의 배지로 알려져 있다.

현재까지는 이 MRS 배지로 김치에 있는 유산균을 검출하여 살아 있는 생

244 김치, 위대한 유산

균수와 균명을 알아내고 있으나, 김치의 특수성을 고려할 때 앞으로 김치에 있는 실제의 유산균을 정확하게 파악하기 위해서라도 김치를 사용하여 만든 배지, 즉 자연배지(natural medium)를 개발해야 될 것으로 믿는다. 불행하게도 국내에서는 배지개발을 위한 투자는 물론 연구조차 하지 않고 있으며, 전적으로 수입에만 의존하고 있는 실정이다. 현행 MRS 배지의 사용은 김치 연구에 있어서 과도기적 현상이라 할 수 있다.

2005. 01. 17

김치배지

김치에는 유산균을 비롯한 기타 미생물들이 많이 포함되어 있고, 이 중에서 유산균을 분리할 때는 MRS 배지를 사용한다고 했다. 그러나 김치를 정확히 이해하려면 김치에 가장 가까이 접근할 수 있는 방법을 동원해야 한다고 제안한 바 있다. 그 방법이 김치로 만든 김치배지라 가정했다. 이 배지는 김치 유산균의 서식처와 유사한 김치배지이며, 분리하거나 측정하는 작업이 다른 배지보다 합리적이라는 이론적 배경을 갖고 있다.

현재 진행 중이지만 김치배지(kimchi medium, KM)의 제조법은 ① 잘게 썬 원부재료를 혼합한 다음 ② 거즈(gauze)로 거른 여과액을 20분간 끓인다. 그리고 ③ 12,000rpm에서 원심분리를 하여 맑은 상등액을 배지로 사용하는 방법이다. 또는 쥬서기나 착즙기를 사용하여 얻은 액에 달걀 흰자를 재료 1kg당 2개를 잘 풀어 혼합한 후, 고압증기솥(autoclve)에서 끓이고 상온에서 냉각시킨 후에 거즈로 거른 여과액을 사용한다. 이들 배지 제조법은 한 예에 불과하며 앞으로 더 개선해야 함을 일러둔다.

이 김치배지를 사용하여 김치 유산균을 측정하면 집락을 형성하는 수(colony forming unit, CFU) 또는 균체 수가 MRS 배지보다 김치배지에서 반 정도로 감소한다. 얼핏 생각하면 김치배지가 김치 유산균을 측정하는 데 효율성이 떨어지는 것같이 보이지만 엄밀히 따지면 그렇지만도 않다.

실험을 토대로 하여 그 결과를 해석하면 이렇다. 왜 두 배지 간에 균체 수의 차이가 생겼을까? 김치배지에서 검출된 유산균 수가 실제와 같다고 가정하면 MRS 배지에서는 김치에서 활동(live)하지 않거나 활성(active)이 상실된 유산균까지도 검출되었다고 판단할 수 있다. 미생물 세계에서는 이런 일이 다반사로 일어나고 있으므로 충분히 타당성이 있는 추론이다. 따라서 김치의 총 유산균 수 중에서 절반은 불활성화된 상태로 실질적인 김치 발효에 참여하지 않고 있다는 결론이 나온다.

그러면 어떻게 해서 MRS 배지에서는 두 배나 많은 균체 수가 출현할 수 있었을까? 이것은 김치에 결핍되기 쉽거나 부족할 수 있는 아미노산과 비타민 등과 같은 성장인자들이 MRS 배지에 풍부하게 함유되어 있기 때문에 이들이 부족하여 김치에서 성장할 수 없었던 유산균들이 이 성장인자를 이용하여 증식하였기 때문이라고 해석할 수 있다. 참고로 김치 유산균들은 성장인자가 필요하며 그 종류와 양은 균마다 다르다.

상용되고 있는 MRS 배지가 김치 연구에 적합하지 않을 수도 있다는 얘기가 된다. 그러나 이 두 배지를 병용한다면 우리가 김치에서 발견하지 못했던 새로운 원리를 찾아내는 데 중요한 역할을 할 것이다. 그 예로 어떤 종류의 양념을 첨가해야 김치 유산균을 충분히 증식시킬 수 있는가를 결정함에 있어서 이 성장인자를 지표로 사용할 수 있기 때문이다. 많은 김치 연구자들이 사용할 수 있는 표준화된 김치배지의 생산과 공급이 절실하다.

2005. 01. 19

골마지 검출 배지

김치 유산균 외에 다른 미생물들은 어떻게 찾아낼 수 있을까? 우선 미생물 배지를 종합적으로 수록한 책자나 학술지를 참고해야 한다. 여기서 자기가 찾아내고자 하는 미생물에 적용이 가능하다고 생각한 배지를 선택한 후 김치에 적합한지를 검토하여 사용하게 된다. 그러나 이것도 매우 어려운 일 중 하나여서 일반적으로 김치 연구에 사용되고 있는 배지에 국한될 수밖에 없다.

김치에서 문제시되고 있는 미생물은 골마지(효모)다. 골마지는 공기와 접촉하는 김치표면에서 증식한다. 온도는 −3℃부터 30℃ 사이에서 성장하고, 혐기성 상태에서도 잘 자란다. 포자를 형성하는 능력도 갖고 있다.

주로 발효 후기에 번식하여 김치를 무르게 하고 마지막으로 부패시켜 군내가 나게 만든다. 그 이유는 이들 골마지가 유산균이 생성한 젖산을 이용하여 성장한 다음에 폴리갈락투로나제(polygalacturonase)라는 효소를 분비하여 배추의 조직을 지탱하고 있는 단단한 펙틴질을 분해시켜 배추를 무르게 하기 때문이다. 따라서 골마지가 끼기 시작하면 김치의 젖산이 감소되어 강산(pH 3.8)에서 강알칼리(pH 10 정도) 쪽으로 변하게 된다. 그러므로 골마지를 김치에서는 부패균(spoilage organisms)으로 취급하고 있고 부패의 지표로 사용하고 있다.

골마지 검출에 사용하는 배지는 YM(Yeast extract, Malt extract, glucose agar) 배지다. 이 배지는 고화용으로 한천, 에너지 및 탄소원으로 포도당, 단백질과 아미노산원으로 펩톤, 비타민원으로 효모 추출물, 그리고 맥아(질검)로 만든 맥아 추출물을 배합하여 만든다. 골마지 또는 효모 검출에 사용하는 대표적인 배지다. 가끔 김치에서는 엉뚱하게 그람음성균이 성장하는 경우가 관찰되므로 광학현미경으로 관찰하여 확인해 둘 필요가 있다.

2005. 01. 21

일반세균 검출 배지

김치에는 유산균과 골마지 말고 일반 세균도 많이 존재하고 있다. 일반세균이란 식품에서는 그람음성균과 양성균들이 포함된다. 그러나 그중에서 김치에는 내산성이고, 통성 혐기성이고, 성장인자를 요구하는 세균들이 많으며, 이러한 성질을 갖춘 세균들이 비교적 잘 증식한다.

그런데 식중독균에 속하는 장염균인 클로스트리디움 퍼프린젠스 (*Clostridium perfrigens*), 식중독균인 리스테리아 모노사이토제네스, 광역 항생제 내성균인 스타필로코커스 오리우스(*Stapylococcus aureus*)들은 그람양성균이고, 설사균인 살모넬라 타이퍼뮤리움(*Salmonella typhimurium*), 대장균인 에쉐리키아 콜리(*Escherichia coli*), 패혈증을 일으키는 식중독균인 비브리오 파라해모리티쿠스(*Vibrio parahaemoliticus*)는 그람음성균으로서 이들은 공통적으로 약산성 환경에서는 성장할 수 없는 성질을 갖고 있다.

따라서 이들 식중독균들은 비록 김치에 오염된다 해도 성장할 확률이 매우 낮다. 실제로 김치에서는 검출되지 않고 있다. 심지어 실험실에서 강제로 오염시킬지라도 김치가 발효되어 익을 때나 시어질 때 죽어 없어지고 만다. 김치는 이들 식중독균이 증식할 수도 없고 생존할 수 없는 특수한 환경을 구비하고 있다는 의미이다. 그 이유는 김치가 익을 때 김치는 약산성에서 강산성 쪽으로 바뀌기 때문이다.

이러한 세균들을 제외하면 김치에 살 수 있는 일반세균은 어느 정도 한정되게 된다. 일반세균의 검출에 사용하고 있는 배지는 영양한천배지(nutrient agar medium, NA)가 있다. 어떤 이는 일반적으로 많이 쓰는 배지라 해서

'보통 배지'라고 부르기도 하지만 'nutrient'의 뜻을 그대로 번역해 사용하는 것이 좋을 듯하다. 영양한천배지는 육즙 분말, 단백질인 펩톤, 그리고 소금을 배합해서 만든다.

특이하게 이 배지에서는 김치 유산균들이 성장하지 않으므로 일반세균을 측정하는 데 방해가 되지 않는 장점을 갖고 있다. 김치에서 일반세균을 검사하면 세균이 400만 개 정도가 나온다. 꽤 많은 수라고 할 수 있다. 일반세균이 전혀 없는 위생적인 김치를 만든다고 해서 원부재료를 사전에 몽땅 살균할 수도 없는 처지다. 알다시피 김치는 자연발효식품이기 때문에 이렇게 되면 김치의 특성을 상실하게 되고 만다. 정말 딱한 노릇이다.

김치의 일반세균은 김치를 취급하는 전문가나 업체 사이에서 한번도 그 심각성을 논의해 본 적이 없다. 정확한 이유는 알 수 없으나 이제부터라도 검토해야 할 중대한 사항이다. 예를 들면 일반세균의 출현빈도로 김치 제조 시 원부재료의 전 처리 및 관리 상태, 종업원의 위생 등 작업환경의 안정성을 판가름할 수 있는 지표가 되기 때문이다. 따라서 김치의 품질관리를 위해서라도 앞으로 일반세균의 검사 및 공시를 의무화해야 마땅할 것이다.

2005. 01. 22

김치의 호칭

언제부터인지 정확히 알 수 없으나 '김치'라고 하면 배추를 주재료로 담근 김치를 연상하게 되어 있다. 마찬가지로 '포기김치'와 '막김치'도 배추란 말이 빠져있지만 배추김치로 통용되고 있는 실정이다. 이는 아마도 국민의 64%가 김장을 담그고, 86%가 배추김치를 선호하고 있기 때문에 대다수의 국민들이 김치를 통상 '배추김치'로 인식하고 있지 않나 싶다. 식당에서 "김치 더 주세요"라고 하면 대뜸 배추로 담근 막김치를 갖다주지 않는가? 그만큼 김치를 '배추김치'로만 오인하고 있다. 그러나 이렇게 알고 있다고 해서 "그렇게 하자"라고 말하기에는 좀 석연치 않은 점이 있다.

그 예로 다른 채소류를 주재료로 사용하여 담근 깍두기, 동치미, 오이소박이, 오이지 등은 김치라고 말할 수 없지 않는가. 그런데 문헌에 의하면 이들도 '김치'라고 분류하고 있다. 더욱이 나박김치, 보쌈김치, 갓김치, 파김치, 순무김치, 인삼김치, 한방김치 등도 '김치'에 포함되어 있고 무려 200여 종이 있다고 보고되어 있다. 그러니 배추김치는 이 중 한 종류에 지나지 않으므로 '김치'를 배추김치로만 알고 있는 관행은 잘못된 것이 분명하다.

'김치'라는 말로 두루뭉실하게 사용해서는 안 될 것이다. 배추를 주재료로 사용했다면 '배추김치' 또는 '포기 배추김치', '막 배추김치'라고 명시해야 오해가 없을 것 같다. 그 이유는 관행적으로 '김치' 앞에 붙는 말 또는 수식어는 주재료의 이름과 모양이거나 김치 명가의 이름을 따서 종류(style)를 표시하고 있기 때문이다. '김치'란 이름이 안 붙은 깍두기, 동치미, 오이소박이, 오이지 등의 명칭같이 예외도 많지만 주재료 명을 붙인 순무김치, 갓김치, 파김치 등과 모양을 나타내는 보쌈김치, 나박김치 등 그리고 궁중 김치, 누구네 집 김치 등이 그 예가 될 수 있다.

어떻게 보면 김치란 말을 너무 남용하고 있는 것 같다. '누구네 집 김치'라고 하면 그 집에서 담그는 특색이 있는 김치일 터인데, 그 많은 김치 중에서 어떤 김치를 담그는지 알 수가 없지 않는가. 그러니 이것은 분명히 김치 종류에 포함시킬 수 없는 '번지 없는 김치 명칭'이 되고 만다. 이렇게 새로운 명칭을 가진 김치가 탄생하지 말라는 법도 없겠지만 이런 호칭의 사용을 자제하였으면 한다. 강제로 말릴 수 없는 일이지만 '김치'란 말의 순수성을 오염시킬까 걱정이 되어 그렇다.

이 기회에 '김치'란 말이 내포하고 있는 공통적인 뜻을 나름대로 정의해 보고자 한다. 첫째, 김치는 먹을 수 있는 거의 모든 채소류를 주재료로 사용하고 있다. 둘째, 주재료를 소금에 절인다. 셋째, 소금과 양념을 첨가한다. 넷째, 자연적으로 삭힌다(발효시킨다). 이런 절차를 따르면 김치가 된다. 이를 다시 정의하면 '김치란 채소를 소금에 절여 소금과 양념을 첨가하여 삭혀서 먹는 음식'이다. 역으로 '채소를 소금에 절여 소금과 양념을 첨가하여 삭혀서 먹는 음식'이 김치라는 것도 성립된다. 흔히 말하는 '김치는 발효식품이다'라는 정의가 그럴싸하게 들릴지 몰라도 김치의 핵심인 '소금'과 '절이는' 과정이 빠져 있으므로 틀린 정의이다. 채소를 소금에 절이지 않으면 '김치'가 되지 않고 썩는다.

그리고 김치에 절임과정이 있다 하여 단무지 같은 '절임 식품'이라고 하거나, 발효를 시킨다고 해서 일반적인 '발효식품'이라고 주장할 수 없다. 김치는 이 두 가지 의미를 동시에 내포하고 있는 식품이 된다. 소위 말하는 '겉절이 김치'는 엄밀한 정의에 의하면 '김치'가 될 수 없고, 그냥 '채소무침'에 지나지 않는다. 그리고 '장아찌'를 김치에 분류하고 있으나 발효가 되지 않은 것이므로 김치가 아니다. 절대로 혼동해서는 안 된다.

앞에서 제안한 김치의 정의는 논의가 없을 수는 없지만 김치에 명칭을 부여하거나 분류하는 데 참고가 되었으면 하는 바람이 있다. 김치의 호칭은 주재료의 형태 및 명칭을 표시하는 수식어에 '김치'를 붙여 만든 합성어로 정리될 수 있고, 소비자가 쉽게 제품을 선택할 수 있도록 김치의 주재료를 명시하여 작명해야 할 것이다. '김치'란 말의 순수한 뜻을 보존하기 위해선 많은 사람들의 호응(呼應)이 있어야 가능하다. 이젠 김치는 우리 것만이 아니고 세계인 모두의 것이라는 자부심도 김치의 명칭을 바로 사용할 때만이 명실 공히 그 빛을 발휘할 수 있을 것이다.

2005. 01. 25

성분표 표시

김치의 성분표가 있느냐고 묻는 사람이 있었다. 물론 "있다"라고 대답을 했더니, 김치를 연구하는 전문가들이나 알고 있을 뿐 일반인들은 전혀 모르지 않느냐고 반문하는 것이었다. 사실 '성분표(영양정보)'를 찾아보기는 힘들다. 김치 용기의 라벨(상표)마저도 성분표를 표시하지 않고 있으니 일반인이든 누구든 간에 알 턱이 없다. 더욱이 이 문제에 대하여 이렇다 할 토론이 없었기 때문에 전문가라 할지라도 딱 부러지게 말할 수 없는 것이 현실이다.

그런데 수입 상품에는 '영양정보(nutrition facts), 함량(contents), 규정량(% dietary value)' 그리고 '기타 성분(other ingredients)'을 표시한 성분표를 발견할 수 있다. 영양정보에는 제품 100g당 칼로리, 총 단백질, 총 탄수화물, 당분, 지방(포화, 불포화 구분), 콜레스테롤, 소금 등의 함량이 표기되어 있다. 그리고 규정량에는 하루 필요량에 몇 %를 제품으로부터 섭취하게 되는지를 알려주고 있다. 이것은 소비자가 자기 건강 상태에 맞게 제품을 선택할 수 있도록 하기 위한 목적이다.

김치와 아주 유사한 제품으로 유럽과 미국에서 볼 수 있는 '사우어크라우트'의 경우 상표에 영양정보를 표시하고 있다. 그러나 김치는 그 일부인 기타 성분에 해당하는 원료, 양념을 표시할 뿐이지 사실상 소비자를 위한 영양정보가 없는 셈이다. 우리야 김치를 다 알고 있기 때문에 이를 묵인하고 넘어간다 하더라도 이러한 영양정보에 익숙해져 있는 외국인은 김치를 선택할 때 망설이게 될 것은 뻔한 이치다. 물론 여러 난관이 있겠지만 앞으로 반드시 시정해야 할 사안(事案)이라고 본다.

유독 수입상품에 대해서만 영양 성분표를 요구하고 수출상품에는 이를 등한시한다면 이율배반적인 행위가 아닌가. 김치를 떳떳하게 수출하고자 한다면 우리도 이를 실천해야 형평이 맞을 것이다. 김치 수출을 진작(振作)시킨다고 떠들썩하게 해외에다 수십억 원의 예산을 투입하여 '홍보관'을 설치하는 것보다 김치를 믿게 할 수 있는 이러한 품질 홍보에 중점을 두면 어떨까 싶다. 김치 수출이 지지부진한 이유가 다른 것에 있는 것이 아니라 품질을 확실하게 보증할 수 있는 과학적인 자료의 밑받침이 부족하기 때문이라고 생각해야 할 것이다.

그러려면 먼저 김치를 현상태보다 '업그레이드(up-grade)'해야만 한다. 김치가

위_요구르트는 '영양 성분표시'를 의무화하고 있다(적색 사각형 내).

아래_김치는 사용한 재료비만 표시하고 소비자의 선택을 위한 '영양 성분표시'가 없다.

"건강에 좋다"라고 그간 얼마나 홍보를 해왔는가를 모르는 우리가 아니다. 그러나 진정 이 말이 옳은지 비판하는 사람은 별로 없는 듯하다. 알고 보면 김치에도 이 말을 믿기에는 걸림돌이 있다. 그 예로 영양정보에 사실대로 김치 100g에 소금이 2g이 포함되어 있다고 표시해 보자. 아마도 건강을 중시하는 사람들은 김치를 거부하게 될 것이다. 왜냐하면 성인이 하루에 섭취해야 할 소금량이 보통 2g이니 김치에는 소금의 양이 과다하게 들어 있다고 생각할 수 있기 때문이다. 이렇게 되면 아무리 우리 몸에 유익한 여러가지

성분이 김치에 많이 포함되어 있다고 설득해도 소용이 없을 것이다.

또 다른 예로 유산균을 들 수 있다. 김치는 '전통적인 발효식품'이므로 일본 '기무치'와 차별화하여 국제적으로 규격화하는 데 성공했다. 정말 자랑스러운 일이다. 그러나 '발효식품'이란 말이 무색할 지경이 되어 버렸다. 발효를 일으키는 유산균이 어떤 것인지 아는 소비자가 거의 없기 때문이다. 더군다나 상표의 영양정보에도 표시가 안 되어 있으니 말할 것도 없다. 이러려면 차라리 '발효식품'이라고 말하지 않는 것이 나을런지 모르겠다. 김치를 발효식품이라고 설명하면 외국인들은 십중팔구 어떤 유산균이 들어 있느냐고 묻는다.

이상은 몇 가지 예에 불과하지만 이 외에도 '몸에 좋다'는 성분이 무엇인지 이름과 함량을 밝혀서 소비자에게 충실한 영양정보를 제공해야 할 것이다. 그렇지 않고서는 김치는 영원히 제자리걸음만 하게 될 것이다.

2005. 02. 05

김치 성분표 샘플

배추김치의 성분표를 미국의 상표 표시기준에 의하여 한번 짜맞추어 보았다. 여기에 샘플로 제시한 자료는 김치 종류마다 변동될 수 있음을 일러둔다. 그리고 수치는 샘플 100g당 함유되어 있는 성분의 최대치를 선택하여 표를 만들었다. 기타 성분은 영양권장량(RDA, recommended dietary allowances)에 비추어 무의미하기 때문에 생략하였다.

〈표 12〉를 보면 김치와 사우어크라우트가 별 차이를 나타내지 않는다. 이는 김치가 다른 채소류를 섭취하는 것과 다름이 없다는 의미이다. 다시 말해 김치에는 뽐낼 만한 성분이 없고, 또 김치를 다른 식품과 차별화할 수 있는 성분도 없다. 김치는 애초부터 동절기에 섭취하기 힘든 채소류를 '소금 절

| 표 12 | 영양 정보(nutrition facts)

단위: 가식부 100g

	배추김치(비발효)	사우어크라우트	영양권장량(RDA)
칼로리(kcal)	18	19	–
수분(%)	90.8	93.5	–
단백질(g)	2.0	0.9	–
지질(g)	0.5	0.1	–
당질(g)	2.6	1.8	–
섬유소(g)	1.3	2.5	–
나트륨(mg)	1,146	661	2,000
베타카로틴(μg)	290	5,000	5,000
비타민C(mg)	14	36	60

주: 농촌자원개발연구소 자료, http://www.rrdi.go.kr/ 또는 http://www.niast.go.kr
미국농림성 자료 http://www.usda.gov/wps/portal/usdahome

임과 발효법'을 사용하여 겨울철에도 싱싱하게 먹을 수 있다는 의미에서 '김치의 우수성'이 세계적으로 인정된 것으로 알고 있다. 이러한 면에서 현재도 김치는 우수한 식품으로 인정받고 있음은 틀림없는 사실이다. 문제는 이러한 칭찬에만 도취되어 있지 더 이상 진전되지 않는다는 것이다. '김치, 천 년의 역사'를 자랑한다는 자체가 낯 뜨거운 일이 되고 말 것 같아 참으로 안타깝다.

여태껏 '김치가 우수하다'고 한 말 이외에 그 우수성에 대한 과학적 자료를 제시하지 못하고 있는 형편이다. 말로만 되는 시대가 아니다. 그러니 김치의 어떤 성분이 얼마나 있어 우리 건강에 유익하다는 그 '우수성'을 입증할 만한 과학적 자료를 하루속히 찾아내야 할 것이다. 그 예로 김치의 기능성을 규명해 달라고 김치업체에서는 야단들이다. 이는 수출 증대를 위한 김치의 '우수성'을 찾고자 하는 노력의 일환으로 반가운 일이다. 일전에 한 김치업체가 '항헬리코 김치'를 만들어 국제적으로 홍보에 나섰다고 하니 희망적이다. 만약에 '항헬리코 김치'가 실현된다면 김치 역사에 한 획을 긋는 일이 될 것이다.

김치의 최적화 방향 255

이것이 생각대로 실현된다면 김치의 '영양정보'에 성분과 함량의 표시는 무의미하고, 그 대신에 기능성 유산균을 표시하는 것이 김치의 우수성을 홍보하는 데 더욱 효과적일 것이다. 김치의 경우 '기능성 유산균'을 표시함에 있어 앞으로 유념해야 할 사항이 있다. 즉, 김치를 장기적으로 보존한답시고 저온 열처리를 할 때는 유산균이 모두 사멸하게 된다. 그렇다고 열처리를 생략한다면 장기보존이 불가능해지는 어려움이 있다. 따라서 열처리를 할지라도 죽지 않는, 열 내성이 충분히 있고, 또 정장효과를 갖는 '기능성 유산균'을 사용해야 한다는 전제 조건이 따른다. 그러려면 김치에 존재하고 있는 유산균을 광범위하게 탐색해야 소기의 목적을 달성할 수 있으리라고 본다. 참고로 김치와 유사한 델몬트사의 사우어크라우트 통조림은 열처리를 하기 때문에 유산균이 전혀 없다.

이와 더불어 요구르트와 같이 김치의 영양정보에는 김치가 발효식품이란 것을 부각시키기 위해서라도 주된 유산균을 표시할 수 있도록 심도 있게 논의해야 할 필요가 있다. 그리고 막연하게 말로만 '김치의 우수성'을 자랑하지 말고, 상표에 이를 표시할 만큼 과학적으로 입증하는 일에 더욱 박차를 가해야 할 것이다.

2005. 02. 07

김치 분석

김치로 어떤 분석을 할까? 아마도 "김치에 무슨 분석이 필요하냐"라며 고개를 갸우뚱하는 사람이 많을 것이다. 일반 가정이나 요식업체, 재래시장에서는 김치를 담가서 바로 먹는 것으로만 알고 있지 분석이라곤 해본 적이 없기 때문이다. 고작해야 재료의 배합과 맛을 평가하는 정도에 그치고 있을 뿐이다.

김치 분석은 김치를 위생적으로 안전하게 관리하고 감시하여 '가장 좋은 상태'로 유지시켜 주는 데 필요하다. 김치도 어떤 기준에 의한 검사를 받아야 하겠지만 김치를 담그는 인구의 85% 정도가 자체 소비를 하고 있기 때문에 검사의 필요성을 느끼지 못하고 있는 것이 현 실정이다.

현재까지 연구 목적으로 김치 분석에 사용된 방법을 조사하여 보면 김치 분석은 이화학 분석과 미생물 분석으로 구분할 수 있다. 이화학 분석은 다시 일반 분석과 특수 분석으로 나뉜다. 일반 분석은 총 산도·pH·소금(NaCl)을 시험하고, 특수 분석은 당류·단백질·아미노산·지방·섬유질·회분·무기염·비타민·유기산·발효 부산물·중금속·농약을 시험하고 있다. 미생물 분석에는 총 유산균 수, 유산균 종류, 식중독균, 일반세균을 시험하고 있다. 그밖에 김치의 기능성을 찾거나 이를 강화하기 위한 목적으로 유산균 선별, 면역실험, 항균제 개발, 한약제 첨가 등이 연구되고 있다.

최근의 상황을 보면 김치에도 지나칠 정도로 기능성 제품을 개발하기 위해 신경을 많이 쓰고 있는 느낌을 받고 있다. 이를 나무랄 수도 없다. 대체의학(alternative medicine)으로서 건강기능식품이 날개 돋친 듯이 팔리고 있으니 같은 식품인 김치인들 수수방관할 때가 아니지 않는가. 그러나 김치를 기능 식품화하겠다는 의도는 자칫 잘못하면 '소 잃고 외양간 고치는' 꼴이 되기 십상이다. 그 이유는 아직도 김치의 품질에 대한 규정이 정립되어 있지 못한 상황에서 기능성만 추구하다 보면 김치의 본질이 손상되거나 아니면 소멸되어 버려 김치의 본래의 전통(tradition)과 정체성(identity)이 사라질 수 있기 때문이다.

김치의 기능성 추구도 어디까지나 정립된 분석을 통한 전통김치의 초석이 기초가 되어야만 가능할 것이고, 또 그래야만 한다. 예를 들면 중국산 김치를 우리의 전통 김치와 비교할 수 있는 분석방법이 없다. 현재로선 중국산 김치를 우리 김치라 속여도 아무도 모르고, 알 길도 없는 딱한 형편에 놓여 있다. 이것이 다 그동안 김치 분석을 게을리 해온 업보(業報)라고 하지 않을 수 없다.

김치 분석은 그동안 산만하게 실행되어 왔으므로 이제는 어떤 통일된 방법을 제시할 때가 온 것 같다. 특히 전통 김치와 여타 김치를 구별할 수 있는 분석 방법이 있다면 금상첨화(錦上添花)일 것이다.

2005. 02. 09

필수영양소

김치에는 필수영양소가 얼마나 있을까? 여태껏 김치의 생리학적 장점에 대한 증거는 많이 제시하였으나 김치의 영양적인 측면에서 언급한 내용이 별로 없다. 그래서 김치류 중에서 대표격이라 할 수 있는 배추김치를 예로 영양적 가치를 알아보았다. 배추김치에 사용하는 양념은 고춧가루, 마늘, 생강, 대파, 양파, 멸치젓 등 6종류가 공통적이다. 이들 양념 100g에 들어 있는 영양 가치를 알기 위하여 무기염, 비타민, 아미노산과 같은 필수영양소 중에서 함량이 높은 성분만을 골라서 성분표를 작성하여 보았다.

〈표 13〉의 성분표를 보면 배추김치의 경우, 배추는 비타민 A를 소량 갖고 있을 뿐 다른 필수영양소는 거의 포함되어 있지 않다는 것을 알 수 있다. 의외로 배추는 '필수영양소'가 부족한 것으로 나타나고 있다. 그래서인지 몰라도 우리 선조들은 필수영양소를 보충하기 위하여 여러 가지 양념을 배추에 첨가하는 지혜를 갖고 있었던 것 같다.

배추가 '김치'로 바뀌면서 전혀 새로운 모습으로 탈바꿈을 했다고 본다. 배추에 부족한 무기염(미네랄)과 비타민을 보충하기 위하여 고춧가루와 대파를 첨가하고, 아미노산을 보충하기 위하여 마늘, 양파, 당근, 젓갈을 첨가한

| 표 13 | 양념류의 무기염, 비타민, 필수 아미노산의 성분표 (단위: 가식부 100g)

성분	RDA	배추	건고추	대파	마늘	양파	당근	멸치젓	굴	중멸치
무기염										
칼슘(mg)	800	–	123	111	–	–	–	330	148	1,290
인(mg)	800	–	140	–	–	–	–	409	113	1,461
비타민										
A(RE)	–	255	7,403	1,166	–	–	11,750	–	257	0
E(mg)	–		30.7							0
C(mg)	60		220	–						–
아미노산										
이소루신(mg)	1,300	–	–	–	–	–	–	1,081	762	2,735
루신(mg)	2,020	–	–	–	–	–	–	2,198	833	4,397
라이신(mg)	1,500	–	–	–	–	–	–	789	722	4,874
메티오닌(mg)	2,020	–	–	–	–	–	–	337	245	1,689
히스티딘(mg)	미정							395	153	1,782
페닐알라닌(mg)	2,020	–	–	–	–	–	–	907	424	2,327
타이로신(mg)	–							696	228	1,698
트립토판(mg)	460							–	87	991
트레오닌(mg)	910							22	419	2,442
발린(mg)	1,500							394	484	3,062
아르기닌(mg)	어린이	–	–	–	990	750	–	87	767	3,628
아스팔탐산(mg)	–							–	827	5,333
글루탐산(mg)	–		–		720	1,500		62	1,489	7,726

주: 1. retinol equivalent(RE) = 1g retinol or 6g β-carotene. RDA 1,000μg 2. 중멸치: 자건 3. RDA: 영양권장량

것으로 생각된다. 생강은 필수영양소를 보충하는 데는 별 의미가 없고, 맛과 향을 돋우기 위한 양념으로 보인다. 이렇게 하여 오늘날 우리가 자랑하는 '배추김치'가 탄생한 것으로 추정된다. 특히 이들 양념은 우리가 먹는 식품 중에서 '필수영양소'가 가장 많이 들어 있는 식품에 속한다. 그 옛날 어떻게 알고 이들 양념을 선별하여 사용했는지 놀라지 않을 수 없다. 그 당시 이들 양념에 들어 있는 '필수영양소'에 대한 기록을 찾아보려 해도 찾아볼 수 없는데 말이다. 이것이야말로 지혜(智慧)를 넘어선 예지(豫知)라고 할까?

영양 가치를 높이려면 '필수영양소'를 하루에 필요한 양에 가깝게 양념의

배합비를 조절하여 주면 될 것이다. 그러나 맛의 한계점 때문에 무작정 그 비율을 높일 수는 없다. 배추김치의 경우, 김치 무게에서 배추가 차지하는 비가 60~80%이고, 나머지 총 양념이 차지하는 비율은 각각 40~20%가 되는 것이 경험적인 수치다. 총 양념 비율에서 무채의 비율인 10%를 빼면 총 양념의 비율은 불과 30~10% 정도밖에 되지 않는다. 보통 많이 사용하고 있는 양념의 비는 고춧가루와 양파가 각각 3%, 마늘과 생강이 각각 1%, 파 1.5%, 그리고 젓갈이 1%로 11% 범위다.

이 양념 배합비로 볼 때 필수영양소의 1일 섭취량은 권장량에 비하면 아직도 미흡한 수준에 머물고 있다. 예를 들면 건고추 100g에 포함된 칼슘은 123mg이다. 배추 890g에 첨가할 건고추량은 3%에 해당하는 30g이므로 칼슘양은 36.9mg($123 \times 30/100$)이 된다. 이는 1일 권장량 800mg 중에서 36.9mg을 섭취하는 셈이다. 이것도 하루에 100g을 먹는다고 치면 3.69mg밖에 안 되며 김치로부터 얻는 양은 지극히 적게 된다. 이런 식으로 나머지 양념들을 계산해 보면 김치로부터 얻는 '필수영양소'가 대부분 부족하다는 결론이 나온다. 그러나 고춧가루 덕이라고 할까 비타민 A, E, C는 많은 편에 속한다. 이들 비타민은 세포를 노화시키는 '활성산소'를 제거할 수 있으므로 노화를 예방하는 데 도움을 준다. 이것이 김치의 장점이자 특징이다.

우리 선조들이 배추에 '필수영양소'를 보충하여 먹어 왔듯이 현대에 살고 있는 우리도 김치에 '필수영양소'를 보강할 수 있는 방안을 내놓는 일이 도리일 것이다. 2004년 신문 보도에 의하면 김치에 젓갈을 쓰는 대신에 멸치 가루를 첨가하여 만든 김치가 김치 엑스포에서 대상을 받았다고 한다. 〈표 13〉에서 보는 바와 같이 멸치 가루(자건 멸치)는 젓갈보다 몇 배나 많은 '필수영양소'와 맛을 내는 아스팔탐산이나 글루탐산 같은 아미노산이 풍부하니 영양이나 맛이 향상될 수밖에 없지 않는가. 김치를 개선할 좋은 예라 할 수 있다.

그러나 이 정도로 만족할 수가 없다. 아직도 김치는 영양면에서 필요한 성분을 더 보강해야만 한다. 막연하나마 김치의 영양가를 최대로 높일 수 있는 어떤 방법이 있을 것으로 생각된다. 필수영양소가 보강된 '영양 김치'가 생겨난다면 모두가 이러한 김치를 선호하게 될 것이므로 김치의 표준화는 그만큼 앞당겨질 것이고, 또한 세계의 식품으로 인정받게 될 것이다.

2005. 02. 10

비타민

필수영양소를 섭취하지 못하면 여러 가지 질병이 생긴다. 그중에서도 비타민이 결핍되면 신체에 심각한 영향을 미치는 것으로 알려져 있다. 어느 한 식품을 통하여 하루에 필요한 모든 비타민류를 한꺼번에 섭취한다는 것은 쉬운 일이 아니고, 어떻게 보면 불가능에 가깝다. 그런데 김치에 관련된 자료를 들여다 보면 이러한 비타민류를 고르게 섭취할 수 있는 것 같다. 그러나 얼마만큼의 비타민류를 섭취할 수 있는지에 대한 설명은 빠져 있다. 즉, 김치를 통하여 충분히 먹고 있는지 그렇지 않은지가 명확하게 나타나 있지 않는 것이 흠이다.

물론, 김치로부터 모든 비타민류를 균일하게 모두 섭취하기를 기대한다는 것은 과욕일 것이다. 그러나 '이왕이면 다홍치마'라고 충분한 영양소가 있다면 더욱 좋을 것은 뻔한 일이다.

다행히 김치는 이러한 욕망을 만족시켜 줄 수 있는 식품의 하나라고 볼 수 있다. 그것은 김치가 각각의 비타민류를 갖고 있는 재료, 즉 채소류를 혼합 또는 배합하여 만든 '모듬 식품'이기 때문이다. 아마도 세계적으로 볼 때 '모듬 식품문화'의 대표적인 식품이 김치라 해도 과언이 아닐 것이다.

그래서 김치를 통하여 하루에 필요한 비타민류를 가능한 한 많이 섭취할 수 있게 김치를 개선하면 어떨까 생각해 본다.

하루에 필요한 영양소의 권장량을 RDA, 간단히 '권장량'이라고도 부른다.

〈표 14〉에서 밥과 고기만을 먹는다고 치면 비타민 결핍증에 걸려 죽음을 초래하게 됨을 금방 알 수 있다. 음식에서 섭취해야 할 총 비타민량 또는 RDA는 약 79mg이 된다. 특히 흔히 결핍되기 쉬운 비타민류로는 B_1, 나이어신, 비타민 C, 비타민 B_2, 엽산(folic acid)을 들 수 있다. 이들 비타민류가 결핍되었을 때는 생명에 위협을 받을 수도 있다고 한다. 아주 미량인데도 말이다. 그리고 나머지는 하루 식사를 통해 어느 정도 보충된다. 이 중에서 판토텐산(pantothenic acid), 비오틴(biotin), B_{12}(cobalamin), 칼륨은 장내에 사

| 표 14 | 대학생 1일 비타민 권장량(RDA)

단위: 가식부 100g

비타민류	RDA	김	고추	효모	멸치	밀가루	보리쌀	현미	쇠고기	돼지고기
결핍되기 쉬운 비타민류										
B_1(mg)	1.5	1.2	0.3	2.3	0.11	0.21	0.2	0.23	0.07	0.91
나이어신(mg)	19	10.4	12.5	35	11.6	1.8	3.7	3.6	5.4	4.1
C(mg)	60	93	220	0	0	0	0	0	0	0
B_2(mg)	1.7	2.95	1.1	4.7	0.1	0.02	0.02	0.08	0.2	0.18
엽산(g)	400	1200	30	3800	74	8	23	27	3.7	40
결핍이 드문 비타민류										
판토텐산	장내합성	0.93	3.61	5.73	1.81	0.47	0	1.36	0	0.86
B_6(mg)	2.2	2.2	3.81	1.28	0.28	0.05	0.26	0.45	0.23	0.38
비오틴	장내합성	–	–	–	–	–	–	–	–	–
B_{12}(g)	3.0	77.6	–	–	41.3	0	0	–	1.6	5.5
A*(RE, μg)	1000	3750	4623	0	0	0	0	0	0	0
D(g)	7.5	0	0	2	18	0	0	0	0	0
E(mg)	10	4.3	30.7	0	0.9	0.3	0	1.3	0.2	0
K	장내합성	–	–	–	–	–	–	–	–	–
합계(mg)	약79									

주: 1. RDA는 19~22세 대학생 기준이며, 여학생의 수치가 남학생과 같거나 약간 낮다.
    2. '장내합성'은 장내세균이 합성함을 의미한다.

는 미생물이 만들어내고 있어서 별도로 식품으로부터 섭취할 필요가 없다. 이렇게 우리에게 자원봉사를 하고 있는 미생물에게 감사해야 마땅할 터인데 그렇지 못한 것 같다. 이들은 말 그대로 대장균이다. 어떤가? 음식에서 대장균이 나오면 영업이 취소될 정도로 괄시하고 있지 않는가? 세상이 고르지 못한 것 같다. 대장균은 좋은 일을 많이 하고 있는데 말이다. 언젠가는 '명예회복'을 시켜줄 날이 올 것으로 믿는다.

김치에서 고추와 멸치는 효자, 아니 효녀들이라고 할 수 있다. 이들은 우리에게 중요한 비타민류를 균일하게 많이 공급해 주고 있으며 김과 효모도 비타민의 주요 공급원이다. 이들 4종류는 김치를 담글 때 반드시 모셔야 할 성분을 함유하고 있다. 문제는 김치에는 비타민 D가 부족하다. 겨우 멸치에 의존하고 있을 뿐이다. 멸치에 짐을 덜어줄 생각이 확실하면 육류(meats)의 간 분말(liver extracts)을 첨가하거나 보충해 주는 길밖에 없다. 이러면 김치는 만사형통이다. 다시 말해서 '꿩 먹고 알 먹기'식으로 김치 하나로 김치도 먹고 비타민도 먹고 일석이조가 되는 셈이다. 김치를 이렇게 만들고 싶지 않는가!

이 제안에 '동의'한다면 알아야 할 사항이 있다. 무엇일까? 바로 양념의 배합비다. 현재 사용하고 있는 배합비는 10% 범위 내에 있다. 특히 양념을 아끼는 요식업이나 업체에서 만드는 김치가 그렇다. 이를 20~40%로 끌어올려야 소기의 목적을 달성할 수 있다. 그러니까 배추의 비는 60~80%가 될 것이다. 벌써 양념이 듬뿍 들어 있는 '영양 김치(nutritional kimchi)'가 연상된다. 군침이 감돌아 식욕이 왕성해지는 착각을 일으킬 정도다. 더욱이 하루에 김치 한 줌(100g)을 먹으면 따로 '영양제'를 복용하지 않아도 저절로 웰빙이 실천될 것이다. 영양제에 관한 광고를 보라! 모두가 비타민 문제다. 비타민을 먹지 않고 웰빙은 생각도 말아야 한다. '웰빙 김치' 아니 '영양 김치'를 앞장서서 만들어 먹자. 이것이야말로 김치문화가 우리 국민에게 주는 새해의 선물이 될 것이고 이렇게 될 때, 바야흐로 김치문화의 르네상스가 열릴 것이다.

2005. 02. 14

에필로그

　김치란 무엇인가? 일반적으로 주재료로 쓰이는 채소나 근채류(根菜類)를 소금에 절인 다음에 부수 재료로 쓰이는 양념·과실·견과·젓갈·육류·어패류·해조류를 버무려 저온에 두고 먹는 음식으로 요약(또는 정의)되며, 재료의 종류와 담그는 방법에 따라 다양한 김치가 만들어진다. 이렇게 만든 김치는 무려 200가지의 종류가 있으며 그중에서 배추김치와 깍두기가 대표적이고 배추김치가 다른 김치보다 보편화되어 있다. 원재료와 부수 재료의 비는 8:2 내지 6:4 정도이다. 그리고 부수 재료의 첨가는 시대에 따라 변천하는데 현재와 같은 김치의 역사는 200년이 된 것으로 추산하고 있다. 특히 김치에 설탕을 첨가하는 방법은 50년 전에 시작한 것으로 추정되며, 설탕은 김치 역사에 새로이 기록될 중요한 양념이다.

　김치에 주로 사용되는 채소는 배추·양배추·갓·오이 등이고, 근채류는 무·순무·열무·인삼 등이며, 양념은 설탕·고추·마늘·대파·생강·양파·젓갈류·찹쌀 풀·깨, 과실은 배·사과·귤, 견과는 잣, 육류는 돼지고기, 어패류는 명태(동태)·굴·멸치·낙지, 해조류는 다시마·파래 등이 있다. '먹을 수 있는 재료'는 거의 모두가 사용 가능한 것으로 예상되므로 장차 새로운 김치가 더 많이 출현될 것으로 전망된다.

공장에서 만드는 배추김치의 제조공정은 재료의 ① 입고, ② 정선, ③ 절단, ④ 절임, ⑤ 세척, ⑥ 탈수의 과정을 거치며 도중에 ⑦ 소를 준비(양념처리 및 혼합)하고, ⑧ 탈수된 재료에 소 채우기(stuff with seasoned mixture), ⑨ 칭량, ⑩ 포장, ⑪ 창고에 저온저장(보관), ⑫ 출고, ⑬ 냉장유통으로 구분한다. 이들 공정 중에서 김치의 품질에 중요한 영향을 미치는 공정은 재료의 절임, 소 준비, 포장, 그리고 저온저장 외에 작업실 온도이다. 가정에서 담그는 김치의 과정과 같으며 다만 김치를 삭히는 과정(발효)이 생략되어 있다.

절임은 소금을 사용하여 배추와 무를 삼출시켜 조직을 연화시키고, 간을 맞추는 역할을 한다. 방법에 따라 마른 소금이나 절임수(소금 용액) 또는 이를 혼용하며, 최종 소금 농도는 10~13%로 조절하여 8~12시간 절인다. 김치의 중량을 국물을 제거하고 남은 건더기(고형 분)를 기준으로 하면서부터 국물량을 감소시키기 위한 목적으로 삼출액이 거의 없을 때까지 절이는 방법을 사용하고 있다. 이 방법은 김치가 산소에 노출됨으로써 그 빛깔이 회색(灰色)으로 변하며 발효가 비정상으로 일어나므로 김치 품질에 치명적이다.

부수적으로 절임은 그람음성균의 번식을 억제하는 효과가 있다. 연화는 소금뿐만 아니라 채소 자체에 함유되어 있는 펙틴 분해효소의 작용에 의하여 조직을 지탱하는 펙틴질이 분해되어도 일어날 수 있다. 분해에 관여하는 효소는 메칠에스테라제와 폴리갈락투로나제가 있으며 이들의 작용을 방지하기 위하여 칼슘 이온(Ca^{++})을 별도로 첨가하는 방법이 알려져 있으나 펙틴의 탈메칠화를 억제 또는 정지시키는 것이 더 긴요하다. 이보다 더욱 중요한 것은 절이지 않은 배추는 금방 썩는다는 사실이다. 전라도와 경상도 김치가 오래 가는 이유도 짜기 때문이다. 그만큼 소금은 김치에서 뺄 수 없는 필수불가결의 요소이다.

소는 양념을 처리하여 간을 맞춘 후에 잘 버무려 준비된 절인 배추에 고르게 넣는다. 간은 소금으로 맞추며 최종 소금농도가 2.3% 정도 되게 조절한다. 양념은 보통 당일에 소비할 분량만을 만들어 사용하고 있으나 앞으로는 양념을 발효시켜 사용할 수 있는 방안을 모색해야 한다. 양념에도 펙틴 분해효소가 함유되어 있기 때문에 양념 자체는 물론 배추의 연화를 촉진시킬 수 있으므로 주의를 요한다. 특히 양념은 유산균 배양에 활용할 수 있을 것으로 기대된다.

포장은 소 채우기가 끝난 즉시 이루어지고, 포장된 김치는 저온 저장실(-3℃)로 옮겨 보관하게 되는데 이를 '숙성'이라고 부른다. 이는 잘못된 표현이고, 말 그대로 '보관'이다. '숙성'이란 '익히다, 삭히다'는 뜻으로 발효를 의미하나 현재 김치공정에는 진정한 발효공정이 도입되어 있지 않다. 모름지기 국제식품규격(Codex)에 김치를 '발효식품'으로 등록한 이상 김치는 발효공정을 거쳐서 제조해야 한다. 이렇게 볼 때 '포장 후 저장'하는 공정은 비합리적이다. 즉, '발효 후 저장을 거쳐 포장'을 할 수 있는 공정으로 수정이 필요하며, 이와 같은 공정은 '김장김치를 담그는 원칙'으로부터 설계될 수 있다. 이렇게 될 경우 공장마다 작업실, 발효실, 저장실의 실내 온도를 구분하여 일정한 수준으로 유지시켜야 한다.

발효공정이 없이 만든 김치를 '겉절이' 혹은 '생김치'라고 부른다. 이는 '발효김치'를 만들지 않거나 만들지 못하는 무지에서 오는 고육지책(苦肉之策)에 불과하다. 덧붙이자면 겉절이나 생김치는 김치가 아니다. 만약에 우리 스스로가 이것도 김치라고 정의하면 중국 김치와 일본 기무치도 김치라고 인정해야만 하므로 겉절이와 생김치가 '김치'라는 주장은 자가당착(自家撞着)이요 어불성설이다. 겉절이와 생김치는 특별한 기술이 없어도 만들 수 있으므로 이를 모방하여 중국과 일본이 우리 김치를 넘나들고 있는 꼴이 되었다. 우리 탓이다. 임시방편으로 인하여 우리의 고유한 전통 김치를 훼손시키고, 이에 따라 김치 종주국의 체면을 손상시키는 결과를 초래한다는 사실을 명심해야 할 것이다.

김치는 어떻게 발효되는가? 이는 김치의 핵심적인 질문이다. 그 답은 '산소가 없어야 제대로 발효된다'는 것이다. 이 말은 심지어 산소와 접촉할 수 있는 기회를 주어서도 안 된다는 뜻이다. 그러나 주위를 돌아보면 이렇게 김치를 담그는 경우를 찾아보려고 해도 찾아볼 수 없는 지경이 되었다. 그런데 '김장김치'는 이 원칙을 수천 년 동안 준수하여 왔으니 요즘 우리들로서는 놀라지 않을 수 없다. 온고지신의 교훈을 잊은 탓일까.

김치 속을 들여다보면 채소로 에워싸인 환경 속에서 유산균들이 질서 있게 생활하는 광경을 엿볼 수 있다. 김치는 하나의 작은 생태계이다. 이런 김치 사회를 파괴하는 장본인이 김치를 마음대로 담그는 사람이라니 원망스럽지 않은가. 김치의 환경은 영양·산소·온도·유기산·지방산·물 등의 요인에 의하여 상당히 영향을 받는다. 그러므로 김치 유산균의 생활을 지탱할 수 있는 환경을 조성해야 하고 설령 모르면 그것을 찾아봐야 하는 것이 사리에 맞는 일이다.

영양소는 환경 요인의 하나로서 탄소·질소·무기염·성장인자를 말한다. 성장인자는 생물이 자기 스스로 합성할 수 없는 영양소, 즉 비타민·아미노산·핵산의 염기, 그리고 이와 관련된 영양소를 말한다. 이를 필수영양소라고도 한다. 미생물은 성장인자를 요구하거나 그렇지 않는 군으로 구분되며, 김치 유산균은 성장인자 요구군(auxotroph)에 속한다. 유산균은 필요한 성장인자를 양념으로부터 얻으며 유산균마다 요구하는 성분의 종류와 양이 다르다. 따라서 성장인자는 유산균의 생존 여부를 결정할 수 있다. 김치에 출현하는 유산균이 김치를 담글 때마다 다른 이유도 이 때문이다. 그러므로 양념의 표준화는 곧 김치의 표준화를 앞당기는 지름길이 될 수 있다.

현재까지의 조사에 의하면 김치의 유산균은 3개 군집(속)과 23개 집단(종)으로 구성되어 있고 개체 수가 단위 부피 또는 무게(㎖, gm)당 10억 마리에 달한다. 군집은 류코노스톡, 락토바실루스, 그리고 바이쎌라이고, 집단 중에서 아래에 기록한 6종의 유산균 집단들이 대표적이다.

1) 류코노스톡 시트륨(*Leuconostoc citreum*)

2) 류코노스톡 가시코미타툼(*Leuconostoc gasicomitatum*)

3) 바이쎌라 사이바리아(*Weissella cibaria*) = 바이쎌라 김치아이(*W. kimchii*)

4) 바이쎌라 코리엔시스(*Weissella koreensis*) = 바이쎌라 하니아이(*W. hanii*)

5) 락토바실루스 사케이 아종 사케이(*Lactobacillus sakei* ssp. *sakei*)

6) 락토바실루스 펜토수스(*Lactobacillus pentosus*)

김치는 시간이 경과함에 따라 집단의 발달(population dynamics or development)에 차이가 생기고, 온도에 영향을 받는다. 일반적으로 10℃ 이상에서 1), 3), 6)번, 그리고 그 이하에서 2), 4), 5)번의 유산균이 잘 번식한다. 따라서 온도에 따라 소위 주된 유산균이 변경될 수 있으나 유산균 수가 많다고 해서 반드시 김치에서 주요한 역할을 한다고 볼 수는 없다. 그러므로 수의 많고 적음만으로 판단하여 결정하는 일은 금물이다. 개체 수의 크기는 물론 대사활동도 고려해야 한다. 이런 입장에서 보면 김치에서 중요한 유산균은 류코노스톡 군집이며, 그중에서 류코노스톡 시트륨 집단이다. 이전에 주된 유산균이던 류코노스톡 메젠테로이데스와 락토바실루스 플란타룸 집단이 자취를 감춘 지 벌써 5년이 지났다. 주된 집단이 교체된 셈이다.

김치 유산균의 식생활(대사활동)은 복합적이다. 즉, 김치 유산균(예 1번)이 갖고 있는 고유한 식생활과 우유 유산균(예 5번)과 같은 식생활을 영위하는 두 군집이 상호 경쟁 없이 중립적으로 존재하고 있다. 이를 생태학에서 중립관계(neutralism)라 부른다. 이들이 이용하는 먹이는 재료로부터 유래한 포도당과 과당, 그리고 양념으로 첨가한 설탕이다. 포도당으로부터 활동에 필요한 에너지를 주로 합성하고, 이 에너지를 사용하여 포도당을 만니톨로, 설탕을 만니톨과 덱스트란 점액질로 전환시킨다. 이때 젖산·초산·주정·탄산가스(CO_2)를 부산물로 함께 생산한다. 설탕의 첨가는 김치를 노화 방지, 다이어트, 당뇨예방용 기능성 건강식품으로 승화시키는 데 큰 역할을 하였다. 우리들의 어머니 솜씨가 과학적으로 입증된 최초의 일이다.

그런데 여기에 훼방꾼이 잠복해 있다. 우유 유산균과 같은 성질을 가진 락토바실루스 두 집단이 류코노스톡 집단이 애써 합성해 놓은 만니톨을 먹어치움으로써 그만큼 기능성을 약화시킨다. 생태학적으로는 집단들 간에 균형을 유지함으로써 생태계의 완충성을 높여주는 효과가 있어 긍정적으로 볼 수 있으나 김치의 입장에서는 공든 탑이 무너지는 꼴이다. 어느 쪽을 편들까?

또 다른 먹이는 구연산과 능금산이며, 이들 산은 김치 재료에서 유래한 것이다. 구연산은 류코노스톡과 락토바실루스의 몇 집단만이 이용하고, 바이쎌라 집단은 그렇지 못한 반면에 능금산은 대부분 집단이 이용할 수 있다. 이 산을 먹고 합성하는 부산물은 젖산이 우세하고 그 외에 초산·디아세틸·2, 3-부탄디올을 소량 생산하며, 이들 모두가 김치 향미에 기여한다. 이 대사는 구연산-젖산발효와 능금산-젖산발효로 알려져 있고, 김치에서는 산도, 즉 pH를 조절하는 중요한 역할을 한다. 그리고 능금산을 첨가하면 류코노스톡 집단들은 D-형 젖산을 L-형 젖산으로 전환시킨다. D-형 젖산은 위염의 원인균을 억제하는 효력이 있다고 알려져 있다. D-형 젖산을 이용하는 미생물은 희귀하며, L-형 젖산은 탄소 및 에너지원으로 사용될 수 있다. 김치 발효 후기에 골마지(효모)가 생기는 이유도 L-형 젖산을 먹고 증식하기 때문이다.

김치를 유통시키는 과정에서 일어나는 고질적인 문제는 '가스 발생'이다. 이는 유산균의 대사활동에 의하여 발생하는 이산화탄소 때문이며, 이를 제거하기 위하여 '가스 흡수제'를 사용하는 방법이 통용되고 있다. 이는 봉투 내에 산소 분압이 높아져 김치의 품질에 악영향을 주므로 가급적 사용하지 않는 것이 좋다. 또한 이 가스를 재이용하여 호박산으로 전환시키는 김치 유산균이 발견됨으로써 앞으로는 가스를 제거할 것이 아니라 오히려 더 많이 필요할 시대가 올 전망이다. 이는 포장에 있어 골칫거리인 가스발생을 해결할 수 있는 쾌거라 아니할 수 없다.

지금까지 약술한 결과와 이론은 초겨울에 담근 '김장김치'에서 발견할 수 있다. 김치를 연구하면 할수록 실로 감탄하지 않을 수 없다. 김치뿐만 아니라 미생물학문 분야에도 역사상 처음으로 알려진 결과가 한두 가지가 아니니 더욱 그렇다. 김치는 우리 선조들의 과학과 얼이 스며든 위대한 유산이다. 이에 비하면 요즘 김치는 '번지 없는 김치'라고 해도 과언이 아닐 것이다. 이렇다 할 천연자원이 없는 나라로서 김치는 앞으로 먹고 살아가는 데 없어서는 안 될 부존자원이다. 이렇기 때문에 나는 김치에 애착을 갖고, 김치에 집념하고, 김치 때문에 흥분하곤 했다. 김치는 지금부터 시작이다.

이상과 같이 김치에는 마땅히 해야 할 일이 태산과 같은데 지금 우리는 제자리걸음을 하고 있는 형국이다. 이렇게 된 가장 큰 원인은 김치 발효를 소비자에게 떠넘기고 있는 생산자의 무책임 때문이다. 근간에 대두되고 있는 '유산균 김치'도 김치의 본질을 왜곡(歪曲)하고 있는 현실 속에서 성공하기 어렵다. 서둘러 앞에 놓여 있는 김치의 발효 원리, 김치 유산균의 발달과정, 가스 발생, 연부현상, 신맛 조절, 장기보존 등의 문제들을 해결하고 현재보다 더 합리적이고 과학적인 김치를 만들어가야 한다. 이것이야말로 잊혀지거나 빼앗겨 가는 우리 김치를 되찾는 지름길이 될 것이다. 이 일은 후손들의 몫이다.

2005. 08. 27

미생물 목록표

종명 및 물질명	한글 표기	종류
acyl-CoA	아실 코엔자임 에이	조효소
Allium sativum	알리움 사티붐	마늘
allylglycine	알릴글리신	물질명
Bacillus brevis	바실루스 브레비스	일반세균
Bacillus cereus	바실루스 세레우스	일반세균
Bacillus subtilis	바실루스 서브틸리스	일반세균
bacteriocin	박테리오신	항균제
benzodiazepine	벤조다이아제핀	물질명
Bifidobacterium spp	비피도박테리움 종	유산균
Bifidobacterium	비피도박테리움	유산균
Brassica campestris L(*Chinensis group*)	브라씨카 캄페스트리스	중국배추
Brassica campestris L(*Pekinensis group*)	브라씨카 캄페스트리스	북경배추
Candida utilis	칸디다 유틸리스	효모
carboxylic acid	카복실산	물질명
clostridia	클로스트리디아	일반세균
Clostridium botulinum	클로스트리디움 보툴리눔	식중독균
Clostridium perfringens	클로스트리디움 퍼프린젠스	일반세균
Debaryomyces coudertii	데바리오마이세스 쿠데르티아이	효모
Enterococcus	엔테로코커스	일반세균
Enterococcus faecalis	엔테로코커스 피칼리스	유산균
Enterococcus faecium	엔테로코커스 피시움	유산균
Escherichia coli	에쉐리키아 콜리	대장균
gamma-aminobutyric acid	감마_아미노부틸산	가바(GABA)
gamma-glutamylcysteine peptides	감마_글루타밀시스테인 펩티드	물질명
Halomonas alimentaria	할로모나스 알리멘타리아	호염성균
Helicobacter pyroli	헬리코박터 파이롤리	위염유발균
hexanehexol	헥산헥솔	물질명
Jeotgalibacillus alimentarius	젓갈리바실루스 알리멘타리우스	젓갈균
Jeotgalicoccus halotolerlans	젓갈리코커스 할로톨러란스	젓갈균
Jeotgalicoccus psychrophilus	젓갈리코커스 사이크로필루스	젓갈균
Klebsiella spp	클렙시엘라 종	일반세균
Kluyveromyces fragilis	클루이베로마이세스 프라질리스	효모
Lactobacillus brevis	락토바실루스 브레비스	유산균
Lactobacillus bulgaricus	락토바실루스 불가리쿠스	유산균
Lactobacillus citreum	류코노스톡 시트룸	유산균
Lactobacillus confusa	락토바실루스 콘퓨사	유산균

274 김치, 위대한 유산

Lactobacillus confusus	락토바실루스 콘퓨수스	유산균
Lactobacillus curvatus	락토바실루스 커바투스	유산균
Lactobacillus curvatus subsp. *curvatus*	락토바실루스 커바투스 아종 커바투스	
Lactobacillus fermentans	락토바실루스 퍼멘탄스	유산균
Lactobacillus gasicomitatum	류코노스톡 가시코미타툼	유산균
Lactobacillus gelidum	류코노스톡 겔리둠	유산균
Lactobacillus halotorerans	락토바실루스 할로토레란스	유산균
Lactobacillus hilgardii	락토바실루스 힐가디아이	유산균
Lactobacillus homohiochii	락토바실루스 호모히오키아이	유산균
Lactobacillus kandleri	락토바실루스 칸드러리	유산균
Lactobacillus kimchii	락토바실루스 김치아이	유산균
Lactobacillus mali	락토바실루스 말리	유산균
Lactobacillus mesenteroides ssp. *mesenteroides*	류코노스톡 메젠테로이데스 아종 메젠테로이데스	유산균
Lactobacillus	락토바실루스	유산균
Lactobacillus minor	락토바실루스 마이너	유산균
Lactobacillus paraplantarum	락토바실루스 파라플란타룸	유산균
Lactobacillus pentosus	락토바실루스 펜토수스	유산균
Lactobacillus plantarum	락토바실루스 플란타룸	유산균
Lactobacillus sakei ssp. *sakei*	락토바실루스 사케이 아종 사케이	유산균
Lactobacillus sakei ssp. *sakei*	락토바실루스 사케이 아종 사케이	유산균
Lactobacillus sakei subsp. *sakei*	락토바실루스 사케이 아종 사케이	유산균
Lactobacillus sakei	락토바실루스 사케이	유산균
Lactobacillus viridescens	락토바실루스 비리데센스	유산균
Lactobacillus. brevis	락토바실루스 브레비스	유산균
Lactococcus lactis subsp. *lactis*	락토코커스 락티스 아종 락티스	유산균
Lactococcus	락토코커스	유산균
Leuconostoc	류코노스톡	유산균
Leuconostoc argentinum	류코노스톡 아르젠티눔	유산균
Leuconostoc carnosum	류코노스톡 카노숨	유산균
Leuconostoc citreum	류코노스톡 시트룸	유산균
Leuconostoc gasicomitatum	류코노스톡 가시코미타툼	유산균
Leuconostoc gelidum	류코노스톡 겔리둠	유산균
Leuconostoc inhae	류코노스톡 인하에	유산균
Leuconostoc kimchii	류코노스톡 김치아이	유산균
Leuconostoc lactis	류코노스톡 락티스	유산균
Leuconostoc mesenteroides subsp	류코노스톡 메젠테로이데스	유산균
mesenteroides	아종 메젠테로이데스	유산균

미생물 목록표 275

Leuconostoc mesenteroides	류코노스톡 메젠테로이데스	유산균
Leuconostoc paramesenteroides	류코노스톡 파라메젠테로이데스	유산균
Listeria monocytogenes	리스테리아 모노사이토제네스	식중독균
mesenteroides	메젠테로이데스	유산균
methicillin- resistant Staphylococcus	항메티실린 스타필로코커스	항메티실린
aureus	오리우스	화농균
myristol-CoA	마이리스톨-코엔자임 에이	물질명
Pediococcus	페디오코커스	유산균
Pediococcus acidilactici	페디오코커스 애시디락티시	유산균
Pediococcus cerevisiae	페디오코커스 세레비지애	유산균
Pediococcus pentosaceus	페디오코커스 펜토사세우스	유산균
Pichia chambardii	피키아 캄바디아이	효모
Pichia halophilia	피키아 할로필리아	효모
Pichia media	피키아 메디아	효모
Proteus mirabilis	프로테우스 미라빌리스	일반세균
Psudomonas aeruginosa	슈도모나스 애루지노사	일반세균
Saccharomyces capensis	사카로마이세스 카펜시스	효모
Saccharomyces cerevisiae	사카로마이세스 세레비지애	효모
Saccharomyces chevalieli	사카로마이세스 쉬발릴리	효모
Saccharomyces fermentati(aroma)	사카로마이세스 퍼멘타티	효모
Saccharomyces saitoanus	사카로마이세스 사이토아누스	효모
Sallmonella typhimurium	살모넬라 타이피뮤리움	설사균
Staphyloccus aureus	스타필로코커스 오리우스	화농균
Streptococcus mutans	스트렙토코커스 뮤탄스	치석균
Streptococcus	스트렙토코커스	유산균
thioesterase	치오에스터라제	효소명
thiosulfinates	치오설피네이트	물질명
Torulopsis candida	토루롭시스 칸디다	효모
Vibrio parahaemoliticus	비브리오 파라해모리티쿠스	식중독균
Weissella	바이쎌라	유산균
Weissella cibaria	바이쎌라 사이바리아	유산균
Weissella confusa	바이쎌라 콘퓨사	유산균
Weissella halotorerans	바이쎌라 할로토러란스	유산균
Weissella hanii	바이쎌라 하니아이	유산균
Weissella hellenica	바이쎌라 헬레니카	유산균
Weissella kandleri	바이쎌라 칸드러리	유산균
Weissella kimchii	바이쎌라 김치아이	유산균
Weissella koreensis	바이쎌라 코리엔시스	유산균

Weissella koreensis(Weissella hanii)	바이쎌라 코리엔시스 (바이쎌라 하니아이)	유산균
Weissella minor	바이쎌라 마이너	유산균
Weissella paramesenteroides	바이쎌라 파라메젠테로이데스	유산균
Weissella soli	바이쎌라 솔리	유산균
Weissella thailandensis	바이쎌라 타이란덴시스	유산균
Weissella viridescens	바이쎌라 비리데센스	유산균
α-keto acid	알파-케토 산	물질명

지은이
한홍의(Hongui Han)

서울대학교 미생물학과 대학원 이학박사 학위를 받고(1982), 오지리(Austria) 국제원자력기구
(IAEA) fellowship(1970~1973)으로서 원자력의 산업적 응용을 연구했다.
독일 및 오지리 비엔나 농과대학 미생물 연구소에서 효소에 의한 맥주제조 연구, 두산 기술원
'종가집 김치'의 유산균 종류와 분포 연구(1993), 금성사(현 LG) 김치냉장고 '싱싱고'의 연구개
발(1993), 위니아만도 김치냉장고 '오리지널 딤채' 연구개발(2004~2005) 등의 연구를 하였다.
조류 인플루엔자(Avian Influenza)에 효능을 가진 류코노스톡 김치아이를 최초 발견(2000)하
였고 김치 유산균에 관한 생리학 연구를 활발히 진행하고 있다.
교육인적자원부 발행 국정교과서 고등학교 『국어』(下) 「김치는 살아있다」에 지은이의 연구가
소개되었다(2002).
현재 인하대학교 생명과학과 명예교수이다.

홈페이지 www.kimchitech.com

모 노 그 래 프
김치, 위대한 유산

ⓒ 한홍의, 2006

지은이 | 한홍의
펴낸이 | 김종수
펴낸곳 | 도서출판 한울

초판 1쇄 발행 | 2006년 1월 31일
초판 3쇄 발행 | 2010년 5월 10일

주소 | 413-832 파주시 교하읍 문발리 507-2(본사)
       121-801 서울시 마포구 공덕1동 105-90서울빌딩 3층(서울 사무소)

전화 | 영업 02-326-0095, 편집 02-336-6183
팩스 | 02-333-7543
홈페이지 | www.hanulbooks.co.kr
등록 | 1980년 3월 13일, 제406-2003-051호

Printed in Korea.
ISBN 978-89-460-4285-8 03590

*가격은 겉표지에 표시되어 있습니다.